Nördlicher Polarkreis

ASIEN

EUROPA

PAZIFISCHER OZEAN

Die berüchtigten Kalmen empfangen Dee bei ihrem Übertritt zur Nordhalbkugel. Sie kommt kaum voran und ist tief frustriert. Die Hitze und der Mangel an Wind machen das Leben an Bord fast unerträglich.

Schaden am Windmessgerät verlangt riskante Klettertour in den Mast. Dee hängt bei hereinbrechender Dunkelheit und drohenden heftigen Regenböen mehr als eine Stunde im Mast. Ergebnis: schwere Blutergüsse.

Rückschlag: Stürme in Orkanstärke lassen Dee glauben, dem Südlichen Ozean noch nicht entronnen zu sein.

Vier aufeinanderfolgende Stürme innerhalb von zwei Wochen. Keine Unterbrechung des schlechten Wetters. Dee schläft in 14 Tagen nur neun Stunden und erleidet ihr bislang schlimmstes seelisches Tief, AVIVA erleidet schweren Schaden an Relingsstützen und Yankeeschot.

AUSTRALIEN

Die halbe Strecke ist geschafft – aus der Hochstimmung wird Verzweiflung wegen der riesigen, noch vor Dee liegenden Strecke.

Endlich gibt der Südliche Ozean Dee frei und schiebt AVIVA schnell in Richtung Endstrecke. Dee gewinnt Selbstvertrauen zurück: »Ich glaube ganz fest, dass wir es schaffen.«

Am 28. Februar 2006 ist Dee 100 Tage auf See. Sie leidet unter der extremen Einsamkeit.

Blitz trifft Mast und beschädigt Windmessgeräte.

Eisgefahr. AVIVA dreht auf 46° S um Sekundärtief zu entgehen, findet sich dabei aber in tödlich gefährlichem Eisfeld wieder. Dee ist am Tiefstpunkt angelangt. Sieht keinen Ausweg mehr.

Südlicher Polarkreis

K   T   I   S

DELIUS KLASING

Dee Caffari

GEGEN
DEN STROM

In 178 Tagen
allein um die Welt

Delius Klasing Verlag

Bibliografische Information der Deutschen Nationalbibliothek
Die Deutsche Nationalbibliothek verzeichnet diese Publikation in der
Deutschen Nationalbibliografie; detaillierte bibliografische
Daten sind im Internet über http://dnb.d-nb.de abrufbar.

1. Auflage
ISBN 978-3-7688-2424-8
Die Rechte für die deutsche Ausgabe liegen beim Verlag
Delius, Klasing & Co. KG, Bielefeld

Aus dem Englischen von Elisabeth Szilagyi-Westphal
Fotos: Dee Caffari, außer: Harry Spedding (Fotoseiten – S. 7 unten),
onEdition (S. 9 oben, 11 oben, 15 beide, 16), Dave Greenberg (S. 10 unten),
Getty images for Aviva (S. 11 unten)
Schutzumschlaggestaltung: Buchholz/Hinsch/Hensinger, Hamburg
Satz: Fotosatz Habeck, Hiddenhausen
Druck: GGP Media GmbH, Pößneck
Printed in Germany 2008

Delius Klasing Verlag, Sikerwall 21, D–33602 Bielefeld
Tel.: 0521/559-0, Fax: 0521/559-115
E-Mail: info@delius-klasing.de · www.delius-klasing.de

Inhalt

In liebevoller Dankbarkeit
für meinen Vater,
Peter Caffari, den Mann,
der mich inspirierte,
ermutigte und unterstützte.

Einleitung

Patrick Snowball, Geschäftsführender Direktor
des Versicherungskonzerns Aviva

Als ich Dee zum ersten Mal traf, war sie gerade frischgebackene Skipperin. Ihre Erfahrungen im Chartergeschäft waren noch nicht allzu groß, aber sie plante bereits ihre Teilnahme am Global Challenge Race 2004/2005 und somit ihre erste Weltumseglung gegen die vorherrschenden Winde und Strömungen. Ich setzte spontan mein Vertrauen in sie. Vielleicht liegt es an meiner militärischen Ausbildung, dass ich gleich erkenne, ob ein Mensch über echte innere Stärke verfügt. Ob er die Kraft und den Ideenreichtum hat, die seinen Geist für ungewöhnliche Taten frei machen. Dee zählt eindeutig zu diesen Menschen.

Während des Global Challenge Race wurde Dee bis an ihre Grenzen gefordert. Ein Mannschaftsmitglied, das sich lebensgefährliche Verletzungen zugezogen hatte, brauchte sofort medizinische Hilfe. Dees ruhige und entschiedene Führung trug entscheidend dazu bei, dass das Leben des Mannes gerettet werden konnte. Völlig unbeeindruckt von diesem und anderen Zwischenfällen machte sich Dee anschließend daran, den Spuren von Sir Chay Blyth zu folgen und als erste Frau einhand gegen die vorherrschenden Winde und Strömungen »auf der falschen Route« um die Welt zu segeln. Von ihr hatte ich auch nichts anderes erwartet. Obwohl dieser »unmögliche Törn«, wie das Unternehmen zu Sir Chays Zeit genannt wurde, nicht ohne Risiken war, boten wir von Aviva ihr sofort unsere Unterstützung an. Sie verfügte über Können und Wissen und auch ein geeignetes Boot (es ist also kein Zufall, dass es auf den Namen AVIVA getauft wurde), das der Aufgabe gewachsen sein würde, und den Willen zum Erfolg. Mit Dee am Ruder war der Erfolg so gut wie gesichert.

Es ist nicht schwierig, an Dee zu glauben, weil sie so authentisch ist. Sie ist unprätentiös, charmant und kann sich gut mitteilen, vielleicht eine Fähigkeit aus ihrer Zeit als Lehrerin. Immer lebt sie am Rande des Möglichen und bringt ihre Höchstleistung. Es ist ihre Leidenschaft für Herausforderungen, die ihrem Leben Sinn gibt, was auch nicht ohne Einfluss auf das Leben der Menschen in ihrem Umfeld bleibt. Dee ist die Personifikation einer positiven, vorwärts gerichteten Einstellung. Wir bei Aviva sind stolz auf ihren Erfolg und gespannt auf alles, was noch kommen wird.

Vorwort
James Cracknell

Würdest du schreien, wenn niemand dich hört? Dieser Gedanke schoss mir durch den Kopf, als ich oben im Mast der AVIVA saß. Richtig entspannt war ich zwar nicht, aber zum Schreien war mir auch nicht zumute, sah ich doch Dee unten am Ruder, wie sie an einem wunderschönen Julitag ihre »Seelenfreundin« über den glasigen Solent steuerte.

Wann würde ich wohl losschreien? Wenn ich hier oben in einem defekten Klettergeschirr hinge und am anderen Ende der Welt, im tiefsten Südpolarmeer, während eines der schwersten Stürme der letzten 50 Jahre versuchte, ein Computerbauteil auszutauschen? Wenn mir beim Hinunterschauen nur allzu bewusst wäre, dass dort unten niemand ist und dass das nächste menschliche Wesen über mir im Orbit kreist? Allerdings wäre dann alles Schreien ohne praktischen Nutzen.

Vielleicht war es einem in Gummistiefeln und Südwester geborenen Seebären angemessen, mit einer solchen Situation klarzukommen. Aber einer jungen Frau aus dem ländlichen Hertfordshire, die erst vor sechs Jahren mit dem Segeln begonnen hatte und deren erste Solofahrt die mit der AVIVA zur Startlinie war?

Das wirklich Außergewöhnliche an Dee ist nicht, dass sie die erste Frau ist, die in der »falschen Richtung« lossegelte, sondern wie sie es tat. Sie hatte nur ein kleines Budget und kaum genug Zeit für die Vorbereitung. Dennoch blieb sie stets guter Laune. Wer sie kennt, meint vielleicht, sie sei vom Typ her viel zu gesellig, um 178 Tage allein auf See zu verbringen. Genau das aber macht aus ihr etwas so Besonderes. Nicht nur die gelungene Weltumseglung ließ sie zum echten Vorbild werden, sondern die Tatsache, dass sie den Weg gefunden hat, die in ihr vorhandene innere Stärke zu mobilisieren, wie sie auch in jedem von uns schlummert.

In einer Welt, in der wir alles haben wollen, sofort und ohne ein Opfer zu bringen, ist Dee das lebendige Beispiel, dass uns der größte Lohn nicht einfach so in den Schoß fällt – und wäre es so, könnten wir uns nicht so ungeheuer darüber freuen.

Vorwort
Sir Chay Blyth

Der erste Mensch zu sein, der irgendwo hochklettert, irgendein Gebiet durchsegelt oder einen beliebigen unbekannten Flecken dieser Erde erforscht, galt schon immer als Nonplusultra der Herausforderung. Ob Kolumbus, Magellan oder Joshua Slocum, alle waren Pioniere – denn sie taten etwas als Erste. Wer diesen Leistungen nacheifern und in ihre Fußstapfen treten wollte, musste sich andere Herausforderungen suchen und bewältigen.

Die Menschen von heute schauen so gern auf die Leistungen anderer von oben herab. Sie verweisen großzügig auf Satellitennavigation, elektronische Autopiloten, Satellitentelefone und all diese Zaubervorrichtungen, durch die man fast ununterbrochen alle Wetterdaten vom Bordcomputer abrufen kann. Alles erscheint ihnen heute so einfach. Und wenn etwas schiefgeht, kommt eben ein Hubschrauber der Seenotrettung und pflückt dich aus dem Wasser, sodass du am Nachmittag rechtzeitig zum Tee wieder zu Hause bist.

Vielleicht haben diese Menschen recht. Vielleicht hat die moderne Technik tatsächlich unsere Möglichkeiten für das wirkliche Abenteuer eingeschränkt. Manches aber ändert sich trotzdem niemals. Wie wäre es, wenn diese lästernden Kritiker es einmal selbst versuchten? Dann würden sie schnell herausfinden, wie es ist, monatelang (vielleicht sogar jahrelang) um das erforderliche Geld zu kämpfen, wie man Unterstützung gewinnt, die Yacht baut, all die hochtechnologische Ausrüstung selbst installiert, oh ja, und dann auf Fahrt geht.

Dann würden sie erleben, wie schwierig es ist, eine 72-Fuß-Yacht, die normalerweise von 18 Leuten gesegelt wird, durch die Südlichen Ozeane zu steuern, nicht nur gegen den Wind und die vorherrschenden Strömungen, sondern auch gegen die Drehung der Erde. Wie es ist, wenn man Stunde um Stunde am Rad steht, während Wind und Wellen mit ihrer Gewalt einem fast pausenlos entgegendonnern. Wie man in diesem gottverlassenen Bereich der Erde steht und kämpft, wo die anrollenden haushohen Wellen wieder und wieder über Mensch und Boot hereinbrechen. Wie man damit zurechtkommt, dass es keinen Unterschied mehr zwischen Tag und Nacht gibt und die See unentwegt weiterrollt, ohne Rücksicht darauf, wie erschöpft man ist. Wie es ist, wenn Schäden ausgebessert werden müssen und gleichzeitig die Yacht auf Vorwärtskurs gehalten werden muss. Da hat noch niemandem ein Satellitentelefon weitergeholfen.

Es mag sein, dass die »unmögliche Route« nicht länger unmöglich ist. Aber sie bleibt hart – sehr, sehr hart. Insgesamt haben in der Geschichte bis jetzt erst fünf Menschen den Globus von Osten nach Westen, gegen die vorherrschenden Strömungen und Winde, umrundet. Dee Caffari ist eine von ihnen.

Ich bin sehr stolz darauf, dass Dee Caffari, die meinen mehr als 30 Jahre alten Spuren folgte, in die Annalen der Geschichte gesegelt ist und dass wir alle uns jetzt ein wenig in ihrem Glanz sonnen können. Es ist ihre Geschichte.

Eine Reise der Extreme

Im Schein der Taschenlampe sah ich ein Gewirr von Leinen im Cockpit liegen. Einige schwammen sogar achteraus. Ich pickte meine Sicherheitsleine ein und kroch ins Freie. Kaum hatte ich den Schutz der winzigen Plicht verlassen, riss mich ein Schwall eiskalten Wassers vom Boden des Cockpits und spülte mich so weit nach achtern, dass die Sicherheitsleine stramm zog. Mein Gesicht wurde gegen die kalte, harte Oberfläche einer Winsch gepresst. Ich versuchte mich auf die Füße zurückzukämpfen, und als es mir endlich gelungen war, traf mich der Sturm mit voller Wucht. Geschockt von seiner ungeheuren Stärke konnte ich in der Dunkelheit den weißen Schaum der brechenden Wellenkämme um uns herum erkennen, der in Fetzen vom tosenden Wind hinweggefegt wurde. Die Luft war salzgetränkt, ich rang nach Atem. Gerefft bis auf eine kleine Segelfläche und zuweilen fast völlig verschwunden unter der tonnenschweren Last des Wassers, kämpfte sich Aviva gegen den Wind voran.

Mit klammen Händen machte ich mich daran, die nachschleppenden Leinen ins Boot zurückzuholen. Dann kroch ich wieder nach vorne, pickte die Sicherheitsleine aus und kletterte in die Kajüte zurück. Unter Deck war das Brüllen des Sturms zwar weniger ohrenbetäubend, dafür umso unheimlicher. Verkeilt hinter dem Kartentisch sah ich zu, wie die Zahlen auf dem Windmesser stiegen und stiegen. Gerade eben waren es noch 60 Knoten gewesen. Gleich darauf sah ich schon die Zahl 70. Ich hatte die Südlichen Ozeane schon einmal mit diesem Boot durchquert, mein Vertrauen in Aviva war uneingeschränkt. Sie würde es schaffen, doch was war mit mir? Unter solchen Umständen wie den augenblicklichen wäre es mir so gut wie unmöglich, einen Bruchschaden zu beheben oder eine gravierende Krisensituation zu bewältigen.

Um den Sturm aus meinen Gedanken auszublenden, schaltete ich Musik an und drehte laut auf – ohne jeden Erfolg. Das Aufkrachen des Bootes, wenn es in die Wellentäler knallte, das schrille Kreischen des Windes im Rigg, das donnernde Brechen des Wassers auf den Decks und das Knarren des Masts, der bis in die Bilge hinunter vibrierte, konnte einfach nicht übertönt werden. Also drehte ich die

Musik wieder ab. So sehr es mich auch fertig machte, ich musste auf die Geräusche hören, denn bereits die kleinste Veränderung – auch in der Bewegung der AVIVA – konnte ein erster Hinweis darauf sein, dass etwas nicht stimmte.

Bei nur etwa 400 Seemeilen im Durchmesser war das Tiefdruckgebiet, in dem ich mich befand, zwar klein, aber mit 45 Knoten bewegte es sich schnell in Richtung Südosten. Es handelte sich um ein asymmetrisches System, die Winde auf seiner südlichen Seite waren nicht so wild wie die im Norden. Daher segelte ich so schnell wie möglich nach Süden. Sollte ich nicht weit genug kommen, dann wartete noch weit Schlimmeres auf mich, denn hinter diesem Wettersystem braute sich gerade ein noch viel schlimmeres sekundäres Tief zusammen.

Drei volle Tage hielten diese orkanartigen Winde an. Ich musste beide Stürme durchqueren, dazwischen hatte ich keine einzige Verschnaufpause, um mich zu erholen, denn der Wind schwoll zuweilen auf mehr als 60 Knoten an. An Schlaf war nicht zu denken. Das Tosen des Windes, die Bewegungen des Bootes und die dauernde Anspannung machten ihn unmöglich. Ich hatte weder gegessen noch mich ausgeruht, und nach drei zermürbenden Tagen war ich völlig erschöpft. Meine Gedanken liefen zusammenhanglos durcheinander. Sobald ich die Augen schloss, sah ich brechende Wellen vor mir. Kaum eingenickt, schreckte ich Sekunden später wieder hoch aus Angst vor einem Wassereinbruch oder in der Furcht, die AVIVA könnte auseinanderbrechen.

Noch in derselben Woche, nachdem die Stürme endlich über uns hinweggezogen waren, sah ich zum ersten Mal Eisberge. Schön und tödlich gefährlich trieben sie überall um uns herum. Wenn sie nah waren, sah ich sie auf dem Radarschirm. Bei größerer Entfernung machte die Dünung sie unsichtbar. Ich schloss die wasserdichten Luken, machte die Rettungseinrichtung klar und betete.

In mein Tagebuch schrieb ich:
Nachts kann ich kaum mehr tun, als zu hoffen und zu beten, dass mein Radar alle Eisberge meldet und wir weiter nach Norden vorankommen. Auch dies wird wieder eine Nacht mit wenig Schlaf und großem Bangen.

Diese Art der Angst und Verzweiflung, als AVIVA und ich von Eisbergen umgeben waren, war völlig neu für mich. Es war eindeutig der emotionale Tiefpunkt meiner Reise, bei der ich als erste Frau nonstop gegen die vorherrschenden Winde und Strömungen um die Welt segelte. Meine Lage schien aussichtslos, ich sah keinen Ausweg mehr. Doch schon 24 Stunden später hatte sich meine Einstellung völlig verändert. Mit Tränen und Verzweiflung war nichts gewonnen; es galt, die Zähne fest zusammenzubeißen und weiterzumachen.

Die extremen Gefühlsschwankungen, die ich während dieses Unternehmens durchmachte, waren wirklich erstaunlich. Wann immer es so aussah, als ginge es nicht mehr weiter, gelang es mir doch irgendwie, das sprichwörtliche Ruder herumzureißen und mit verstärkter Willensanstrengung aus der jeweiligen Situation herauszukommen. Sogar wenn ich tagelang, ja manchmal eine ganze Woche, mit nur wenig Schlaf und noch weniger Essen auskommen musste, fand ich letztlich immer genug Energie, um gegen die Elemente anzukämpfen. Nie gab ich meinen Traum auf!

Als ich im November 2005 auslief, hatte ich keine Vorstellung davon, wie schwierig alles werden würde. Zwar hatte ich über die Isolation und die Einsamkeit des Einhandsegelns nachgedacht, aber wie hart jeder einzelne Monat wirklich sein würde, das wusste ich nicht. So wurde diese Fahrt für mich nicht nur zu einer Entdeckung der Welt, sondern auch meiner selbst. Jeden Tag brauchte ich neue Kraft. Dabei machte ich die Erfahrung, dass ich mich auf die Wirkung des positiven Denkens verlassen konnte. Inzwischen bin ich überzeugt, dass neue Herausforderungen auch neue Kräfte in einem Menschen wecken. Wir alle können viel mehr erreichen, als wir zunächst glauben.

Außerdem lernte ich, dass alles Schlimme ein Ende hat und dass man alles in Relation zum Vorhergehenden sehen muss. Immer wenn ein weiterer Sturm mit der Stärke eines Hurrikans in den Südlichen Ozeanen auf AVIVA und mich zurollte, beruhigte ich mich damit, dass ich wahrscheinlich schon mit stärkeren Winden gekämpft hatte, und sobald sich das als richtig erwies, fühlte ich mich sofort besser. Ich bin ohnehin ein positiv eingestellter Mensch. Mein Glas ist immer halb voll. Finde ich an einer Sache nichts Gutes, worauf ich mich konzentrieren könnte, fange ich an zu kämpfen. Auch wenn ich mein Ziel aus den Augen verliere oder fürchte, ich könnte scheitern, kämpfe ich. Deswegen hatte ich diese enorme Herausforderung, allein um die Welt zu segeln, in kleinere, überschaubare Etappen aufgeteilt. Lief alles gut, dann war mein Ziel Kap Hoorn oder Kap Leeuwin, das nächste große Kap oder auch die nächste Landmasse. Verschlechterten sich die Bedingungen, setzte ich meine Zielmarken eben enger. Manchmal war es der nächste Längengrad, manchmal ging es darum, wenigstens die kommenden vier Stunden oder bis zur nächsten Wetterfront zu überleben. Wenn es wirklich ganz schlimm war, dann konzentrierte ich mich auf jeden einzelnen kleinen Schritt, an dessen Ende jedes Mal eine kleine Belohnung stand.

»Wenn ich die nächsten Stunden durchhalte, gibt es etwas Heißes zu trinken. Wenn ich es bis zum Ende des Tages schaffe, genehmige ich mir ein wenig Ruhe oder mein Lieblingsgericht. Wenn ich durch diesen Sturm komme, gibt es eine Dusche und frische Kleidung.«

Wie groß die Herausforderung auch sein mag, jeder einzelne Schritt zählt. Auch die kleinste Kleinigkeit kann das Leben wieder schön machen. Ich bin zwar als dieselbe Person zurückgekehrt, als die ich startete, doch an niemandem geht solch eine Reise spurlos vorüber. Heute bin ich getriebener als früher; inzwischen fehlt mir jedes Verständnis dafür, warum Menschen so lange über Dinge nachgrübeln, die sie ohnehin nicht ändern können. Das Leben ist einfach zu kurz dafür, man muss die Gelegenheiten am Schopf packen und den Herausforderungen ins Auge blicken. Zugegeben, die Welt zu umsegeln, gegen die vorherrschenden Winde und Strömungen, ist vielleicht ein wenig extrem, und in manchen schrecklichen Situationen fragte ich mich, warum ich das eigentlich tue.

Als ich mich auf hoher See gegen die Strömung vorankämpfte, die Augen fest auf den Horizont gerichtet, gab es Momente, in denen ich mich fragte: »Was zum Teufel mache ich hier?« Die Wahrheit ist: Es ist ein Privileg, etwas wirklich Herausragendes tun zu dürfen. Wie ich dazu kam? Ich habe es aufgeschrieben.

Träume und Ambitionen

Am Montag, dem 22. Januar 1973, fuhr Barbara Caffari spät zur Arbeit. Die Fahrt, die normalerweise eine halbe Stunde dauerte, verlief kürzer als sonst, weil wenig Verkehr war. Barbara arbeitete bei All Vacs Ltd, dem Familienbetrieb in der Pinner Road in North Harrow, in den Peter, ihr Ehemann, nach seinem Dienst in Singapur als Ingenieur bei der Luftwaffe wieder eingestiegen war. Sie arbeitete dort als Buchhalterin und stellte die Rechnungen aus. All Vacs verkaufte Elektrogeräte, der Laden hatte an der Front zwei eindrucksvolle Schaufenster, in seinem Verkaufsraum reihten sich Waschmaschinen nebeneinander auf staubigen Holzfußböden. Ein Traum für Kinder zum Versteckspielen – ein Albtraum für die Eltern.

Barbara war zu diesem Zeitpunkt 32 Jahre alt und hochschwanger mit ihrem zweiten Kind. Obwohl sie müde war und sich nicht wohlfühlte, arbeitete sie den ganzen Tag. Dann kehrte sie nach Rickmansworth zurück, um für ihren Mann das Abendessen vorzubereiten, bevor er zum Thames Motor Yacht Club in Hampton Court aufbrach. Peter Caffari war Rear Commodore des Clubs, und an diesem Abend sollte ein längeres Treffen stattfinden.

Gegen zehn Uhr spürte Barbara, dass das Baby auf die Welt wollte. Sie rief im Yachtclub an und bat Peter, nach Hause zu kommen. Im Hintergrund hörte sie die Jubelschreie, die diese Nachricht auslöste. Jane, ihre sieben Jahre alte Tochter, war noch wach, saß ganz still oben auf der Treppe und sah zu, wie ihre Mutter rasch einige Taschen packte. Dann warteten beide darauf, dass Peter nach Hause käme. Kaum war er da, luden sie alles ins Auto und fuhren auf dem schnellstmöglichen Weg zum Watford General Hospital.

Es war eine ziemlich leichte Geburt, denn schon um drei Uhr morgens plumpste ich mitten in diese Welt – ein gesundes Kind von 3235 Gramm. Da meine Eltern fest mit einem Jungen gerechnet und den Namen David ausgesucht hatten, mussten sie schnell einen neuen suchen. Nach kurzer Überlegung einigten sie sich auf Denise Helen Caffari.

Am Wochenende danach, im Alter von gerade einmal vier Tagen, nahm man mich bereits zum Yachtclub mit, wo ich mein erstes

Wochenende als Erdenbürgerin auf unserem hölzernen Motorboot, der STARLIGHT II, verbrachte. Die Frauen, welche kamen, um mich zu bewundern, brauten und tranken unzählige Tassen Tee, während mein Vater die Geburt seiner zweiten Tochter im Clubhaus mit den Männern feierte. Auch nahezu jedes Wochenende meiner Kindheit verbrachten wir im Thames Motor Yacht Club in der Nähe von Hampton Court Palace auf unserem Boot, das dort am Ufer lag. Irgendwann wurde die STARLIGHT II verkauft und die LOUIS PHILIPPE, ein größeres Bates-Starcraft-Motorboot, angeschafft. Für uns war das Boot wie ein Wochenendhaus; als Vorbereitung verbrachten Mum und ich den ganzen Samstagvormittag mit Backen, danach zogen wir mit Körben voller Brotpudding und einer Art kleiner Törtchen, den Rock Cakes und den Fairy Cakes, los. Bogen wir in die Einfahrt des Yachtclubs ein, knirschte der Kies unter den Reifen unseres Wagens. Meine Schwester und ich schauten ganz aufgeregt, welche Autos bereits da und welche Familien schon vor uns angekommen waren. Am Steg sperrte Dad das Boot auf, und wir reichten die Taschen an Deck. Unter Deck roch es immer gleich, es war ein aufregender Geruch: eine Mischung aus feucht-kalter, abgestandener Luft und Plastikdunst – der Duft des Abenteuers.

Der Club war ein wunderbarer Ort für Familien, hier war immer etwas los. Sonntags gab es morgens viel zu tun. Bei gutem Wetter half ich Dad beim Putzen oder Reparieren. Danach übten wir einige Stunden, wie man an einer Mooringtonne festmacht oder wie man mit dem Boot längsseits anlegt, und Dad wiederholte alles geduldig, bis wir es konnten. In den Sommerferien schipperten wir nach Frankreich, Belgien oder Holland – ganze sechs Wochen lang. Sobald die Schule aus war, rannte ich damals immer nach Hause zum Packen, um fertig zu sein, wenn Dad von der Arbeit nach Hause kam, und stets kamen wir erst am letzten Wochenende vor Schulbeginn zurück, meistens mit Taschen voller neuer Schulpullover und Schuhen, die wir in aller Eile auf dem Rückweg in Ramsgate gekauft hatten.

Mum ließ kein einziges Wochenende und keine Ferien an Bord aus, obwohl sie Angst vor dem Wasser hatte und nicht schwimmen konnte. Ich weiß nicht, wie sie das schaffte. In den 30 Jahren ihrer Ehe schob sie ihre Angst immer beiseite und begleitete Dad. Mein Vater und ich: Wir liebten das Wasser. Unsere Familienlegende behauptet, dass die Caffaris Abkömmlinge eines Seekapitäns auf Malta sind, der eine ganze Insel vor einem Überfall gerettet haben soll, und mein Dad glaubte, er hätte von ihm die Leidenschaft für die Seefahrt geerbt, und träumte davon, seinen Lebensabend auf einer Yacht im

Mittelmeer zu verbringen. Immer wieder scherzte er, dass ihm Mum jeden Monat sein Taschengeld in einem braunen Umschlag übersenden müsste. Das war zwar nichts als Phantasterei, doch für mich war dieser Gedanke unglaublich aufregend, und ich stellte mir vor, wie so ein Leben aussehen könnte. Dad sagte, nach seinem Tod wünsche er sich ein Wikingerbegräbnis – sein Körper solle auf einem brennenden Boot auf die See hinausgeschickt werden.

Meine Eltern führten ein äußerst fleißiges Leben und hielten meine Schwester und mich dazu an, es ihnen gleichzutun. Wir wurden in dem Gedanken erzogen, dass nur langweilige Menschen sich langweilen. In unserem Haus war ein ständiges Kommen und Gehen, es war immer etwas los, und von Jane und mir wurde erwartet, dass wir bei allem, was wir taten, erfolgreich waren. Meine Eltern wollten uns jede Möglichkeit bieten, uns zu entfalten, weshalb alles gefördert wurde, sobald wir wirklich Interesse oder Begabung zeigten. Ich war ein bewegungsfreudiges Kind, mochte Sport und Tanz, Brennball und Staffellauf, Kegeln und das Bean-Bag-Spiel, Sacklauf, Wettrennen und Kurzstreckenlauf. Fast jeden Abend nach der Schule ging ich zum Ballettunterricht, samstags war ich beim Tanzen, am Sonntag im Yachtclub, und sogar wenn ich gewollt hätte, hätte ich mich niemals langweilen können – dazu fehlte mir einfach die Zeit.

Als Jane dem Teenageralter entwuchs, änderte sich unser Leben. Sie begann zu Partys zu gehen, zum Tanzen in Discos und Nachtklubs. Von nun an brauchte sie immer endlos lange, um sich herzurichten. Die komplizierte Prozedur faszinierte mich. Immer stand ich neben ihr und sah ihr aufmerksam zu, wie sie ihr Haar föhnte und Make-up auflegte. Kaum hatte sie die Pinsel in ihre Behälter zurückgelegt, nahm ich sie wieder heraus und machte all das nach, was ich bei ihr gesehen hatte. Sie lachte, denn es amüsierte sie. Doch wenn sie noch ein wenig Zeit hatte, half sie mir dabei. Mum und Dad hingegen gefiel das gar nicht. Immer musste ich mir hinterher alles wieder aus dem Gesicht waschen.

Dad stellte hohe Ansprüche und war ziemlich konservativ, eben ein typischer Vertreter seiner Generation. Ganz selbstverständlich erwartete er, dass seine Frauen sich weiblich anzogen. Wenn wir mit ihm ausgingen, durften wir nie Hosen tragen. Ich glaube, Mum hat nie eine einzige besessen, ich kann mich jedenfalls an keine erinnern. Meine Schwester und ich hielten uns zwar daran, aber wenn wir mit Freunden ausgingen, durften wir doch Jeans anziehen. Dad schüttelte dann nur den Kopf, seiner Meinung nach war das Gefängniskleidung.

Eine weitere Vorschrift von Dad verlangte, dass ich mir vor meinem 16. Lebensjahr weder die Haare abschneiden noch die Ohrläppchen durchstechen lassen durfte. Ich wollte unbedingt Ohrlöcher haben wie all die anderen Mädchen an meiner Schule auch, aber an Dads Regeln war nicht zu rütteln. Egal wie inständig ich auch flehte und bettelte, er blieb hart und sagte: »Wenn Gott gewollt hätte, dass du Löcher in den Ohrläppchen hättest, dann wärst du damit geboren worden.« Dieser spezielle Geburtstag war also der Hoffnungsschimmer am Horizont meines Mädchenlebens, ab dem ich all das tun dürfte, was mir bis dahin versagt war.

Als ich dann endlich 16 Jahre alt war, wollte ich schon nicht mehr so wie alle anderen aussehen und entschied mich gegen die Ohrlöcher – aber für kurze Haare. Zu jedermanns Erstaunen hatte ich nach dem Abschneiden auf einmal Locken. Ich hatte den Friseur ganz geschockt verlassen, denn Vater würde mir niemals glauben, dass ich keine Dauerwelle trug. Als er nach Hause kam, schaute er ganz überrascht, sagte aber nichts. Mein Haarschnitt wurde niemals erwähnt, obwohl Dad in den folgenden Jahren gerne darauf verwies, dass meine Haare angeblich unordentlich wirkten.

Anderen mögen diese Regeln eigenartig erscheinen, aber Dad wollte nur das Beste für uns. Ich konnte das verstehen. Er war immer ehrlich, was Lob und Ermutigung anging, aber wenn er meinte, man könne etwas besser machen, dann sagte er das auch. Dad war offen und geradeheraus und äußerte, wozu andere vielleicht nicht immer den Mut hatten. Oft fragten ihn sogar meine Freunde um Rat, weil sie wussten, dass er immer seine Meinung sagte. Er wusste, dass dies die richtige Erziehung für mich war, und immer gab er mir das Gefühl von Liebe, Vertrauen und Angenommensein. An meinem 16. Geburtstag schickte er mir einen Strauß mit 16 roten Rosen in die Schule. Für mich war mein Dad der stärkste und liebevollste Vater auf der ganzen Welt.

Dann betraten die ersten Boyfriends die Bühne. Ich spielte dabei den Prüfstein, an dem man messen konnte, wie scharf sie wirklich auf Jane waren. Als etwas schwieriges Kind brauchte ich viel Aufmerksamkeit, deshalb bestand ich stets darauf, zwischen Jane und ihrem Freund zu sitzen, und sobald sie auf einen Spaziergang flüchteten, ging ich mit. Wenn ein Freund all das akzeptierte, dann mochte er meine Schwester wirklich sehr, und Mum und Dad hielten mich für den perfekten Anstandswauwau. Jane aber sagte, ich sei schlimmer als Zahnweh.

Eines Tages klingelte es an der Tür, und der Milchmann wollte

Mum sprechen. Nick Hinge, so hieß er, arbeitete bei Express Dairies und lieferte jeden Tag die Molkereiprodukte an unsere Tür. Diesmal fragte er Mum, ob er Jane ausführen dürfe. Zuerst fand ich das noch komisch, aber als die Kinder in unserer Nachbarschaft begannen, mich damit aufzuziehen, dass meine Schwester den Milchmann küsste, verging mir das Lachen schnell.

Bald zeigte sich dann, dass die Sache ernst war. Nach jenem Beginn im Jahre 1982 wurde Nick sehr schnell ein Mitglied unserer Familie, begleitete uns auf unseren Bootsausflügen am Wochenende und war Teil der Mannschaft bei Wettkämpfen. Im Garten übten wir beide stundenlang, wie man Leinen wirft, um es am folgenden Wochenende vorzuführen. In gewisser Hinsicht rivalisierten Nick und ich um Dads Gunst: Nick als zukünftiger Schwiegersohn und ich als zehnjähriges Mädchen, das sich ewig beweisen musste.

Eines Tages verkaufte Dad die LOUIS PHILIPPE und erwarb die TAMBERINI, eine 40-Fuß-Fairline-Glasfaser-Motoryacht, die weit schneller als die Vorgängerin war. Jane hatte geweint, als sie hörte, dass die LOUIS PHILIPPE verkauft werden sollte, ich aber fand die TAMBERINI schrecklich aufregend. Jetzt war ich ja schon älter und konnte mehr an Bord mitarbeiten. Im Gegensatz zu Jane war ich lieber Teil der Mannschaft als Skipper, denn ich mochte es, wenn man mir sagte, was ich tun sollte, und mir gefiel es, dass die TAMBERINI eher einem Zuhause glich. Sie hatte so schöne Dinge wie Steppdecken auf den Betten, eine Heizung, einen Wasserkocher und einen Toaster.

Da ich die Kleinste und Jüngste war, gab man mir gerne die schlechtesten Jobs, doch ich wollte geliebt werden und überall dabei sein. Eine meiner besonderen Aufgaben bestand darin, die Cockpitkissen aus dem Achterspind zu holen. Der war so dunkel, feucht und eng, dass ich mich trotz meiner geringen Körpergröße kaum darin bewegen konnte. Außerdem hatte ich schreckliche Angst vor der Enge. Es ging zwar einigermaßen, solange ich das Tageslicht draußen sehen konnte, leider sperrten mich die anderen aber immer ein, und jedes Mal schrie ich aus Leibeskräften, bis sie die Luke wieder aufmachten. Das Spiel wiederholte sich immer wieder, nie schien ich die Lektion gelernt zu haben, und jedes Mal lachten sich alle krumm.

Als ich zwölf Jahre alt gewesen war, hatten Jane und Nick geheiratet. Jane war gerade erst 19 und so schön, wie ich sie noch nie zuvor gesehen hatte. In meinem rosafarbenen Brautjungfernkleid kam ich mir vor wie eine Puppe und war hin- und hergerissen zwischen Tränen und Aufregung. Zwar verließ Jane nach der Hochzeit unser Elternhaus, mir aber schien es, als hätte ich nicht eine Schwester verloren, sondern mit Nick einen Freund gewonnen. Das sollte sich als richtig erweisen, denn Nick ist ein unglaublich netter Schwager. Als ich 14 war, gingen Mum und Jane an jedem Samstag zur Arbeit. In der Zeit musste ich immer Dads Wagen waschen. Damals hatte Nick eine Stelle als Chauffeur, und für gewöhnlich kam er zu uns, wo wir beide dann die Autos gemeinsam wuschen und polierten. Wenn es mir nach einer Weile zu langweilig wurde, bestach er mich, indem er mir versprach, einen Film auszuleihen oder mit mir eine Fahrt in seinem Wagen zu unternehmen. Daraus entwickelte sich unser eigener Samstagsklub: Wir sahen uns die Filme an, zitierten Dialoge daraus und lachten über Witze, die nur wir verstanden. Als ich älter wurde und jemanden brauchte, der mich zum Training, zu Wettkämpfen oder Ausflügen brachte, meldete sich Nick oft freiwillig, und als ich irgendwann begann, mich mit Freunden im Pub zu treffen, holte uns Nick in der Nacht ab und brachte alle der Reihe nach heim. Wenn ich damals Kummer hatte, blieb Nick auch noch spät nachts bei mir, hörte mir zu und sagte immer das Richtige. An seiner Schulter konnte ich mich ausweinen.

Fünf Jahre später, im Jahre 1990, gebar meine Schwester ihren Sohn Alex, bald folgte Matthew. Nach der anfänglichen Zurückhaltung meiner Eltern, die nicht glücklich gewesen waren, dass Jane so früh heiratete, wuchs die Familie jetzt wieder enger zusammen. Nun fuhren Dad, Nick und ich an den Osterwochenenden mit dem Boot zu Navigationswettbewerben nach Ramsgate oder Medway, während Mum, Jane und die Kinder zu Hause blieben. Sonnengebräunt und windzerzaust kamen wir zurück, mit vielen aufregenden Geschichten. Es war eine Art Familientherapie, dieses Leben liebte ich, und sah man die TAMBERINI auf dem Wasser, bedeutete dies, dass ich irgendwo in der Nähe war.

In der Rückschau wird mir klar, dass mein erster Beruf als Sportlehrerin vorbestimmt war. Ich hatte an der Universität von Leeds Sport studiert und einen Abschluss für das Lehramt gemacht, doch meine erste Stelle als Junglehrerin wurde eine harte Nuss für mich. Da mich Sport immer begeistert hatte und ich dafür ziemlich begabt war, ging ich davon aus, dass die Schüler mich mögen würden. Außerdem war ich der Meinung, dass Begabung und Begeisterung automatisch einen guten Lehrer aus mir machten – welch eine Illusion!

Man muss sich den Respekt einer Klasse erarbeiten und jeden

Schüler als einzigartiges Individuum behandeln, denn Schüler sind clever. Sie wissen, dass ein Junglehrer in Sachen Disziplin ziemlich naiv ist, und nutzen die einmalige Gelegenheit, seine Geduld bis an die Grenze auszutesten. Mir erging es nicht anders. Wenn ich beispielsweise die Basketbälle ausgeteilt hatte, verhallte meine Stimme im endlosen Knallen der springenden Bälle. Auf dem windigen Hockeyplatz brauchte ich die ganze Stunde, um 30 Schüler zu sortieren, 30 Schläger und 15 Bälle zu verteilen und die Schüler in Übungsgruppen einzuteilen. Dinge, von denen man glaubt, sie seien kinderleicht, wurden unglaublich anstrengend, sorgfältigst geplante Unterrichtseinheiten verpufften im Nichts.

Dann wurde ich in einen ziemlich schwierigen Stadtteil von Leeds versetzt, die Schüler dort waren nicht leicht zu motivieren. Kinder zu unterrichten ist an sich wirklich äußerst befriedigend, doch leider können sie einem auch gehörige Angst einjagen. Ich habe damals schnell gelernt, dass man von Anfang an bestimmt auftreten muss, denn es sind die ersten Augenblicke beim Betreten einer Klasse, die zählen. Später kann man dann die Zügel etwas lockern. Zu große Nachgiebigkeit am Beginn erschwert das Durchsetzen der Disziplin zu einem späteren Zeitpunkt. Wir Menschen haben zwar alle das natürliche Verlangen, geliebt zu werden, doch zu frühes Nettsein ist der falsche Ansatz, das wusste ich. Also war ich fest entschlossen, gleich zu Anfang den Paukenschlag zu setzen.

Mein Start im Sportunterricht der 6. Klasse hätte nicht besser sein können: Es war der Beginn der Leichtathletiksaison, und wir mussten erst Physiologie durchnehmen, bevor wir auf den Sportplatz hinausgehen konnten. Bekam ich diese Klasse nicht in der ersten Stunde in den Griff, dann wurde es einfach zu gefährlich, im Laufe der Woche das Speerwerfen zu beginnen. Als ich eintrat, hatte die gesamte hintere Bankreihe die Füße auf den Tischen. Der Rest hing in Grüppchen herum und redete laut durcheinander. Die Mädchen hatten ihre Röcke ein Stück nach oben gezogen, damit sie noch kürzer waren. Einige flirteten ganz offen mit Jungs, deren Hosen so weit in die Kniekehlen hingen, dass ich wusste, wie ihre Unterhosen aussahen, noch bevor ich ihre Namen kannte.

Ich roch den abgestandenen Rauch aus ihren Schulpullovern, und zusammen mit Aftershave und Parfüm ergab das eine heftige Mischung – eben das typische Brunftgehabe heißblütiger 15- bis 16-jähriger Jungmenschen. Schnell machte ich mir noch einmal klar, wie ich wahrgenommen werden wollte, dann holte ich tief Luft, zog die Schultern zurück und hob den Kopf. Mit deutlicher Stimme und festem Ton verlangte ich, die Füße von den Tischen zu nehmen und die Gesäße auf die Stühle zu senken. Und siehe da, es funktionierte. Ich hatte ihre Aufmerksamkeit. Die Verhältnisse waren geklärt. Ich begann mich in meine Rolle einzuleben.

In der zweiten Unterrichtsstunde mit dieser Klasse konzentrierten wir uns auf Geschichte, Entwicklung und Techniken des Hochsprungs. Eigentlich hatte ich mir vorgenommen, mich nicht auf den ersten Eindruck zu verlassen, aber da ich gehört hatte, dass gewisse Schüler immer wieder Schwierigkeiten machten, erwartete ich von einem bestimmten Jungen nur das Schlimmste. Die Lehre, die er mir an diesem Tag erteilte, werde ich nie vergessen, denn ich begriff, dass wir alle zu irgendetwas Talent haben, auch wenn es lange dauern kann, bis es erkannt wird, und dass viel Energie in diese Entwicklung gesteckt werden muss. Dieser Schüler war zwar ein besonders rauer Kerl, aber er war die größte athletische Naturbegabung, die ich je unterrichten durfte. Mühelos übersprang er die Leistungsmarke seiner Altersgruppe, war einer der schnellsten Sprinter und ein hervorragender Speerwerfer. Konnte ich ihn dazu überreden, in einem Verein zu trainieren, würde er sich hervorragend entwickeln.

Zusammen mit der Schule gelang es mir tatsächlich, ihn so weit zu fördern, dass er schließlich an einem Wettbewerb für Leichtathletik auf Grafschaftsebene teilnahm. Das strahlende Lächeln auf seinem Gesicht, als er stolz mit einer Auszeichnung vom Platz schritt, werde ich nie vergessen. Es sind diese Momente, die den Beruf des Lehrers so besonders machen: Schüler anzuregen, sie zu ermutigen und dabei zu unterstützen, ein Wagnis einzugehen und schließlich zu gewinnen, das ist wahrhaft ein Privileg.

Im Laufe der Zeit musste ich an einigen schwierigen Schulen unterrichten. Dabei zeigte sich, dass man mit harter Arbeit zuweilen wirklich gute Ergebnisse erzielt. Ich war immer stolz, wenn intellektuell weniger begabte Kinder oder solche, die in anderen Fächern Probleme hatten, durch Talent oder Durchhaltevermögen bei mir etwas leisteten. Doch ich wollte auch mit weniger Strenge unterrichten können, also entschloss ich mich, mehr darauf zu achten, wo ich eingesetzt wurde, und ein Gespür dafür zu entwickeln, ob die Schule meinen Zielsetzungen entsprach.

Die North-Halifax-Grammar-School, an der ich 1995 meine erste Vollzeitstelle bekam, lag am Rande von Yorkshire Dales, etwa 40 Autominuten von Leeds entfernt. Sie hatte Fußball- und Rugbyplätze, ein Leichtathletikfeld, einen Gymnastikraum, ein Hockeyfeld und Tennisplätze. Hier wurde unter anderem großer Wert darauf gelegt, die Kinder in gesunder Lebensführung zu unterweisen, und ich war ganz begeistert, dort unterrichten zu dürfen. Anfangs kam ich mir als Lehrer noch ziemlich komisch vor, denn irgendwie fühlte ich mich noch nicht alt oder erwachsen genug, fand oft dieselben Dinge wie die Schüler lustig und musste die Lippen zusammenpressen, um nicht beim Lachen ertappt zu werden.

Doch schnell wurde dieses Leben für mich zur Routine, und jeden Morgen stolperte ich erst in das Lehrerzimmer, um mir noch eine Tasse Tee zu holen, bevor es zur ersten Stunde klingelte. Meine 8. Klasse mit den 12- bis 13-Jährigen war breit gefächert. Darunter waren einige sportliche Naturtalente, einige sehr intelligente Schüler und wenige Rabauken, für die ich regelmäßig im Lehrerzimmer Partei ergriff, und die Mischung dieser so unterschiedlichen Charaktere hielt mich auf Trab. Manchmal war die Bande aber auch zum Haareraufen. Aus jeder anderen Klasse wäre ich nach dem Unterricht hinausgegangen und hätte den Frust abgeschüttelt. Dies aber war meine 8. Klasse, die Leistung dieser Kinder hing von meinem Können ab.

Sie wussten genau, womit sie durchkommen würden, denn sie kannten die Spielregeln besser als ich. In diesem Jahr lernte ich nicht nur, was man von mir erwartete, sondern was ein Lehrer wirklich können muss: Ich lernte, mich von Schülerinnen mit Liebeskummer, die ihre Sorgen oft als Entschuldigung für das Schwänzen der Schülerversammlung vorschoben, nicht einfangen zu lassen. Ich lernte, welche Hilferufe echt waren und welche nur dazu dienten, Aufmerksamkeit zu erregen. Ich hatte Schüler, die besondere Zuwendung brauchten, sei es, weil sie hochbegabt waren oder weil sie unter Lernstörungen litten. Ein Junge war eine besondere Herausforderung für mich – ein Superkind, nur leider immer in Schwierigkeiten. Ich hatte das Gefühl, dass er nicht böswillig war, sondern einfach nicht richtig verstanden wurde. Es war damals gerade die Zeit, in der man den Krankheitscharakter mancher Lernschwierigkeiten entdeckte und anerkannte, vorher hatte man Verhaltensmuster dieser Art entweder ignoriert oder als schlechtes Benehmen gewertet. Bei diesem Jungen stellte sich heraus, dass er an ADHS, dem sogenannten Aufmerksamkeitsdefizits- und Hyperaktivitätssyndrom litt. Also machte ich eine Fortbildung, um ihn besser unterrichten zu können, was zu meiner großen Freude auch tatsächlich gelang.

Als voll ausgebildete Lehrerin musste ich auch meine eigenen Disziplinarregeln aufstellen. An dieser Schule war es noch erlaubt, die Schüler nachsitzen zu lassen. Nachsitzen ist nichts weiter als eine reine Disziplinierungsmöglichkeit, danach aber muss man einen Weg finden, den Kindern dabei zu helfen, aus ihren Fehlern zu lernen. Nur zu gut konnte ich mich an das Nachsitzen in meiner Schulzeit erinnern und auch an die albernen Dinge, die man uns abverlangt hatte. Meine Schüler aber sollten während des Nachsitzens sinnvolle Arbeiten erledigen, denn dabei konnte ich sie gut im Auge behalten. Also griff ich sie mir während der Übungsstunden, in der Mittagspause oder nach der Schule, und dann mussten die Übeltäter unter anderem den gesamten Müll auf dem Hockeyfeld oder dem Netzballplatz aufsammeln. Ich ließ sie die Fußbälle waschen und die Hockeyschläger mit Leinöl einreiben. Sie mussten die Geräteschränke aufräumen, die Startnummern sortieren und zusammenlegen. Es funktionierte bestens. Natürlich wusste ich, dass es eine Lehre der besonderen Art ist, wenn man anderen Schülern dabei zusehen muss, wie sie im Unterricht Spaß haben.

So gerne ich an dieser Schule auch unterrichtete, am Ende des Schuljahres entdeckte ich eine Anzeige in der *Times*, dass eine Schule in Dorset eine Lehrkraft für Englisch und Sport suchte. Das war zwar ein völlig anderer Job, aber irgendwie blieb er mir im Gedächtnis, und ich ertappte mich dabei, dass ich immer öfter über eine grundlegende Veränderung nachdachte. Noch vor einem Jahr war es mir völlig richtig erschienen, in Leeds zu bleiben, ganz in der Nähe der Moore von Yorkshire und bei meinen Freunden von der Universität, aber jetzt fühlte ich mich reif dafür weiterzuziehen. Harrow House International College in Swanage liegt in Küstennähe, und der Sog ans Wasser war stark. Der Umzug fiel mir zwar schwer, aber ich wollte in die Sichtweite des Meeres.

Abschied

Harrow House, das ganz oben auf den Purbeck Hills in Dorset thront, ist ein imposantes Backsteingebäude mit Blick zum Strand von Christchurch. Das College war in edwardianischer Zeit ursprünglich als Schule gebaut worden, im Krieg hatte man es beschlagnahmt und in ein Krankenhaus umgewandelt. Daher stammten auch noch die gruseligen Geschichten über Soldaten, die angeblich durch die Gänge spuken, und das Haus mit seinen drei Etagen und 70 Räumen glich einem vergnügt brummenden Bienenstock. Als Erstes musste ich lernen, mich im Gebäude zurechtzufinden, ohne mich zu verlaufen, um zur rechten Unterrichtszeit am rechten Ort zu sein.

Die Schule wurde damals sowohl von jüngeren als auch älteren ausländischen Kindern besucht, die Englisch lernen wollten. Die kleineren Schüler waren in Internatsräumen untergebracht. Ich wurde mit dem Sportunterricht und der Freizeitbetreuung betraut. In diese neuen Aufgaben fand ich mich schnell hinein, sie lagen mir. Ich mochte die Disziplin des Unterrichtens während der Woche ebenso wie die außerschulischen Unternehmungen, die zu organisieren waren.

Schnell lernte ich alle Namen der Schüler, ob sie nun in meinen Unterricht gingen oder nicht, und wie man zu den Kleinen, die im Internat wohnten, in ihrer Muttersprache »Guten Morgen« und »Gute Nacht« sagte. Aber ganz egal, in welcher Sprache man nun »Gute Nacht« sagte, das Zubettgehen war immer eine besondere Unternehmung. Man musste in jedem einzelnen Raum kontrollieren, ob auch wirklich alle Lichter rechtzeitig zur festgelegten Uhrzeit ausgemacht und ja nicht heimlich wieder angeschaltet wurden. Die Abendbeschäftigungen wechselten je nach Jahreszeit und Einfällen, Karaoke aber war immer dabei. Vor dieser Zeit hätte ich mir nie vorstellen können, in der Öffentlichkeit zu singen. Auch keiner, der mich je unter der Dusche gehört hatte, hätte mir das zugetraut. Aber ich begriff sehr schnell, wie wichtig Karaoke als Lernhilfe ist, wenn man Schülern die Hemmung nehmen will, Englisch zu lesen und zu sprechen. Singen erleichtert das Ganze ungemein, und als Lehrer musste ich eben mit gutem Beispiel vorangehen.

In Harrow House zu unterrichten erhielt mir den Schwung, den ich sicherlich langsam verloren hätte, wäre ich an einer Regelschule geblieben. Hier unterrichtete ich leidenschaftlich gern, außerdem machte es mir einen Heidenspaß, verborgene Talente in jungen Menschen aufzuspüren und zu entwickeln. Das war keine schlichte Routine mehr, das war aufregend und spontan, der Mix aus unterschiedlichen Kulturen und verschiedenen Nationalitäten hielt die Schule ebenso lebendig wie lebhaft. Es war ein Kommen und Gehen, jede Woche reisten neue Schüler an, und andere verließen uns. Manche blieben bis zu einem Jahr, andere für nur zwei Wochen.

In diesem munteren Treibhaus gediehen auch Freundschaften und Romanzen. Letztere spielten sich heimlich ab, in leeren Zimmern oder bei den Tennisplätzen. Es wurden Versprechen abgegeben und Adressen ausgetauscht, wenn sich die Schüler am Flughafen verabschiedeten. Und mit dem Eintreffen der Neuen begann alles von vorn. Einige dieser Beziehungen blieben nur Ferienromanzen, aus anderen entstanden dauerhafte Verbindungen.

Auch ich fand neue, enge Freunde. An freien Tagen wanderte ich mit Toni, Grant, Andy, Terry und Paddy, den anderen Lehrern, in den Purbeck Hills oder entlang der Klippen am Dancing Ledge. Bei gutem Wetter zogen wir bepackt mit Getränken, Essen, Drachen, Boogieboards, Büchern und Sonnenschirmen an den Strand in der Studland Bay, es war fast wie an der Riviera. Manchmal, bevor wir zum College zurückgingen, schauten wir noch am örtlichen Kricketplatz vorbei, um der heimischen Mannschaft zuzusehen, oder kehrten irgendwo im Ort auf ein Glas ein.

Mein engster Freund und in vieler Hinsicht fast eine Vaterfigur war Nick Keeping, einer der Direktoren des Colleges, ein wirklich charmanter Mann in den Fünfzigern, äußerst umgänglich und mit tadellosen Umgangsformen. Er war hochgewachsen und elegant, sogar in seiner Freizeit am Wochenende trug er mindestens Designerjeans, ein gebügeltes weißes Hemd, Sakko, italienische Lederschuhe und Designersonnenbrille. Die Frauen rissen sich um ihn, das Besondere an ihm aber war, dass er stets äußerst aufmerksam zuhörte. Diese Meinung teilten Männer und Frauen gleichermaßen.

Nick war oft auf Reisen, um im Ausland für das College zu werben. Wenn er zurückkam, unterhielt er uns aufs Beste mit seinen Erlebnissen und erzählte von den Menschen, die er getroffen hatte. Auch im Umgang mit Schülern war er brillant, denn er konnte sich hervorragend in Menschen hineinversetzen und fühlte mit jedem, der durcheinander oder in Nöten war. Er wusste auf Anhieb, ob man unglücklich oder nur beunruhigt war oder ob man eine Entscheidung vor sich herschob. Nicht selten nahm er für uns Lehrer Partei, verteidigte, was wir an der Schule leisteten, und setzte sich dafür ein, dass unsere harte Arbeit und die daraus resultierenden Erfolge am Ende des Schuljahres honoriert wurden.

Nick hatte noch ein weiteres Ass im Ärmel: Er beherrschte fünf Fremdsprachen. Oft bekam er mit, wie Schüler etwas ausheckten, weil er ihre Sprache verstand, und warnte uns rechtzeitig. So konnten wir meist einschreiten, bevor der Schaden angerichtet war, und die Schüler waren entsprechend verblüfft, wie fix wir ihnen immer zuvorkamen.

Als der Schulverwalter kündigte, bekam ich seinen Posten und blieb für ein weiteres Jahr. Dieser Job bedeutete größere Verantwortung, denn nun war ich ebenso zuständig für die Unterbringung der Schüler im College wie für die Koordinierung und den glatten Ablauf des Transports an den An- und Abreisetagen, wenn eine Schülergruppe uns verließ und eine andere am Flughafen ankam. Außerdem war ich verantwortlich für die Gesundheit und Sicherheit aller Schüler während ihres Aufenthalts in Swanage. Das war ein gewaltiger Unterschied zum Sportunterricht und zu den wenigen Stunden des Englischunterrichts als Fremdsprache.

Für gewöhnlich schaute Nick am Samstag bei mir vorbei, um sich zu unterhalten. Wir klatschten dann meistens ein wenig über die vergangene Diskonacht, danach gingen wir immer die Liste der erwarteten Neuankömmlinge durch. Manche von ihnen kannte er bereits, meist von einer der Werbeveranstaltungen irgendwo auf der Welt. Seine Sympathie und seine Fürsorglichkeit den Schülern gegenüber waren absolut vorbildlich.

Einmal rief ein in Tränen aufgelöster 17-jähriger italienischer Schüler vom Airport Heathrow aus an. Er sprach nur wenig Englisch, und ich konnte partout nicht herausbekommen, um wen es sich handelte. Zu allem Überfluss war auch niemand im Haus, der mir helfen konnte. Langsam wurde ich ungehalten; es gibt kaum Schlimmeres, als jemandem zuhören zu müssen, der in den Hörer schluchzt, wenn man keine Ahnung hat, wie man sich ihm verständlich machen könnte. Da öffnete sich die Tür, und Nick kam herein, als hätte er das Desaster geahnt. Wie üblich hatte er eine Tasse seines geliebten starken Filterkaffees in der Hand und die Wochenzeitung unter dem Arm. Den Kaffee hatte ich schon gerochen, noch bevor er die Tür aufmachte – erleichtert übergab ich ihm den Hörer, und innerhalb von fünf Minuten hatte Nick dem Schüler seinen Namen und die Nationalität entlockt. Schnell erledigte ich das Organisatorische, und in etwa einer halben Stunde war ein Lehrer bei ihm: Das Drama war vorüber. Während der ganzen drei Wochen, in denen der italienische Junge bei uns war, kam Nick an jedem einzelnen Tag vorbei und sah nach, ob er sich auch wirklich wohlfühlte.

Außer seiner Begabung, Probleme lösen zu können, war Nick für mich eine echte Vertrauensperson, an die ich mich wenden konnte, wenn es schwierig wurde. Mit ihm fiel es mir leicht, sowohl über die Zukunft zu reden als auch über meine Pläne. Ihm konnte ich wirklich alles erzählen. Wenn ich mich über Schüler oder Kollegen beklagte, wenn mich Dinge belasteten, immer hörte Nick zu, immer war er mitfühlend, und immer eröffnete er mir eine neue Perspektive. Besonders mein Liebesleben, beziehungsweise das Fehlen eines solchen, war ein stets unterhaltsames Thema. Aber er war auch offen für alles andere. So trug ich mich beispielsweise mit dem Gedanken, eine Wohnung oder ein Haus zu kaufen, und fragte Nick um Rat. Letztlich war mir der Schritt jedoch zu groß, und ich nahm davon Abstand.

Die größte und brennendste Sorge aber war mein Dad. Nick hörte mir immer freundlich und mitfühlend zu. Dad war die dunkle Wolke, die stets über dem sonst so idyllischen Leben in Harrow House hing. Bereits während meines Studiums war Dad erkrankt und auffallend kurzatmig geworden. Bei einer Untersuchung stellte sich dann heraus, dass er einen Abszess in der Lunge hatte. Er wurde operiert – erfolgreich, wie wir dachten –, und das Leben nahm wieder seinen normalen Lauf. Dad trainierte hart, um wieder genug Luft zu bekommen, lief täglich seine Runden, fuhr Rad, und wir verbrachten einige großartige Skiurlaube zusammen.

Deshalb traf es mich wie ein Schock, als ich hörte, dass Dad wieder krank war. Diesmal war es wirklich ernst. Die Diagnose lautete: Mesotheliom. Das ist eine seltene, sehr aggressive Form des Krebses, der die Lungenschleimhaut, die Bauchhöhle oder den Herzbeutel befällt und durch Asbest verursacht wird. Manchmal liegt die Ursache bis zu 20 oder mehr Jahre zurück, und wie Dad sich diese Erkrankung zugezogen hatte, werden wir nie wissen.

Die Anfangssymptome des Mesothelioms sind unauffällig und daher schwer zu diagnostizieren. Dad war kurzatmig gewesen, zudem litt er unter einem hartnäckigen Husten, hatte Schmerzen in seiner Schulter und unten im Rücken. Leider waren diese Schmerzen anfangs nicht heftig genug, um ihn zum Arzt zu treiben, und erst das Fortschreiten der Krankheit brachte es mit sich, dass sich Flüssigkeit in der Lunge einlagerte, wodurch er immer schlechter Luft bekam. Endlich keimte in den Ärzten der Verdacht, dass es sich um ein Mesotheliom handeln könnte – unglücklicherweise zu spät für Dad.

Ich wollte während seiner Behandlung unbedingt in seiner Nähe sein und auch während seiner Rekonvaleszenz, daher fuhr ich jedes Wochenende an meinem freien Tag nach Hause, um zu helfen. Ich hatte ein richtig schlechtes Gewissen, weil ich so weit weg arbeitete. Die Fahrt dauerte jedes Mal ungefähr zweieinhalb Stunden, und binnen Kurzem wurde es für mich zur Routine, dass ich am Samstag sehr spät in der Nacht oder am frühen Sonntagmorgen auf dem Heimweg war. Am frühen Montagmorgen kehrte ich dann wieder nach Harrow House zurück, und auf dem Rückweg vergoss ich oft bittere Tränen.

Sobald ich wieder in Swanage war, setzte ich ein Lächeln auf und stürzte mich in die Arbeit. In ruhigen Momenten fragte Nick mich, wie es mit Dad stehe, dann konnte ich die Tränen fließen lassen und fühlte mich anschließend besser. Am schlimmsten war es, wenn ich zu Hause anrief. Es machte mir schwer zu schaffen, dass Mum so müde und sorgenvoll war und sich dennoch bemühte, zuversichtlich zu klingen, wenn sie mit mir sprach. Ich fühlte mich so elend hilflos. Oft telefonierte ich nach einem Anruf bei Mum schnell mit meiner Schwester, die mich dann wieder beruhigte. Sie sagte, sie kämen prima zurecht und sie würde mich sofort anrufen, wenn etwas Besonderes einträte.

Die Telefonate mit Dad waren kurz, denn er hatte nur wenig Luft. Aber ich hörte seine Stimme so gerne und liebte seine warme, freundliche Art, wenn er sich nach allem erkundigte. Er war wieder operiert worden, um den Druck der aufgestauten Flüssigkeit in seiner Lunge zu reduzieren, leider hatte er sich im Krankenhaus einen multiresistenten Keim eingefangen. Deshalb musste er lange dort bleiben, was Mum enorm belastete. Bei meinen Besuchen musste ich nun nicht nur die Hände gründlich desinfizieren, sondern auch Spezialkleidung und Maske anziehen. Es war furchtbar. Ich fühlte mich so weit weg von ihm, dabei wollte ich ihn doch vor allem fest in die Arme schließen, aber genau das durfte ich nicht.

Dads Gesundheitszustand verschlechterte sich immer mehr. So richtig wurde mir dies aber erst an dem einen Wochenende klar, als ich nach Hause kam und zusah, wie seine Operationswunde versorgt wurde. Er knöpfte sein Hemd auf, und als er es auszog, konnte ich seine dünnen Arme und seinen eingefallenen Brustkorb sehen. Ich war entsetzt. Mein Dad war der stärkste Mensch gewesen, den ich je gekannt hatte. Ein Mann von 1,83 m Größe, voller Energie und Vitalität. Als ich seinen ausgemergelten Körper sah und erkannte, wie schwach er geworden war, wusste ich, dass er nie wieder dieser Baum von einem Mann werden würde, und das machte mich unendlich traurig für ihn und für uns alle.

Fürsorglich wie immer bat mich Dad, dass ich mich bestmöglich um Mum kümmern solle. Mum, Jane und ich aber wollten vor allem, dass er wieder nach Hause kam, wo wir ihn umsorgen wollten, denn wir hatten Angst, dass er schneller abbauen würde, wenn er zu lange Zeit im Krankenhaus bliebe. Außerdem mussten wir auch an Mum denken. Jane und ich erkundigten uns also, wo Mum Unterstützung erhalten könnte, sobald Dad zu Hause lebte, und fanden eine Organisation namens Macmillan Cancer Support. Diese Hilfseinrichtung gibt praktische, medizinische, emotionale und finanzielle Hilfestellung für Krebskranke und deren Angehörige, und bei meinen Eltern leisteten sie wirklich Großartiges; die Pflegerinnen standen uns bei den täglichen Aufgaben, beim Wechseln der Verbände und bei den Untersuchungen zur Seite.

Unser Hausarzt schaute regelmäßig herein, und das Leben daheim heiterte Dad sichtlich auf. Zu Hause zu sein hieß, dass er viel Besuch erhielt und dass er wieder an unser aller Leben teilnahm. Für seine Stimmung war es das Beste, was wir tun konnten.

Meine größte Angst bei dem Kampf meines Vaters gegen diese schreckliche Krankheit war, dass ich eines Tages den Anruf bekäme, der übliche Besuch sei nicht genug. Dieser Anruf kam an einem Dienstag direkt vor dem Mittagessen, und Jane bat mich, schnellstmöglich zu kommen. Ich war mit dem Kopf ganz bei der Arbeit und fragte zu meiner Schande spontan, ob das nicht eine Panikreaktion sei. Musste ich denn wirklich gleich kommen? Ich glaube, ich kämpfte damals nur um Zeit in der Hoffnung, dass das Schlimmste nicht direkt bevorstünde. Aber noch während Jane Genaueres erzählte, stopfte ich bereits einige Sachen in eine Reisetasche. Mein Vater lag im Sterben.

Ich rief nach Nick, Verzweiflung stieg in mir auf, und ich musste mich zwingen, sie zurückzudrängen. Ich musste unbedingt sachlich bleiben. Um Mums willen musste ich einen klaren Kopf behalten. Zusätzlich zu ihren anderen Sorgen konnte sie kein emotionales Wrack brauchen, also würde ich alle praktischen Dinge übernehmen, genauso wie Dad es getan hätte. Wie der Vater so die Tochter.

Ich verteilte meine Aufgaben in der Schule für das Wochenende um und schrieb Anweisungen für jeden Bereich. Dann packte ich meine Tasche fertig, Nick trug sie für mich zum Wagen und nahm mir das Versprechen ab, vorsichtig zu fahren. Er wollte den restlichen Mitarbeitern und den anderen Direktoren des Colleges erklären, was geschehen war, und ich versprach, sofort anzurufen, sobald ich etwas mitzuteilen hätte.

Die unerträglich langen Stunden dieser Fahrt waren die schlimmsten meines Lebens. Ich wollte so schnell wie möglich nach Hause. Eine Art Panik hatte mich gepackt, und ich musste immer wieder vom Gas gehen, um nicht die Geschwindigkeitsbeschränkung zu überschreiten. Mir saß die kalte Angst im Nacken, dass ich es nicht rechtzeitig schaffen würde. Ich musste meinen Vater unbedingt sehen, bevor er für immer die Augen schloss!

Als ich dann durch die Hintertür ins Haus trat, lief ich meiner Mutter direkt in die Arme. Sie sah so müde aus und so erleichtert, als sie mich erblickte. Zögernd ging ich durch die Küche in das vordere Zimmer, wo Dad in einem Sessel saß. Auch er war ganz erschöpft, hob aber schnell den Kopf, als ich hereinkam. Ich umarmte ihn, und wir redeten drauflos. Er erkundigte sich nach meiner Arbeit, doch dann wechselte er das Thema und fragte nach meinen Plänen für die Zukunft. Ob ich weiter unterrichten wolle? Dieser Frage wich ich aus, denn ich war nicht sicher, was ich mir für die Zukunft wünschte. Noch immer war mir nach Abenteuern zumute, gleichzeitig war Harrow House ein Superjob, den ich wirklich mochte.

Dann sagte Dad etwas, das mein ganzes Leben veränderte. Er sagte, dass ich, wenn ich weiter über meine Ideen nur reden würde, die Chance verspielte, sie verwirklichen zu können. Seine genauen Worte waren: »Redest du nur darüber oder willst du auch handeln?« Ich hatte die ganze Zeit vor seinem Sessel gekniet, und diese Worte trafen mich voll. Wie recht er doch hatte. Er hatte ja immer recht. In diesem Augenblick schwor ich mir, dass ich nicht nur reden würde, äußerte mich aber nicht dazu. Er wusste ohnehin, dass er mitten ins Herz gezielt und dass er das Richtige gesagt hatte.

Den Rest des Nachmittags stellten wir eine Liste der Dinge zusammen, die er erledigt haben wollte. Bei der Auflistung dieser praktischen Aufgaben wurde mir immer deutlicher, dass Dad alles geregelt zurücklassen wollte. Ich sollte die Zeitungen abbestellen, die Rechnungen bezahlen und alle seine Aktien auf Mums Namen übertragen lassen. Dann kramten wir seine gesamten persönlichen Dokumente aus dem Schrank hervor.

An diesem Abend brauchte Mum lange, bis Dad im Bett lag. Auch wir fielen völlig erschöpft in unsere Betten, die Anstrengung war ungeheuer. Doch obwohl wir physisch und emotional völlig erschlagen waren, konnte keiner von uns schlafen. Wir lagen da und lauschten auf leiseste Geräusche. Am nächsten Morgen standen wir alle früh auf, ich setzte mich auf Dads Bettrand und erledigte die Telefonate wegen seiner Aktien. Einer der Anrufe war wirklich ärgerlich, denn die Gesellschaft wollte absolut keine Anweisungen im Auftrag eines Dritten ausführen. Ich sagte ihnen, dass Dad nicht sprechen könne. Es nützte nichts. Schließlich nahm Dad völlig frustriert vom Zuhören den Hörer in die Hand und krächzte mit rauer Stimme hinein. Ich sah die Anstrengung, die ihn dies kostete, nur zu deutlich, fast spürte ich sie am eigenen Körper.

Dann ging ich los, um weitere Aufgaben zu erledigen, die Dad getan haben wollte. Als ich zurückkam, waren Onkel Michael, Brian, der Cousin von Dad, und Tante Margaret aus Australien eingetroffen. Ein bittersüßes Treffen. Denn so schön es auch war, sie alle zu sehen, so grausam war der Anlass. Aber dass sich so viele Familienmitglieder einfanden, war sicherlich Trost und Hilfe für Mum und Jane.

Der Arzt stellte Dad ein allerletztes Morphiumrezept aus, und Jane und ich zogen los, um es einzulösen. Bei unserer Rückkehr verkündeten wir, die Bar sei geöffnet, dann gaben wir Dad seine letzte Ration. Wir saßen um ihn herum, erzählten Witze und Geschichten, und Dad prüfte nach, ob ich auch wirklich alle Aufgaben auf der Liste erledigt hatte. Ich hatte – und darüber war ich froh. Bei all dem behielt ich meine Gefühle unter Kontrolle, denn mir war Dads Rolle des praktischen Menschen in der Familie übertragen worden, und das half uns beiden.

Dad wirkte ganz entspannt, und ich sah, wie sehr er sich über all die Geschichten und Scherze freute. Aber gegen Abend begann es ihm deutlich schlechter zu gehen, Mum wich nicht von seiner Seite. Bald konnte er nicht mehr sprechen, also sagte er uns mit seinen Augen Lebewohl. Es gab kein Ringen mit dem Tod, sondern es war mehr so, als fühlte er, dass seine Zeit gekommen war. Sein Leben verlöschte einfach. Tante Margaret, die Krankenschwester ist, sorgte die ganze Zeit dafür, dass er bequem lag und betete für ihn, Mum sprach ganz leise mit Dad, und jeder von uns sagte auf eigene Art Adieu.

Zeit der Orientierung

Ich hatte gewusst, dass Dad sterben würde, doch dabei zusehen zu müssen, brach mir fast das Herz. Nach seinem Tod war ich innerlich wie betäubt, doch ließ ich den Schmerz nicht an mich heran, denn ich musste ja stark sein. Mum und Jane brauchten mich. Ich hatte doch so viele praktische Dinge zu erledigen. Zwar erhielten wir von allen Seiten jede nur erdenkliche Unterstützung, die wir auch wirklich brauchten, aber auf längere Sicht machte mir Mum doch große Sorgen. Dad war in den 35 Jahren Ehe ihr engster Vertrauter und Begleiter gewesen, und jetzt war sie allein, der Papierkrieg war ihr völlig fremd und letztlich auch zu viel. Also fuhr ich weiterhin an jedem Wochenende nach Hause, um zu helfen.

Ich erlaubte mir keine Trauerzeit, und das war meine ganz eigene, schmerzhafte Art, mit seinem Tod zurechtzukommen. Stattdessen vergrub ich mich in Arbeit. Den ganzen Sommer über gab es viel zu tun, und ich lebte nach der Devise: Kopf hoch und durch. Doch im Herbst wurde sogar mir klar, dass mich die Kräfte langsam verließen. Ich brauchte unbedingt eine Auszeit. Nick wusste genau, wie es in mir aussah, manchmal sagte er, ich würde nur noch wie ein Roboter funktionieren, ich hätte mein Leuchten verloren. Ehrlich gesagt, war ich zu müde, um zu leuchten. Ich hatte Angst, dass mich alles einholen und überwältigen würde, sobald ich aufhörte zu funktionieren, also machte ich die Augen zu und rackerte weiter. Ich hatte panische Angst davor, die Tür zu meinen Gefühlen zu öffnen.

Nach Dads Tod war Nick ganz selbstverständlich in die entstandene Lücke geschlüpft, und jetzt war er es, bei dem ich immer Rat suchte, bevor ich eine Entscheidung traf. Nick war selbst Vater, noch dazu ein weitgereister im Alter von 55 Jahren, und ich glaube, dass er die Rolle, die er in meinem Leben spielte, genoss. Jedenfalls stand er mir von Herzen gerne mit Rat und Tat zur Seite. Der Wunsch zu reisen, fremde Kulturen und Länder kennenzulernen, hatte mich nicht verlassen, und als ich in diesem Herbst beschloss, dass ich Urlaub brauchte, fand ich bei Nick volle Unterstützung.

»Mach schon«, sagte er lachend. »Drück doch endlich auf die Taste ›Buchung bestätigen‹.«

Außer mit den Reisen wollte ich auch mit einem neuen Hobby anfangen, dem Tauchen. Also buchte ich einen Tauchurlaub in Kenia auf einem Chartersegler, der wunderschönen Yacht ARISTOS, die in Kilifi lag. Während der ersten Woche würden wir um Pemba Island segeln und drei bis vier Tauchgänge pro Tag absolvieren, in der zweiten wollte ich im Landesinneren auf Safari gehen.

Eigner und Skipper der ARISTOS war Steve Edmondson, der mit der Tauchlehrerin Rosie zusammenarbeitete, und ihr Leben schien wirklich idyllisch zu sein. Sie genossen ihre Arbeit an jedem einzelnen Tag und teilten ihre Erlebnisse gerne mit anderen. Ich war völlig verzaubert: Steve und Rosie segelten, tauchten und genossen das herrliche Wetter ebenso wie die Abwechslung durch immer wieder neue Gäste. Dies war eine besondere Welt, von deren Existenz ich bis dahin nichts geahnt hatte, und ich muss sagen, sie gefiel mir.

Auf einem Boot zu leben war die natürlichste Sache der Welt für mich. So war ich ja aufgewachsen. Ich liebte das leise Glucksen des Wassers, wenn es gegen den Rumpf schlug, und das sanfte Schaukeln des Bootes, wenn es vor Anker lag, wiegte mich in den Schlaf. Auch die verlangte Ordnung lag mir, also gewöhnte ich mich sehr schnell daran. Wenn man auf relativ engem Raum lebt, muss man eben ziemlich penibel sein und seine persönlichen Sachen so stauen, dass man nichts verliert und andere nicht stört. Ich liebte den natürlichen Ablauf des Tages, das anbrechende Licht am Morgen, den Sonnenuntergang am Abend und das, was dazwischen lag. Wir konnten morgens aufstehen und uns abends schlafen legen, wann wir wollten. Dad hatte immer gesagt, dass es am besten sei, mit dem Lauf der Sonne zu leben: schlafen gehen, wenn sie untergeht, und aufstehen, wenn sie hochsteigt. Im normalen Leben ist das kaum praktikabel, doch an Bord der ARISTOS war es der perfekte Rhythmus, der beste Weg zur Entspannung für jemanden, der so unglaublich hart geschuftet hatte wie ich.

Jeder Tagesanbruch hatte fast etwas Magisches, so friedlich und still war es. Weil ich immer vor den anderen aufwachte, setzte ich mich morgens allein an Deck. Wir hatten Dads Asche im letzten Sommer über dem Meer verstreut, doch ich hatte mich nie wirklich von ihm verabschiedet. Jetzt saß ich auf dem Vordeck und hatte endlich das Gefühl, ihm nahe zu sein. Ich sah zu, wie die Sonne den Horizont heraufkam, Fische schossen direkt unter der Wasseroberfläche dahin und verursachten kleine Rippel. Mir fehlten die Gespräche mit Dad, also begann ich, stumm mit ihm zu sprechen, erzählte ihm von meiner Arbeit, vom vergangenen Sommer und meinen

Plänen für das Jahr und versprach, mich um Mum zu kümmern. An manchen Morgen schwammen Delfine rund ums Boot, und mir war, als ob sie sich meine Gedanken griffen und direkt zu meinem Vater brächten.

An den stillen, friedlichen Abenden nach einem Nachttauchgang saßen wir alle an Deck unter einem sternenfunkelnden, nachtblauen Himmel. Ein sanfter, kühler Wind umwehte uns nach der Gluthitze des Tages, und das Leben auf der ARISTOS weckte wieder all meine Sinne, brachte mich ins Leben zurück und versöhnte mich mit meinem Kummer. Langsam schloss sich die Wunde, die der Tod meines Vaters gerissen hatte. Ich erinnerte mich an unsere Gespräche und begann zu verstehen, warum mein Vater gewollt hatte, dass ich Neues ausprobieren solle. Ich brauchte die Sicherheit des Gewohnten nicht. Ich konnte mich auf neue Wagnisse einlassen. Ich konnte sogar einen völlig neuen Pfad im Leben einschlagen, wenn es das war, was ich wollte. Veränderungen können bedrohlich sein, aber so nahe am Wasser war mir, als würde mein Vater mir beistehen.

Rosie hatte gerade erst ihre Ausbildung zur Tauchlehrerin und Sportskipperin bei der United Kingdom Sailing Academy auf der Isle of Wight gemacht, und dies war ihr erster Job in der Tourismus- und Wassersportbranche. Sie erzählte mit großer Begeisterung von dem Lehrgang und den Möglichkeiten, eine Stelle zu finden. Alles klang fantastisch. Und immer wieder hörte ich die Stimme meines Vaters – *willst du nur reden oder auch handeln.* Jetzt war ich so weit und traf die Entscheidung, dass ich mich gleich nach meiner Rückkehr nach geeigneten Kursen erkundigen wollte.

Zwei Wochen später kehrte ich erholt nach Dorset zurück, war voller neuer Ideen und entschlossen, meine Zukunft zu ändern. Obwohl ich wirklich gerne wieder in meinem Job arbeitete, begann ich meine Fühler nach beruflichen Möglichkeiten auszustrecken, die mich auf das Wasser führen sollten.

Als Realist mahnte mich Nick zur Vorsicht, er wollte mich nicht von meiner Phantasie überwältigt sehen, und wir sprachen über alle möglichen Berufswege. Zwar ermutigte er mich, aber er wollte auch sicher sein, dass ich alle Optionen überprüfte und sorgfältig abwog. Darin glich er sehr meinem Dad. Mit dem Segeln als Beruf kannte er sich nicht aus, deshalb war er mir durch seine unvoreingenommene Sicht eine große Hilfe, denn unter der Oberfläche meines zur Schau gestellten Enthusiasmus nagten leise Zweifel an mir. Wollte ich wirklich meinen geliebten Job als Lehrerin aufgeben? Er gab mir doch Sicherheit, ein regelmäßiges Einkommen und 13 Wochen bezahlten Urlaub im Jahr. War ich vielleicht verrückt geworden? Vielleicht war das Leben in der touristischen Wassersportbranche nicht ganz so rosig, wie ich mir es vorstellte? Und überhaupt, wie kam ich denn eigentlich auf die Idee, dass ich aus meinem Hobby einen Beruf machen könnte? Käme ich weit entfernt von Familie und Freunden wirklich zurecht, wenn ich mich immer wieder anderswo neu einrichten und neue Freunde finden müsste?

Doch die Sehnsucht nach Abenteuern zupfte mich weiter am Ärmel. Je mehr ich die Angebote betrachtete – Windsurflehrer in Belize, Segellehrer für Jollen im Mittelmeer, Skipper auf einer Charteryacht –, desto klarer wurde mir, wie viele Möglichkeiten es gab. In Wirklichkeit kannte ich noch längst nicht alle, noch wartete ich darauf, den Schritt tun zu können, der mein Leben weitaus mehr verändern würde, als ich es mir jemals erträumt hatte.

Inzwischen war der Winter gekommen und vergangen, und ich war wieder in die Routine von Harrow House eingetaucht. Nick kam jeden Tag direkt vor der Kaffeepause in mein Büro, und wir sprachen über die Neuigkeiten im College. Am Ende des Winters war er hauptsächlich damit beschäftigt, Werbung für die Schule zu machen, und somit oft auf Auslandsreisen.

Direkt vor Ostern 1999 flog er geschäftlich nach Osteuropa. Dann hieß es plötzlich, er sei krank. Ich dachte mir eigentlich nichts dabei, denn jeder hat im Winter einmal eine Erkältung oder Infektion, besonders wenn man wie Nick häufig fliegt und viele Menschen trifft. Also war ich überhaupt nicht auf den Anruf vorbereitet, den ich an einem Mittwoch erhielt. Ich hatte gerade alle Hände voll zu tun, vor mir lag die Transferliste für eine Gruppe neuer Schüler, die ich gegenzeichnen musste, Taxis und Busse für die Neuankömmlinge des Wochenendes mussten auch noch organisiert werden, überall im Büro lagen Papiere herum. Also gab es nur zwei Möglichkeiten: Entweder ich ignorierte das Klingeln des Telefons, oder ich meldete mich ganz kurz angebunden.

Auf mein schroffes »Hallo?« folgte Stille. Ich konnte hören, wie jemand am anderen Ende tief Luft holte. In diesem kurzen Augenblick wusste ich, dass mich gleich eine schlimme Nachricht erreichen würde – die nichts mit der Arbeit zu tun hatte. Ich hielt den Atem an. Dann hörte ich die Stimme des Collegedirektors, der mir sagte, dass Nick während der Nacht in seinem Hotelzimmer gestorben sei. Wie vom Blitz getroffen brachte ich kein Wort heraus. Meine Gedanken liefen durcheinander. Wie? Wann? Warum?

All diese Fragen wurden in den nächsten Tagen, die in einem Dunst der Fassungslosigkeit und des Kummers vergingen, beantwortet. Nicks italienische Freundin hatte seine geschiedene Frau benachrichtigt, die mit ihrer achtjährigen Tochter in Griechenland lebte, und wir gaben die Informationen an die Schüler weiter. Es war kaum zu begreifen. Nick war ja nie krank gewesen, sein Tod schien uns so ungerecht. Die einzig gute Aussage kam vom Gerichtsmediziner, der festgestellt hatte, dass Nicks Herz im Schlaf einfach aufgehört hatte zu schlagen. Er war friedlich aus dieser Welt hinausgegangen.

Jetzt hatte ich innerhalb eines Jahres nicht nur meinen Vater, sondern auch meinen engsten Vertrauten verloren. Es war so unfair, und ich wurde wütend, weil ich schon wieder allein war. Ich hatte stark sein wollen für meine Mutter und mich dabei auf Nick gestützt – auf einmal war er nicht mehr da. Gewiss, das war ein egoistisches Gefühl, doch sein Tod hinterließ mich wirklich einsamer und verlassener, als ich es je zuvor gewesen war – eine Tragödie.

Nicks Freundin, die Direktoren des Colleges und ich waren bei seiner Einäscherung anwesend und verstreuten dann seine Asche im Durlston Country Park entlang des Küstenwegs, wo er immer so gerne gewandert war, wo er auf die See und die Elemente hinausgeschaut hatte. Es wehte eine steife Brise. Der Wind war beißend kalt, Tränen stiegen in unsere Augen und verbargen unser Weinen. Mit seiner Klugheit und seiner ungeheuren Vitalität hatte Nick eine so bedeutende Rolle in meinem Leben eingenommen, dass ich mich ohne ihn völlig allein und verlassen fühlte.

Diese beiden katastrophalen Verluste in einem einzigen Lebensjahr kosteten mich viel Kraft, aber wieder stürzte ich mich in die Arbeit. Gleichzeitig grübelte ich ernsthaft über meine Lust auf Reisen und Abenteuer nach. Ich stellte alles infrage. Konnte ich wirklich den beiden einflussreichsten Menschen in meinem Leben gerecht werden? Würden sie stolz auf mich sein? Oder sollte ich mich noch mehr antreiben? Die Suche nach einer Antwort wurde immer intensiver, also musste ich unbedingt herausfinden, was ich wirklich im Leben tun wollte, und dann diesem Weg folgen.

Einer meiner besten Freunde in Harrow House, Paddy McMurren, hatte schon lange geplant auf Reisen zu gehen. Also kehrte er anfangs des Jahres Harrow House den Rücken und flog nach Kenia, fuhr mit drei Freunden in einem Landrover los, dessen Anhänger vollgestopft war mit Zelten und Ausrüstung: quer durch Malawi,

Mosambik und Lesotho. Als sie Südafrika erreichten, schickte mir Paddy eine E-Mail. Nicks Tod hatte ihn genauso erschüttert wie mich, und ihm war klar, wie schrecklich dieses Jahr für mich gewesen war. So machte er mir den Vorschlag, ich solle doch eine Pause einlegen und ihn und seine Freunde auf einem Teil der Tour begleiten.

Diese Chance konnte ich mir nicht entgehen lassen. Ich griff sofort zu und flog im Mai für zwei Wochen nach Namibia. Wir fuhren von dort nach Botswana und durchquerten einen Nationalpark; der Landrover schlug sich jeden Tag mit dem Sand herum – aus meinen geplanten zwei Wochen Urlaub wurden drei. In dieser Extrawoche fuhren wir nach Simbabwe, blieben einige Tage bei den Victoriafällen, und während Paddy und ich der Sonne zusahen, die hinter den Fällen hervorkam, reifte in mir der endgültige Entschluss.

Mit Paddy und seinen Freunden hatte ich Neuland betreten, in Afrikas Ebenen waren wir ganz nah an die wilden Tiere herangekommen, nachts trennte uns nur eine dünne Lage Stoff von ihnen. Wir hörten ihre Geräusche. Wir sprangen mit dem Fallschirm über der riesigen Fläche der Namib ab, von oben sahen wir, wo Wüste und Atlantik aufeinandertreffen, und wieder einmal war mir dabei bewusst, dass das Leben dazu da ist, es zu leben, und dass wir nur eine einzige Chance dazu bekommen. Deshalb müssen wir jede sich bietende Gelegenheit am Schopf packen!

Paddy und ich kamen uns näher, wir sprachen über unsere Träume und Pläne. Ich erzählte ihm von Rosie und Steve und dass ich mich danach sehnte zu segeln. Ich sagte, es sei ähnlich wie diese Reise jetzt, doch in gewisser Weise gebe es auf See eine noch größere Freiheit, denn dort wäre man noch weniger fremdbestimmt. Auf See sei man eins mit seiner Umgebung, dort bestimme die Natur alle Entscheidungen und Handlungen. Ein Punkt tauchte in unseren Gesprächen häufiger auf: nämlich wie wichtig es ist, den richtigen Zeitpunkt für eine Entscheidung zu wählen. Für mich war dieser Zeitpunkt jetzt gekommen! Ich hatte keine Verpflichtungen, keine Hypothek, keine Haustiere, keine Kinder, und ich hatte Erfahrung im Unterrichten, auf die ich im Notfall immer wieder zurückgreifen konnte. Für den entscheidenden Schritt brauchte ich jedoch immer noch Unterstützung und Zustimmung von außen – Paddy gab sie mir. Endlich fühlte ich mich stark genug. Mein Entschluss stand fest, ich war 26 Jahre alt und wollte etwas vollkommen anderes machen.

Ich flog nach England zurück, fuhr zu meiner Mutter und zu meiner Schwester, unterbreitete meinen Plan und erklärte ihnen, was mich dazu gebracht hatte. Ihre erste Reaktion war Bestürzung und Ablehnung – verständlicherweise. Sie meinten, das sei zu unüberlegt. Ich war mir nicht sicher, ob mich Mum wirklich verstand, und fühlte mich schuldig, weil ich sie in Unruhe versetzte. Also lieferte ich vernünftige Argumente, erläuterte das Für und Wider und versicherte ihr, dass ich es erstmal nur ein Jahr lang versuchen wollte. Sollte es nicht funktionieren, dann konnte ich ja wieder als Lehrerin arbeiten. Trotz ihrer Besorgnis verstand Mum, warum ich das Abenteuer suchte, und sagte mir ihre volle Unterstützung zu.

Ich kündigte im Harrow House College und belegte an der United Kingdom Sailing Academy einen »Ausbilder-und-Skipper-Trainingskurs«, der im November begann. Also segelte und lernte ich den ganzen Winter hindurch und hatte nicht den geringsten Zweifel, die richtige Entscheidung getroffen zu haben. Für einen Segeltörn, der als Vorbereitung für meine Abschlussprüfung galt, überführten wir die ALBATROS nach La Rochelle in Frankreich, eine 67-Fuß-Yacht, die zuvor die Global Challenge um die Welt absolviert hatte. Es war mein bislang längster Segeltörn, und ich genoss ihn in vollen Zügen. Auf offener See beherrschte mich dieses überwältigende Gefühl von Freiheit, eine Mischung aus überschäumender Freude, Angst, Gelassenheit und Romantik. Wir nahmen direkten Kurs auf La Rochelle, wir teilten uns in den Wachdienst, refften Segel und setzten den Spinnaker leewärts. Kurz, wir probierten auf diesem Trip alles, was wir nur konnten. Wir spannten den Wind vor unser Boot und genossen es, völlig unabhängig zu sein.

Ich wusste, dass professionelles Segeln harte Arbeit ist. Das wird aber mehr als wettgemacht, wenn ich dadurch auf dem Meer sein darf. Doch noch hatte ich keine Vorstellung, wo ich beruflich landen würde. Glücklicherweise war bei Mike Golding Yacht Racing eine Stelle vakant – Mike ist einer der berühmtesten Einhandsegler Englands, hat zweimal an der BT Global Challenge teilgenommen, einem Rennen um die Welt mit einer Crew aus Amateuren, das von Sir Chay Blyths Challenge Business organisiert wird. Mike hatte bereits bei der ersten Teilnahme gewonnen und war kurz darauf erneut gestartet, um mit derselben Yacht einen neuen Rekord als schnellster Einhandsegler nonstop um die Welt gegen die vorherrschenden Winde und Strömungen aufzustellen. Im Augenblick segelte er einen superleichten Open 60, das Formel 1-Boot der Einhandsegler. Und er suchte nach einem neuen Mitglied für seine Crew auf der GROUP 4, seinem alten Rennboot.

Dann sollte ich mich beim Skipper der GROUP 4, Graham Tourell, zu einem ersten Bewerbungsgespräch einfinden. In dieser Woche hatte ich gerade Segeltraining, und wir vereinbarten, uns am frühen Abend in einer Bar im Ocean Village von Southampton zu treffen. Unsere Crew hatte den ganzen Tag trainiert, wie man in dichtem Nebel segelt – oder jedenfalls so getan, als ob es neblig sei. Tatsächlich hatte es fürchterlich geregnet, alle waren nass bis auf die Knochen, durchgefroren und müde, und ich musste unbedingt rechtzeitig in Southampton ankommen. Als wir endlich anlegten, hatte ich nur einige Minuten Zeit, konnte mich unmöglich noch für das Interview umziehen, schnappte mir nur schnell die Jacke und rannte zur Bar. Ich hatte keine Ahnung, nach wem ich Ausschau halten sollte.

Einige Minuten später öffnete sich die Tür, und eine Gruppe von drei jungen Männern polterte aus dem Regen herein. Alle trugen Jacken mit dem Logo TEAM GROUP 4, ich sagte »Hallo!« und stellte mich einem von ihnen vor. Der grinste breit und sagte, er sei Graham Tourell alias Gringo, seine beiden Kollegen, Richard Smith und Nick Blank, stellte er als Sparky und Nobbers vor. Anscheinend nutzte im professionellen Segelsport keiner seinen richtigen Namen.

Gringo war Anfang 20, groß, dunkelhaarig und sah gut aus, ganz der Typ, nach dem man sich umdreht. Wir kamen schnell ins Gespräch, dabei umriss er in groben Zügen das Programm des Bootes für diese Saison: Die GROUP 4 wurde von Kunden gechartert, nahm mit Amateuren an Rennen und Regatten in der Karibik teil. Wie aufregend! Wenn ich am erstmöglichen Tag anfangen wollte, dann müsste ich sofort nach Holland zum Nordseerennen segeln, und genau das wollte ich. Ich wollte los, endlich echte Seemeilen zurücklegen, und Gringo versprach, noch vor dem Ende der Woche anzurufen. Aber erst müsse er noch einige andere Kandidaten in Augenschein nehmen und mit Mike Golding sprechen. Ich drückte mir die Daumen.

Zwei Tage später rief Gringo tatsächlich an, sagte, dass er sich freuen würde, mich an Bord zu haben, zuvor müsse ich aber noch einmal nach Southampton kommen, um Mike Golding zu treffen. Ich fragte, was ich denn dafür anziehen solle.

Gringo antwortete: »Sicherheitshalber sportlich elegant. Yachtiestil eben.«

Ich hatte keinen blassen Schimmer, was er damit meinte.

Das Gespräch fand in der folgenden Woche statt. Als mich Gringo in einer beigen Hose und hellblauem Hemd erblickte, lachte er laut auf. Er hatte mich ja nur einmal gesehen, und da war ich erschöpft und pitschnass gewesen. Dann führte er mich in ein Besprechungszimmer – dort saß er, der legendäre Mike Golding. Er war damals Ende 30, und trotz seiner relativ geringen Körpergröße hat er immer eine ungeheure Ausstrahlung. Ich schaute ihn an und konnte nur an seine Erfolge denken: drei Weltumseglungen gegen Wind und Strömungen – alle erst nach einer völlig anderen Karriere, denn vorher war Mike Feuerwehrmann von Beruf.

Verblüffend für mich war, wie natürlich er sich gab. Ich weiß nicht mehr genau, was ich eigentlich erwartet hatte, aber Mike war ein ganz normaler Mensch. Er verlangte von seinen Leuten lediglich absolute Höchstleistung, sprach über die Hingabe an den Job und darüber, was er von seiner Mannschaft beim Segeln mit Chartergästen, Kunden und Sponsoren erwartete. Als er sagte, ich gehörte jetzt zur Mannschaft, konnte ich es kaum glauben.

Bereits am ersten Tag bei Mike Golding Yacht Racing begriff ich, wie Mike zu seinen Erfolgen gekommen war: Man muss in allen Dingen penibel sein, vom kleinsten Detail bis zum gesamten Eindruck. Wir arbeiteten von der Ocean Village Marina in Southampton aus, dort gingen die meisten Chartergäste an Bord. Ich verbrachte einen herrlichen Sommer, in der Marina arbeiteten viele Leute auf anderen Yachten in ähnlichen Jobs, es war ein äußerst geselliges Leben. Zwischen den Booten gab es abends beim Bootsschrubben ein fröhliches Hin und Her. Wir auf der GROUP 4 mussten allerdings eine besonders strenge Routine einhalten, demzufolge waren wir oft die Letzten, die fertig waren, und wurden natürlich deswegen aufgezogen. Aber wir waren so stolz auf unser Boot, dass wir putzten, bis alles blitzte und blinkte. Der Unterschied zwischen dem Leben hier und dem Lehrerzimmer war gewaltig. Hier wollten alle stets das Beste geben, wir sprachen über unsere Boote, das Wetter und die hinter uns liegenden Segeltage. In der Schule hatten wir uns immer auf die Schüler konzentriert und auf unsere Probleme. Dieses Leben hier gefiel mir weitaus besser.

Von Mike bekam ich nicht viel zu sehen. Gringo managte das Programm für das Boot, und Sparky, der Maat, und ich waren absolut zufrieden damit. Wir waren sozusagen die zweite Reihe im Team, denn die Jungs, die mit Mike auf seinem neuen Open 60 arbeiteten, standen an vorderster Front. Und wenn wir uns nach der Arbeit auf ein Glas trafen, dann hörten Sparky und ich ihnen ehrfürchtig zu.

Einen Job aber durfte ich auf dem Open 60 verrichten: Weil ich einen Tauchschein hatte, war es meine Aufgabe, unter den Rumpf des Bootes zu tauchen und ihn zu säubern. Bei einer Hightech-Rennyacht musste das Unterwasserschiff der neuen TEAM GROUP 4 so glatt wie nur irgend möglich sein, der Endanstrich war makellos, und ich hatte mit einem weichen Tuch dafür zu sorgen, dass es dabei blieb.

Das Boot hatte einen flachen Rumpf, fast wie ein Surfbrett, und damit eine große Unterwasserfläche. Man konnte leicht durcheinanderkommen, welcher Teil schon gereinigt war und welcher noch nicht, also musste ich äußerst methodisch vorgehen. Dazu kam noch, dass ich Mike unbedingt beeindrucken wollte. Eines Tages, als ich wieder einmal gerade dabei war, den Rumpf zu reinigen, hörte ich, wie plötzlich ein Motor angeworfen wurde. Ich schoss hoch, natürlich in einiger Entfernung vom Boot, und brüllte los. Prompt erschien Gringo, entschuldigte sich und versicherte mir, dass das nicht der Motor sei, Mike habe nur den Generator gestartet. Ich war stinkwütend und wollte mich gerade über die Rücksichtslosigkeit beschweren, als ich hörte, dass Mike an Deck kam. Wortlos tauchte ich wieder ab und arbeitete weiter.

Ich strengte mich unglaublich an, alles von Gringo und Sparky zu lernen. Durch sie machte der Job Spaß, war anregend und spannend. Wir waren ein gutes Team. Sparky war erst 19 Jahre alt, noch ziemlich leicht zu beeinflussen, aber sein Talent versetzte mich immer aufs Neue in Staunen. Er hatte eine absolut natürliche Begabung zum Segeln und war sich für nichts zu schade. Immer war er der Erste, der eine Aufgabe übernahm, sich die Hände schmutzig machte. Er war auch der Erste, der in den Mast aufenterte, um ein Problem abzustellen. Er war dunkelhaarig, breitschultrig, klein gebaut, aber unglaublich stark, ein prima Sportler, der in weniger als 30 Sekunden freikletternd die Mastspitze der GROUP 4 erreichen konnte. Durch Sparkys Energie und Enthusiasmus erfuhr ich täglich etwas Neues, irgendwie hatte er kein Talent zum Stillsitzen und Genießen, immer musste er nach einer schnelleren Möglichkeit suchen oder am Trimm herumprobieren. Mich erschöpfte schon das Zusehen – aber ich lernte dabei auch ordentlich hinzu.

Manchmal aber brachte Sparky sein reges Privatleben in Schwierigkeiten mit dem Management. Ständig ver- und entliebte er sich und unterhielt mich und Gringo mit endlosen Geschichten über seine nächtlichen Ausflüge an den freien Abenden. Er war ein kleiner Pechvogel, geriet häufig in irgendwelche Klemmen und brauchte oft unsere Hilfe. Sparky hatte einen ganz besonderen Trick, den er oft in Bars zeigte: den Tequila-Selbstmord. Dazu zog er das Salz in die Nase hoch, trank den Tequila und drückte sich den Zitronensaft ins Auge. Alle anderen, die das versuchten, bekamen echte Augenprobleme wegen der Zitrone. Nicht so Sparky, denn er benutzte sein krankes Auge, und im Gegensatz zu uns anderen konnte er nach der Nummer mit einem gesunden Auge noch immer sehen.

Gringo ermutigte mich und Sparky dazu, mehr Verantwortung zu übernehmen. Nicht nur dass er uns stets und ständig nach Kräften unterstützte, er war uns ein echtes Vorbild, und auch die Art, wie Gringo arbeitete, mochte ich. Zwar machte er Späße und erzählte Witze, doch passte er dabei immer auf, dass wir den hohen Arbeitsstandard, den Mike verlangte, erfüllten. Manchmal allerdings ging etwas schief. So übergab er zum Beispiel bei einer unserer Charterfahrten Sparky das Kommando. Wir lieferten uns gerade mit einer anderen Yacht ein Rennen, nur so zum Spaß, und weil wir einem Gegenstrom entkommen wollten, nahmen wir eine Abkürzung durch das Flachwasser der Brambles Bank, die mitten im Solent liegt. Leider erwies sich das Wasser als etwas zu flach für uns, und so saß die GROUP 4 wie eine brütende Ente mitten im Schlamm. Die Tide war gerade dabei auszulaufen, wir mussten uns auf eine lange Wartezeit einstellen, also machten wir Tee, aßen Kekse und hielten die Ohren steif.

Sparky war völlig am Boden zerstört, und Gringo machte sich auf unsere Kosten lustig. Aber noch bevor wir den Hafen erreichten, hatte er im Büro angerufen und die Wogen geglättet. Guter alter Gringo! Sparky und mir war das wirklich eine Lehre dafür, wie demütigend ein Fehler mit einer gesponserten Yacht mit Markennamen in der Öffentlichkeit sein kann, denn ich glaube, während wir festsaßen, kam absolut jeder vorbei, der in der Gegend war. Ich blickte in Gesichter, die ich schon seit endloser Zeit nicht mehr gesehen hatte.

Gegen Ende des Sommers hatte ich jede Menge gelernt, doch ich wusste, dass ich erst ganz am Anfang stand. Ich setzte mich mit Gringo zusammen, und wir berieten, was danach kommen sollte. Ich hatte das Gefühl, dass ich das nicht mit Mike durchsprechen konnte, weil der zu sehr mit seinem neuen Open 60 beschäftigt war, mit dem er solo bei der Vendée Globe um die Welt segeln wollte. Nicht wusste ich, dass sowieso Änderungen bevorstanden, denn Gringo wollte seinen bisherigen Job als Skipper aufgeben und mit Mike auf dem neuen Boot arbeiten.

Kurz danach bat mich Mike auf einen Kaffee in sein Büro. Ich hatte mehrere Ausreden parat und versuchte mich zu drücken. Aber Gringo blieb eisern und bestand darauf, dass ich hinging – und wenn er mich hinschleppen müsste. Ich war ein Nervenbündel, mir war richtig schlecht, meine Handflächen waren feucht vor Aufregung. Mike fragte mich geradeheraus, ob ich gehen wolle. Ich sagte, dass ich ihm für das Gelernte äußerst dankbar sei, aber ja, ich wolle weiterziehen, und hatte fast das Gefühl, als müsste ich mich dafür entschuldigen. Im nächsten Moment überrumpelte Mike mich geradezu, indem er mir den Skipperjob auf der GROUP 4 anbot. Ich war absolut perplex und sagte sofort zu – wie gerne wäre ich ihm spontan um den Hals gefallen, aber dazu ist er nicht der Typ. Also schüttelten wir uns höflich die Hand, und ich rannte auf das Boot zurück. Ersatzweise umarmte ich dann eben Gringo, immerhin war ich durch seine Unterstützung nach nur drei Monaten bereits Skipper einer Yacht.

Eines wusste ich sofort: Ich war sehr schnell nach oben gekommen, ab jetzt musste ich höllisch aufpassen, um nicht abzustürzen. Auch Mike war das klar, und er gab mir einige kluge Ratschläge, die mir immer im Gedächtnis blieben.

Zum Beispiel sagte er: »Solange du auf dem Wasser bist, kannst du immer alles irgendwie hinmauscheln. Aber wenn du ein Boot im Hafen manövrierst, musst du sicher und kompetent sein, weil dir alle zusehen.«

Mit diesen Worten im Ohr trainierte ich Stunde um Stunde Bootsmanöver. Gringo war unglaublich geduldig, während ich immer wieder das Anlaufen und Verlassen der Liegeplätze in und um die Ocean Village Marina übte. Wir machten uns wirklich einen Spaß daraus, und schließlich konnte ich das Boot problemlos überall einparken.

Eines Nachmittags setzte ich die GROUP 4 gerade wieder einmal zwischen zwei Fähren rückwärts in eine Enge hinein, wo ich im Falle eines Scheiterns keine Ausweichmöglichkeit hatte, und alles ging gut, bis ich bemerkte, dass Mike auf der Mauer stand und zusah. Augenblicklich wurde ich nervös und fing an zu schwitzen. Irgendwie gelang es mir aber doch, einen kühlen Kopf zu behalten und das Boot auf den Zentimeter genau längsseits zu bringen.

Mike kam herüber und sagte: »Glück gehabt.« Für ihn war das schon fast ein Lob.

Gringo wies mich aber darauf hin, dass Mike mich immerhin

beim Üben beobachtet und gesehen hatte, wie ich mich anstrengte. Er hatte also bemerkt, dass ich meinen Job ernst nahm.

Mikes hoher Standard erleichterte mir den Einstieg als Skipper. Er und sein Open 60 waren mein großes Vorbild. Ich beschriftete und organisierte auf der GROUP 4 alles wie er auf seiner Rennyacht. Oft sah ich mir neue Entwürfe und Vorschläge an. Dann fragte ich ihn, ob wir das auch so machen könnten. Er verwies dann meistens darauf, dass er dieses Boot schließlich ganz allein um die Welt segelte, während mir eine ganze Mannschaft zur Seite stand, eine durchaus berechtigte Anmerkung. Ehrlich gesagt, war mir völlig schleierhaft, wie er so etwas Außergewöhnliches solo hatte bewerkstelligen können. Mir war damals weder bewusst, welch großen Einfluss er auf mich hatte, noch was mir bevorstand.

Meine erste Aufgabe als Skipper bestand darin, die GROUP 4 nach Frankreich an den Start der Vendée Globe in Les Sables d'Olonne zu bringen. Dieses Nonstop-Rennen um die Welt gilt als der Gipfel des Einhandsegelns, das härteste Rennen überhaupt, und für Mike war es die Krönung von mehr als vier Jahren Planung und Vorbereitung. Sein Open-60-Team war schon vor Ort, wir sollten dazustoßen und in der Endphase helfen. Den Golf von Biskaya im Oktober zu durchqueren kann hart werden, weil das Wetter so unberechenbar ist. Und genau dort sollte mir Gringo die GROUP 4 übergeben. Ab dann war ich der Skipper, und Gringo mit Bruder und Vater spielte die Crew.

Das Wetter zeigte sich freundlich, die Reise verlief ohne Probleme. Ich hatte alle Gezeitenwerte berechnet und unsere Passage entsprechend geplant. Abgesehen von einem familieninternen Gezänk über feuchte Deckschuhe und muffelnde Füße hatten wir einen wunderbaren Törn. Nach unserer Ankunft musste ich wieder jeden Tag abtauchen und das Unterwasserschiff des Open 60 polieren. Am Tag des Starts fuhr ich mit einer Gästecrew hinaus, die beim Start des Rennens zusehen wollte. Sobald die Flotte hinter dem Horizont verschwunden war, setzten wir unsere Gäste wieder ab und brachen auf in Richtung Großbritannien.

Wir waren gerade auf Höhe einer Landspitze, als Gringo einen dringenden Anruf bekam. Ich hatte Freiwache und schlief, er rüttelte mich wach, seine Stimme klang sehr ernst. Wir mussten sofort umkehren, Mikes Mast war gebrochen, und wir hatten ihn schnellstmöglich nach Sables d'Olonne zurückzuschleppen. Wie furchtbar für Mike! Sein Traum, dieses herausragende Rennen zu gewinnen, war zerschellt. Für uns war es eine Herausforderung, denn die vor uns liegende Aufgabe war nicht einfach. Eine Yacht auf hoher See zu finden ist schon unter normalen Umständen sehr schwierig, wenn es sich dabei aber um eine Yacht mit einem tief liegenden Freibordrumpf ohne Mast und Segel handelt, ist es noch viel problematischer.

Schließlich fanden wir Mike aber doch, Gringo sprang zu ihm hinüber, und ich geleitete beide in den Hafen zurück. Mike hatte in England noch einen Ersatzmast, den er jetzt nach Frankreich bringen ließ, um so schnell wie möglich erneut starten zu können. Schon sieben Tage später war er wieder unterwegs.

Mittlerweile war ich krank geworden, vermutlich durch das Tauchen im schmutzigen Hafenwasser. Wir nahmen Duncan Maitland an Bord, der mit uns nach Southampton zurücksegeln sollte, und als wir ablegten, fühlte ich mich müde und schwach. Auf das Wetter, das uns erwartete, waren wir überhaupt nicht vorbereitet.

Noch bevor wir den Englischen Kanal erreicht hatten, war das Stagsegel zerfetzt und das Großsegel über dem dritten Reff gerissen. Die Wettervorhersage kündigte Windstärke 11 an, der Seegang war bereits schlimmer als alles, was ich bisher gesehen hatte. Wir legten in Lorient an und sprachen die Sache durch: Die Vorhersagen waren nicht günstig. Wir tauschten das Großsegel gegen das kleinere, kugelsichere Sturmsegel aus und setzten ein Sturmstagsegel. Gringo hatte absolutes Vertrauen in das Boot und ich wiederum in ihn. Wir kamen überein, dass wir weitersegeln und das Wetter nehmen wollten, wie es kam.

Sobald wir auf hoher See waren, sah ich einen Seegang, der meine Knie zittern ließ. Riesige Wellen griffen sich das Boot und übernahmen die Kontrolle. Die Windstärke stieg auf 50, 60 Knoten an. Für mich ging es nur noch ums Überleben, der Wind war schneidend und eisig kalt. Die über dem Achterdeck brechenden Wellen tauchten uns ständig unter Wasser, eine Welle wusch über uns hinweg, schleuderte mich von einer Seite des Cockpits zur anderen, meine Sicherheitsleine zog stramm, und ich knallte gegen eine Winsch.

Über dem Brüllen des Sturms hörte ich Gringo, als er Duncan zuschrie, er solle mich zurückholen. Ich fühlte, wie eine starke Hand von hinten meine Jacke packte und zog, dann saß ich auf Deck und starrte Duncan mit weit aufgerissenen Augen an. Die Art, wie er meine Stirn anstarrte, brachte mich dazu, nach oben zu fassen. Ich sah auf meine Hände und blickte auf Blut. Noch ganz benommen stolperte ich nach unten, um die Wunde zu überprüfen und meine Hände zu wärmen. Ich weiß noch, dass ich mich schlafen legen wollte in der Hoffnung, dass alles schnell vorüberginge. Ich wusste, wenn ich jetzt meine Augen zumachte, würde ich mich zwar besser fühlen, aber es wäre unfair gegenüber Duncan und Gringo. Also wechselten wir uns ab beim Aufwärmen, am Ruder und bei der Kontrolle des Bootes. Überhaupt nicht zuversichtlich, kämpfte ich verbissen, wenn ich Wache hatte, für so etwas hatte ich eigentlich nicht angeheuert.

Nach der schlimmsten Überfahrt meines Lebens legten wir in der Ocean Village Marina an, wo Paul Bennett und Allie Smith, beides ehemalige Crewmitglieder der BT Global Challenge, uns erwarteten. Sie konnten sich nur zu gut vorstellen, was wir gerade durchgemacht hatten, Paul sprang also schnell an Bord und kochte Tee für uns alle, denn wir hatten einige Tage weder richtig gegessen noch getrunken, und der Tee schmeckte einfach wunderbar.

Zuerst packte mich die Befürchtung, dass mir diese Passage das Segeln verleidet haben könnte. Ich hatte Segel ruiniert und richtig Angst gehabt, außerdem war ich der Meinung, dass Mike, der gerade selbst mitten im Rennen war, von solchem Wetter überhaupt nicht beeindruckt gewesen wäre. Welche Lehre hatte ich also daraus zu ziehen? Nicht loszusegeln, wenn die Wettervorhersage so schlimm ist, und nicht drei andere Menschen einer solch schrecklichen Erfahrung auszusetzen! Das Seeverhalten der GROUP 4 war absolut top gewesen. Was mich anbelangte, hatte ich bewiesen, dass ich mehr einstecken konnte, als ich glaubte. Doch niemand fährt freiwillig bei solchen Wetterbedingungen hinaus, nur um herauszufinden, wie man selbst oder wie das Boot damit zurechtkommt. Die Tatsache, dass ich diese Situation bewältigt hatte, gab meinem Selbstvertrauen jedoch ordentlichen Auftrieb. Natürlich würde ich weiter segeln!

Turbulente Zeiten

Im Winter 2001 rüsteten wir die GROUP 4 neu aus. Ich durfte ein neues Großsegel für das Boot kaufen, verbrachte viele Stunden damit, Handbücher zu wälzen, und lernte die Feinheiten der gesamten Ausrüstung an Bord kennen. Zusammen mit Allie Smith, die im Büro von Mike Golding Yacht Racing arbeitete, plante ich die kommende Saison und war schon ganz aufgeregt, denn wir sollten am Fastnet Race teilnehmen, dem berühmten Ocean Classic, das in jedem zweiten Jahr stattfindet.

Für die Qualifikation würde ich im Sommer eine ganze Reihe von Rennen absolvieren müssen, und so begann ich zu überlegen, ob ich mich beruflich vielleicht in diese Richtung entwickeln wollte. Dann, im Juni, endete die Global Challenge 2002 in Southampton, das Rennen, das Mike Golding einmal mit der GROUP 4 gewonnen hatte. Inzwischen war zwar das Design der Yachten erneuert und völlig geändert worden, aber die Regel, dass 17 Amateure als zahlende Crew unter einem Profisegler um die Welt segeln, war geblieben.

Ich schaute beim Zieleinlauf zu, als alle jubelnd in die Ocean Village Marina kamen. Sie hatten den Erdball umrundet, hatten Stürme und turbulente Zeiten überstanden, und sie waren sicher heimgekehrt. Ihre Leistung wurde überschwänglich gefeiert. Von dem Augenblick, als die erste Yacht die Ziellinie passierte, bis zur Ankunft des letzten Boots waren die Bars gedrängt voll. Bis in den frühen Morgen wurde gelacht, geweint und gefeiert, das Ganze krönte ein Feuerwerk, das ich von achtern auf Deck der GROUP 4 aus beobachtete. Mit einer Gänsehaut dachte ich daran, was diese Segler geleistet und was sie durchgemacht hatten. Wie gern wäre ich eine von ihnen gewesen, aber konnte ich wirklich als Skipper mit einer Yacht die Welt umsegeln?

Die Vorbereitung zum Fastnet Race beanspruchte meine ganze Zeit. Am Tag des Starts war ich ziemlich aufgewühlt, es war schließlich mein allererstes echtes Hochseerennen. Noch bevor wir ausgelaufen waren, hatte ich zum wiederholten Mal Wettervorhersage und Seekarten überprüft, wir waren sehr ehrgeizig und hatten hart daran gearbeitet, das Boot fit zu machen. In diesem Rennen gab es noch eine weitere Yacht vom gleichen Bootstyp wie die GROUP 4, und während der 600-Meilen-Regatta wussten wir nie, auf welchem Rang sie lag. Wie glücklich machte es uns, als wir, zurück in Plymouth, hörten, dass wir vor ihr durchs Ziel gegangen waren.

Unsere Ansprüche wuchsen. Nach dem Fastnet Race wurde die GROUP 4 zur ARC-Transatlantic, einer Rallye von den Kanaren nach St. Lucia in der Karibik, angemeldet. Ich hatte noch nie den Atlantik überquert, schon der Gedanke daran war aufregend und beängstigend zugleich. Doch ich schob meine Furcht beiseite. Ich arbeitete für Mike Golding Yacht Racing und würde bestimmt alles erfahren, was ich wissen musste.

Doch je näher die ARC herankam, desto mulmiger wurde mir. Ich fühlte, wie ich langsam den Boden unter den Füßen verlor. Ich brauchte Hilfe. Schließlich wandte ich mich an Mike. Er kam auf das Boot und durchleuchtete mit seinem professionellen Blick alles – von oben bis unten. Ich hatte bis tief in die letzte Nacht geschuftet, damit das Boot auch wirklich makellos aussah. Das Letzte, was ich hören wollte, war sein Kommentar, wie, was und wo etwas ordentlich zu stauen wäre. Was ich brauchte, waren harte Fakten, darunter die exakte Information, wie man dieses Boot effizient und schnell segelte.

Zuerst war Mike zurückhaltend. Aber als er einmal angefangen hatte, sprudelte er nur so. Er ging das Boot Zentimeter für Zentimeter durch und machte für alles und jedes einen Vorschlag. Ich glaube, ich schrieb einen ganzen Block voll, denn auf einmal war die Liste der Dinge, die ich noch zu erledigen hatte, endlos. Es war Mikes gründlichste und beste Rückmeldung in meinen 18 Monaten Arbeit für ihn.

Während ich einerseits hart daran arbeitete, die GROUP 4 perfekt vorzubereiten, versuchte ich andererseits, so viel Zeit wie möglich mit Mum, Jane und deren Familie zu verbringen. Das Hin und Her zerrte an mir und begann mir langsam zu viel zu werden. Auch Mike sah das so, denn eines Tages nahm er mich auf die Seite. Verbissen versuchte ich meine Tränen zurückzuhalten – ohne Erfolg.

»Was ist los?«, fragte er. »Brauchst du jemanden, der Händchen hält?«

Ich konnte kaum fassen, was er da zu mir gesagt hatte. Wie konnte er nur so grob und gefühllos sein? Doch schnell verstand ich, dass Mike mich mit diesen Worten zwingen wollte, dem Kommenden ins Auge zu sehen. Er sagte, dass er Vertrauen in meine Fähigkeiten hätte und deshalb sollte ich weitermachen. Der einzige Unsicherheitsfaktor wäre mein Selbstzweifel.

Die Etappe zu den Kanarischen Inseln begann sehr gut, aber einige Mitglieder der Crew wurden heftig seekrank. Leider war das Wetter so ungünstig, dass sie sich nicht einfach an Bord erholen konnten, also beschloss ich, eine Nacht in Portugal zu stoppen, damit wir uns die Beine vertreten, tief schlafen und neue Kraft schöpfen konnten, bevor wir weitersegelten. Danach lief dann auch tatsächlich alles besser. Das Wetter wurde angenehmer, der Wind kam mehr von achtern, wodurch wir zügiger und schneller vorankamen.

Bei den Kanaren begann mir langsam zu dämmern, was vor uns lag. Aber meine Crew war fabelhaft. Noch dazu erhielt ich weitere Unterstützung von Sparky, der jetzt für eine andere Firma, die Formula 1 Sailing, arbeitete und auf der SPIRIT OF JUNO ebenfalls den Atlantik überqueren wollte. Sparky schenkte mir jede Menge Informationen, auch wie viel und was ich für mindestens zwei Wochen und zwölf Personen an Proviant und anderen Vorräten einkaufen sollte.

Die Passage über den Atlantik war herrlich. Wieder einmal stellte ich fest, dass das Leben auf hoher See genau meinen Träumen entsprach. Die Natur kann sowohl Freund als auch Feind sein, der Mensch kann die Elemente nicht zähmen, er kann sie höchstens für sich arbeiten lassen. Als wir in St. Lucia einliefen, war ich geradezu euphorisch. Ich hatte meinen ersten Ozean überquert! Ich hatte die richtige Insel in der Karibik gefunden! Und wir alle waren gesund und heil angelangt!

Sparky erwartete mich bereits am Steg und schleppte mich sofort in eine Bar. Die Atmosphäre war überschwänglich, wir feierten bis in die frühen Morgenstunden. Am nächsten Tag besuchte ich Sparky auf seinem Boot, er wollte in wenigen Tagen nach Norden, nach Key West in Florida. An Bord der SPIRIT OF JUNO traf ich auch den Skipper, Harry Spedding, und wir kamen ins Gespräch. Harry war schon vorher in der Karibik gesegelt, kannte sich aus und bot mir an, mir zu erzählen, wo ich unbedingt hin müsse, was ich mir ansehen sollte, und wo ich jeweils am besten einklarieren könnte. Er war hochgewachsen, hatte breite Schultern, dunkles Haar und eine herrlich gleichmäßig gebräunte Haut. Vor seiner Seglerkarriere war er Offizier in der Marine gewesen, daher also der kurze Haarschnitt – glaubte ich. Heute weiß ich es besser. Es wächst ganz einfach so: dicht und in alle Richtungen. Harry gefiel mir auf den ersten Blick. Wir wollten beide im März an der Heineken Regatta in St. Maarten teilnehmen, und ich konnte es kaum erwarten, ihn wiederzusehen.

Wir sollten uns aber bereits früher als erhofft treffen, doch unter furchtbaren Umständen. Weihnachten und Neujahr waren vorüber, und im Februar war GROUP 4 unterwegs nach St. Maarten. Ich hatte den Kurs auf der Luvseite der Inselkette gewählt, da dies der direkteste Weg war, als eine Nachricht vom Formula-1-Sailing-Team für mich einging. Ob ich in der Nähe von Antigua sei, und falls ja, ob ich ihnen helfen könne? Sofort ließ ich das Büro zu Hause in Großbritannien wissen, dass ich die Bitte um Hilfe erhalten hatte und dass ich kein Problem darin sah, die Route zu ändern. Da traf bereits eine weitere Nachricht ein, diesmal kam sie direkt von Mike Golding Yacht Racing. Man hatte schon Kontakt mit Formula 1 Sailing aufgenommen, und ich sollte umgehend an einer Such- und Rettungsaktion teilnehmen: Sparky war verschwunden.

Während ihres Aufenthalts in Antigua war die Crew der SPIRIT OF JUNO an Land gegangen, um sich etwas zum Essen zu holen. Danach hatte jeder etwas anderes vor. Einige wollten etwas trinken und dann an Bord zurückgehen, andere wollten noch in einen Club. Also ließ man ein Dingi für den letzten Ausflügler zurück. Als Sparky am nächsten Morgen noch nicht aufgetaucht war, schlug Harry Alarm. Wie die Polizei herausfand, war Sparky zuletzt gesehen worden, als er eine Frau zu einem Boot brachte. Er hatte sie sicher abgesetzt und war dann losgezogen in Richtung SPIRIT OF JUNO, doch dort war er nie angelangt.

Von englischer Seite und von der örtlichen Küstenwache wurde ein Suchraster erstellt. Man ging von der Stelle aus, wo Sparky zuletzt gesehen worden war, und errechnete, wohin sein Dingi mit der Strömung getrieben sein könnte. Harry, dem man anhörte, wie angespannt er war, koordinierte die in Antigua durchgeführte Suche an Land. Wir von der GROUP 4 sollten die Insel Montserrat umrunden. Anfangs erschien mir die Teilnahme an einer echten Such- und Rettungsaktion aufregend, doch als ich erfuhr, dass es sich um Sparky handelte, wurde mir hundeelend. Ich saß eine Weile am Kartentisch und fragte mich, wie um Himmels willen ich das Andy und Mikey, die Sparky gut kannten, beibringen sollte.

Es gelang mir so sachlich wie möglich, denn wir hatten einfach keine Zeit für Tränen und Gefühle, wir wurden schnellstmöglich vor Montserrat benötigt. GROUP 4 war nur einige Stunden von der Insel entfernt, ich überprüfte den Kurs und plante die Route. Dann änderten wir unseren aktuellen Kurs und setzten Segel. Allmählich wuchs die Spannung, und ich mochte mir gar nicht vorstellen, was Harry und seine Crew in English Harbour durchmachten.

Wir kamen mit dem ersten Tageslicht an und teilten Harry mit, dass wir jetzt mit unserer Suche beginnen würden. Eine weitere Yacht von Formula 1 Sailing war bereits dabei, die Gewässer im Norden und Westen Montserrats nach dem Raster zu durchsuchen, das die Strömung und Driftgeschwindigkeit der letzten zwei Tage berücksichtigte. Auch wir folgten unseren Suchquadranten rund um die Insel.

Montserrat ist eine hoch aus dem Meer ragende Insel mit einem aktiven Vulkan. Im Durchmesser ist sie nicht sehr groß. Unterwegs hatten wir im Seehandbuch nachgelesen und kannten alle Buchten und Orte auf der Insel. Leider wussten wir nicht, wonach wir Ausschau halten sollten, ob nach einem Dingi, einem Dingi mit einem Menschen an Bord oder nur nach einem Körper. Wir wussten nur, dass das Zeitfenster immer kleiner wurde, in dem wir Sparky lebend finden konnten. Auf der GROUP 4 beteten wir, dass es sich nur um eines seiner üblichen Missgeschicke handelte und dass wir ihn an einem Strand sitzend finden würden, wo er auf uns wartete.

Die Höhe der Inselberge hatte Auswirkungen auf die Temperatur und den Wind, entlang eines Viertels der Küste waren wir im Lee eines Vulkans, was bedeutete, dass wir mitten im ausströmenden Ascheregen segelten. Unsere Gesichter, die Decks, die Leinen und die Segel, alles war schwarz. Es sah gespenstisch aus.

Bei Anbruch der Nacht hatten wir gerade unseren dritten Abschnitt abgesucht, und ich wusste nicht, was wir als Nächstes tun sollten. Keiner von uns wollte aufgeben, aber wir hatten, seitdem uns die Nachricht erreicht hatte, kein Auge zugemacht, und die einsetzende Dunkelheit würde unsere Anstrengungen verpuffen lassen. Also meldete ich mich per Funk bei Harry in der Hoffnung, dass er mich anwies, vor Anker zu gehen und am nächsten Morgen bei Tagesanbruch erneut zu starten. Ich spürte, dass er das gerne getan hätte, aber er sagte, ich solle nach Antigua, nach English Harbour, segeln und dort helfen, die Küste abzusuchen. Die Yacht mit der Position nordwestlich von uns hatte das Beiboot gefunden, doch der Hoffnungsschimmer, dass Sparky noch lebte, erlosch sofort, als wir hörten, dass das Dingi leer war und dass es keinerlei Anzeichen für einen Kampf oder eine Beschädigung zeigte. Verzweiflung stieg in uns hoch.

Schweren Herzens machten wir uns auf den Weg, um uns mit der Formula-1-Yacht zu treffen, und segelten nach English Harbour. Gegen zwei Uhr morgens kamen wir dort an und warfen in der stockfinstereren Nacht Anker. Eine Stunde später erhielten wir die

Nachricht, dass man uns um 07.30 Uhr wieder brauchte, dann würden wir in Gruppen eingeteilt und sollten die Küste vor Antigua absuchen. Ich wollte unbedingt wissen, wie es Harry ging, aber das musste bis zum nächsten Morgen warten.

Bei Tag sah der Hafen ganz anders aus, in der Bucht ankerten viele Yachten, hoch über uns ragte die Felsspitze von Shirley Heights und überwachte den Eingang zur Bucht. Sogar so früh am Morgen war die Sonne schon sengend heiß. An Land standen Freiwillige aus English Harbour und dem nahe liegenden Falmouth Harbour, die Atmosphäre war äußerst angespannt. Viele von uns kannten Sparky. Andere waren gekommen, um zu helfen, weil sie wussten, wie gefährlich das Meer ist. Man vergisst so schnell, welche Gefahren auch wenige Meter vom Strand entfernt lauern, sogar an so sonnigen, friedlichen Stränden wie hier. In der Bucht lagen mindestens 50 Yachten vor Anker, und jeder der Anwesenden hatte schon oft vom Boot zum Land übergesetzt. Es hätte jeden von uns treffen können.

Andy und Mike waren zum Flughafen gefahren, von wo aus sie die Küste mit dem Flugzeug absuchen wollten. Eine andere Gruppe nahm ein Schlauchboot, um die Buchten entlang der Küste zu überprüfen. Es wurde kein unnötiges Wort verloren. Doch eigenartig: Trotz der großen Aktivität war auch eine gewisse Hilflosigkeit zu spüren. Mir taten Sparkys Familie und seine Freunde leid, die zu Hause auf Nachricht warteten und die zu weit weg waren, um uns bei der Suche zu helfen.

Wie bitter war die Enttäuschung, als uns die Küstenwache mitteilte, sie habe die Wahrscheinlichkeit von Sparkys Überlebenschancen berechnet, mittlerweile seien sie auf weniger als 25 Prozent gesunken. Das bedeutete den Abbruch der Suche. Ratlos und entmutigt standen wir herum und versuchten diese Nachricht zu verdauen. Einige von uns hielten sich an den Händen, andere weinten, und wieder andere zogen sich irgendwohin zurück. Die folgenden Tage waren ungemein schwierig. Eine normale Routine an Bord wollte sich nicht einstellen, sie erschien uns einfach zu banal.

Wenn man, wie es auf einem Boot der Fall ist, auf so engem Raum mit anderen Menschen zusammenarbeitet und lebt, wird man fast zu einer kleinen Familie. Man teilt besondere Erlebnisse, durchlebt gemeinsam Zeiten, die man Außenstehenden nur schwer erklären kann. Viele von uns waren irgendwann mit Sparky gesegelt und hatten ein Stück Leben mit ihm verbracht. Jeder von uns erinnerte sich anders an ihn. Keinen von uns traf Schuld an seinem Verschwinden, den Ozean aber betrachteten wir mit neuen Augen. Auf allen Booten wurden strengere Vorschriften erlassen, ohnehin wollte niemand mehr lange wegbleiben oder alleine mit dem Beiboot fahren. Es konnte doch alles Mögliche passieren. Hatten wir denn nicht gerade die schreckliche Erfahrung gemacht, dass das Unglück wie ein Blitz aus heiterem Himmel kommen kann?

Ich ging zu Harry und sah, wie schwer er litt. Als Sparkys Skipper fühlte er sich für ihn verantwortlich, und ich wusste, dass er von allen Seiten ausleuchtete, was er anders hätte machen sollen. Er sah so müde und krank aus. Ich stand ihm bei, so gut ich konnte, und wir alle arrangierten eine gemeinsame Trauerfeier auf Shirley Heights. An jenem Abend hatten wir einen herrlichen Sonnenuntergang, einige hundert Menschen standen dort oben, schauten auf die Bucht hinunter, hinaus auf das offene Meer. Wir begossen Sparkys Lebenslust und sagten einem Freund Adieu, der für so viele von uns wichtig gewesen war.

Dann kam der Valentinstag. Ich hatte gehofft, dass Harry die Gelegenheit ergreifen und mich vielleicht zum Essen einladen würde. Aber er hatte noch zu viele andere Dinge im Kopf. Daher schlug ich ganz beiläufig vor, dass wir ja irgendwann einmal etwas zusammen essen könnten. Ich drückte mir dabei die Daumen, doch er war der Meinung, dass besser er beim Formula-1-Team bleiben sollte. Zu meiner großen Erleichterung ermunterte ihn dann aber das Team dazu, mit mir auszugehen. So hatten wir in Antigua, am Valentinstag des Jahres 2002, unser erstes Date.

Ich war sehr aufgeregt, denn Harry und ich waren zuvor selten allein gewesen. Wir hatten uns immer nur in einer Gruppe getroffen, aber heimlich ein Auge auf einander geworfen. Jetzt waren wir unter uns und erzählten, was wir bis dahin alles gemacht hatten. Harry war erst seit Kurzem im Charterbusiness, war vorher lange mit Freunden durch Asien gereist und danach zur Marine gegangen. Ich gab mich ein wenig zurückhaltend, da ich wusste, dass Seeleute traditionell in jedem Hafen eine Braut haben. Also sondierte ich vorsichtig in diese Richtung, und Harry versicherte mir, dass dies auf ihn nicht zutreffe. Und dafür, dass er diese Fragen überhaupt tolerierte, bekam er von mir noch zusätzliche Extrapunkte.

Wir verstanden uns prima. Die Unterhaltung riss nie ab. Wir tranken Champagner, ich erhielt eine Rose – vom Kellner. Was und wie man bei einer ersten Verabredung isst, pflegt eine heikle Angelegenheit zu sein, deshalb hielt ich es für das Beste, wenn Harry für mich mitbestellte. Zu meiner Überraschung orderte er Sashimi. So etwas hatte ich noch nie gegessen, ich wusste nicht einmal genau, was Sashimi überhaupt ist. Zum Glück mag ich Fisch, sogar rohen. Also genoss ich es: Harry war eindeutig ein Mann von Welt.

Nach dem Dinner schlenderten wir am Wasser entlang und plauderten weiter, während wir auf das Beiboot warteten, das uns abholen sollte. Gerade bevor die anderen kamen, drehte sich Harry zu mir um und küsste mich. Mein Magen fuhr in die Kniekehle. Als wir an Bord zurück waren, konnten wir nicht mehr so tun, als sei nichts passiert. Harry und ich waren beschwingt vom Champagner, und ich hielt eine Rose in der Hand, von der jeder annahm, dass Harry sie mir gegeben habe. Prompt machte die Nachricht die Runde, dass wir ein Paar seien.

Harry vertraute mir an, dass ihm nach der Tragödie auf Antigua die Lust zum Segeln vergangen war. Doch der Plan sah vor, dass wir alle gemeinsam nach St. Maarten laufen und an der Heineken Regatta teilnehmen sollten. Schließlich gelang es uns, ihn dazu zu überreden. Er tat es zwar nur zu Ehren Sparkys, aber langsam gewöhnte sich Harry daran, ohne ihn zu segeln. Für uns bedeutete die Regatta das Ende der Saison in der Karibik. Es war an der Zeit, nach Großbritannien zurückzusegeln. Allerdings sollte sich die Fahrt zurück als viel härter erweisen als der Hinweg.

Vier von uns segelten die Group 4: Mikey, mein erster Maat, Gringos Bruder Andy Tourell und Paul Kelly, der mit Harry die Heineken Regatta bestritten hatte. Bis zu den Azoren war alles prima, doch unser Motor hatte Probleme mit dem Aufladen der Batterien, außerdem verbrauchte er eine Menge Öl. Also entschloss ich mich, einen Stopp auf einer der Inseln einzulegen. Der Ruhetag tat uns richtig gut, denn wir konnten an Land essen, eine ganze Nacht durchschlafen und einige Kleidungsstücke waschen und trocknen. Die nächste Etappe von den Azoren nach Southampton war dann von ganz anderem Kaliber. Das Wetter, mit 50 Knoten Wind direkt von vorn, war schrecklich. Wir mussten kreuzen. Nach der einen Wende segelten wir Richtung Spanien, nach der anderen in Richtung Grönland. Nun erwies es sich als Segen, dass ich schon schlechteres Wetter durchgestanden und absolutes Vertrauen in das Seeverhalten der Yacht hatte.

Die Fahrt gegen den Wind dauerte lange, unsere Probleme mit dem Motor wurden schlimmer. Als wir schließlich Southampton erreichten, hatte er den Dienst eingestellt, ich musste unter Segel in unseren Liegeplatz einlaufen. Das Manöver war zwar nicht so perfekt, wie ich es mir gewünscht hätte, aber ich war glücklich, ohne

Zwischenfall angelegt zu haben. Am Kai wartete Mike Golding bereits auf uns und lud uns zu einem herzhaften Essen ein. Natürlich hatte er uns genau beobachtet.

Es war so viel passiert, seitdem ich Southampton im Herbst verlassen hatte. Meine Seglerkarriere entwickelte sich immer mehr in Richtung Rennsegeln, wieder dachte ich über die Global Challenge nach. Als ich letztes Jahr beim Ziellauf zugeschaut hatte, war mir der Gedanke durch den Kopf geschossen, ob ich wohl jemals selbst dabei wäre. Jetzt fühlte ich mich so weit, beantragte ein Bewerbungsformular und erhielt es per Post. Im Begleitschreiben stand, dass die Bewerbungsinterviews im Mai 2003 stattfinden sollten. Das war gut, denn so hatte ich mehr als ein Jahr Zeit, um weitere Erfahrungen zu sammeln. Ich füllte das Papier sofort aus und schickte es los.

Mir war klar, dass ich noch viel mehr darüber lernen musste, wie man Wettrennen segelt. Dass ich Mike Golding so sehr nachgeeifert hatte, mag wie eine passende Vorbereitung ausgesehen haben, aber ich würde trotz meiner beiden Transatlantiküberquerungen noch weitaus mehr Seemeilen zurücklegen müssen. Was mich in diesem Jahr besonders tief beeindruckt hatte, war die Such- und Rettungsaktion der Formula 1 Sailing gewesen, an der ich in der Karibik beteiligt war. Vielleicht wäre ein Wechsel zu Formula 1 Sailing der richtige Schritt in Richtung Global Challenge?

Der Entschluss zu gehen fiel mir nicht leicht. Ich hatte in meinen zwei Jahren bei der Mike Golding Yacht Racing viele Tränen vergossen und einige Niederlagen eingesteckt. Aber ich hatte auch viel über Seemannschaft gelernt und mich als Seglerin enorm weiterentwickelt. Sollte ich wirklich jetzt gehen? Ich traf mich mit Mike auf einen Kaffee, bei dem ich ihm meine Pläne erläuterte. Er verstand mich sofort, wünschte mir viel Glück und sagte mir in allem seine volle Unterstützung zu, wofür ich ihm dankte. Aber er fürchtete, ich sei zu gefühlsbetont für einen Rennskipper. Diese Bemerkung stieß mich dann doch einigermaßen vor den Kopf. Natürlich hätte ich damit rechnen müssen, denn Mike schleicht nicht lange um den heißen Brei, sagt immer gleich geradeheraus, was er denkt. Und er hatte ja recht: Ich konnte wirklich sehr emotional reagieren. Allerdings hegte ich den leichten Verdacht, dass er als mein Arbeitgeber der eigentliche Grund dafür sein könnte. Deshalb war ich bei unserer Trennung umso entschlossener, ihm zu beweisen, dass ich es doch schaffen konnte.

Gemeinsam ist man stark

Im Winter 2002 segelte ich in die Karibik zurück, diesmal aber mit einer der schnelleren 65-Fuß-Rennyachten von Formula 1 Racing. Außer auf einem Überführungstörn zwischen Jamaika und St. Maarten, wo wir an einigen Rennen teilgenommen hatten, dachte ich selten an meine Bewerbung für die Global Challenge. Hier mussten wir fast die ganze Strecke gegen den Wind segeln, wodurch wir zehn Tage brauchten, und die Mannschaft an Bord lachte mich aus, als ich mich beklagte. Wenn ich das schon für schlimm hielt, wie würde es mir dann erst gehen, wenn ich als Skipper bei der Challenge im Südpolarmeer einen ganzen Monat stampfend und rollend gegen den Wind ankämpfen müsste?

Im April erhielt ich dann eine E-Mail, in der ich offiziell zur ersten Runde der Bewerbungsgespräche für das Rennen eingeladen wurde. Der vorgesehene Zeitpunkt war denkbar ungünstig für mich, denn die Interviews sollten im nächsten Monat stattfinden, also genau dann, wenn ich mit dem Boot unterwegs zurück nach Großbritannien war. Ich teilte Challenge Business mit, dass ich dann leider unabkömmlich sei; sie schrieben zurück, dass sie unzählige Bewerbungen vorliegen hätten. Wenn ich nicht käme, dann sei ich eindeutig nicht genug interessiert.

Die Antwort war natürlich in Ordnung, aber ich war am Boden zerstört. Ich wollte unbedingt meine Chance wahrnehmen, doch das Schicksal geht eben manchmal verschlungene Wege. Eines Tages während der Antigua Sailing Week, als ich das Großsegel trimmte, verfing sich der Mittelfinger meiner rechten Hand im Großschotblock. Ich reagierte sofort und zog die Hand weg. Es fühlte sich an, als hätte ich mir dabei den Fingernagel abgerissen. Ich ballte meine Hand zu einer festen Faust, nach einer Minute öffnete ich sie wieder und sah nach. Doug, unser Arzt, der gerade am Ruder stand, sagte mir später, dass ich in diesem Moment im Gesicht aschfahl wurde.

Ich hatte mir geradewegs das oberste Glied meines Mittelfingers abgerissen, es lag an Steuerbord, direkt auf der Backskiste mit den Gasflaschen! Ich schnappte es mir mit der linken Hand und schrie nach Doug. Der übergab das Ruder an einen anderen und nahm mich mit nach unten in das Logis, wo er mir sofort ein starkes Schmerzmittel verpasste. Noch in derselben Nacht flog man mich in eine Klinik nach Trinidad, mitsamt meiner sorgfältig in Eis verpackten Fingerspitze.

Der diensthabende Chirurg sah sie an und sagte: »Wissen Sie, was ich damit mache?«

Dann öffnete er den Abfalleimer und ließ sie hineinfallen. Sicher hatte er recht, aber ich war komplett am Boden zerstört.

Als ich an Bord zurückkehrte, war ich frustriert und verängstigt. Ich hatte keine Ahnung, wie mein Finger heilen würde, außerdem saß mir der Schreck noch voll in den Knochen. Weil ich nicht nach Hause segeln konnte, nahm ich das Flugzeug, wodurch ich rechtzeitig für die erste Bewerbungsrunde zurück war. Mein einziges Problem bestand darin, nicht körperlich einsatzfähig zu sein. Ich stand noch immer unter schweren Schmerzmitteln, und außerdem war meine rechte Hand kaum zu gebrauchen. Challenge Business teilte mir mit, sie hielten es für das Beste, wenn ich zu Hause bliebe. Doch zehn Wochen später ging ich zum Auswahlverfahren der Skipper und erfuhr, dass ich noch im Rennen war. Jetzt lag es an mir zu beweisen, dass ich für den Job geeignet war.

Als Erstes musste ich an einem Probesegeln teilnehmen, nach dem 16 Teilnehmer von den angetretenen 36 weiterkamen. An diesem Tag segelte ich mit Stuart Jackson, einem weiteren Rennskipperanwärter, dem Challenge Business Sailing Manager Jeremy Troughton und einer 12-köpfigen Gästecrew. Einige Mitglieder der Mannschaft hatten schon Segelerfahrung, andere waren noch nie auf einer Yacht gewesen. Das Spektrum des Könnens war also weit gestreut. Stuart und ich sollten uns als Skipper abwechseln, der eine war morgens dran, der andere am Nachmittag. Unsere Aufgabe war, jeden an Bord einzubeziehen, die Sicherheit des Bootes und aller Personen an Bord zu gewährleisten und gespielte Notfälle zu meistern, die überraschend auftreten würden. Stuart hatte bereits für Challenge Business gearbeitet, er kannte die Boote also ziemlich gut, und nach kurzer Unterhaltung vereinbarten wir, uns gegenseitig zu unterstützen.

Ich wurde als Morgenskipper eingeteilt, also begrüßte ich alle Gäste an Bord und stellte jeden vor. Dann erledigte ein Mannschaftsmitglied das Safety Briefing. Ich bat alle, die bereits Segelerfahrung hatten, um möglichst viel Unterstützung und gab noch einige Zusatzinformationen, nur für den Fall, dass wir gleich getestet würden. Doch tatsächlich war damit der erste Test bereits bestanden. Im

Safety Briefing wurden zwar die Sicherheitsgurtwesten erwähnt, nicht aber die integrierten Sicherheitsleinen – mir war das nicht entgangen, und ich hatte es ganz selbstverständlich noch angefügt.

Wir lösten die Leinen und starteten.

Als wir gerade das Großsegel hochzogen, ertönte der Ruf: »Mann über Bord!«

Ich holte den Mann, der in Wirklichkeit ein Eimer mit daran festgebundenem Fender war, schnellstens zurück. Beim Heißen des Vorsegels bemerkten wir, dass sich die Schoten gelöst hatten … Als wir sie gerade wieder festmachten, ging ein weiterer »Mann« über Bord. Nun aber waren wir unter Segeln, und ich musste den »Körper« herausfischen, während ich gleichzeitig die Sicherheit der Mannschaft und des Bootes nicht vernachlässigen durfte. Schließlich liefen wir auf den Solent hinaus. Dort erhielt ich die Aufgabe, das Vorsegel zu wechseln und im Großsegel ein Reff auszuschütten. Danach sollte ich einen bestimmten Punkt ansteuern und unter Segeln Anker werfen. Dazu setzte ich GPS und Echolot ein und wies die Crew an, den Anker erst dann fallen zu lassen, wenn das Boot keine Fahrt mehr voraus machte. Alles ging glatt.

Nach dem Mittagessen kam Stuart dran. Er segelte vom Anker aus los, den wir hochzogen und sorgsam verstauten. Dann setzten wir den Spinnaker. Als wir in einem engen Kanal zum Halsen ansetzten, ging schon wieder ein Mann über Bord. Diesmal hatten wir wirklich zu kämpfen, aber es gelang uns, den Spinnaker herunterzuholen, schnell zurückzukehren und Eimer samt Fender aufzufischen. Da wir bereits auf dem Rückweg nach Southampton waren, begannen wir aufzuklaren und sauber zu machen. Plötzlich brach einer unserer Gäste unter Stöhnen auf dem Vordeck zusammen. Stuart und ich rannten hin und untersuchten sein ketchupverschmiertes Bein. Unsere Diagnose lautete: offener Bruch. Ich schleppte ein Kojenbrett nach oben, das als Trage dienen sollte. Währenddessen simulierte Stuart, über UKW einen Notruf abzusetzen. Dann hoben wir unseren »Verletzten« auf die Trage und brachten ihn vorsichtig zur Behandlung unter Deck.

Ein Nicken des Sailing Managers deutete an, dass wir für diesen Tag alles bewältigt hatten. Doch ich traute der Sache nicht so recht und wartete darauf, dass noch etwas passieren würde. Vielleicht versagte ja der Motor während des Einlaufens in die Marina? Aber es war wirklich vorbei. Stuart und ich erledigten das Nachbriefing: Es fiel positiv aus, denn uns wurde bescheinigt, dass wir nicht nur sicher segelten, sondern im Krisenfall auch einen kühlen Kopf behielten. Dann erhielten wir noch den warnenden Hinweis, dass diese Dinge immer im ungünstigsten Augenblick passieren und in Sekundenschnelle eskalieren können. Unter Druck könne man sehr schnell den Kopf verlieren …

Einige Wochen später, im September 2003, erreichte mich die Nachricht, dass ich es in die Endrunde mit 20 Leuten geschafft hatte. Der nächste Auswahltest, in dem die zwölf Rennskipper und die beiden Ersatzskipper ausgewählt wurden, dauerte eine Woche und fand in einem Segelclub auf Hayling Island statt. Als ich den Eingangsworten von Jeremy Troughton lauschte, wurde mir klar, dass ich die Einzige war, die nicht an dem früheren Auswahlwochenende teilgenommen hatte, noch dazu war ich die einzige Frau. Gewiss würde man also alles, was ich tat, besonders genau in Augenschein nehmen. Ich meldete mich zu Wort und sagte, ich sei einige Zeit aus dem Verkehr gezogen gewesen.

Der einzige Kommentar dazu kam von einem australischen Segler, Andy Forbes, der sagte: »Das Mädchen hat wirklich Mumm. Alle Achtung!«

Während dieses Verfahrens lernten wir auch einiges über Interviewtechniken, denn es wurden Profile unserer Persönlichkeiten angefertigt, und wir wurden psychometrischen Tests unterzogen. Das gab uns Einsicht in unseren Charakter. Ich sagte mir, das könne nicht schaden, egal was dabei herauskam.

Einen Monat später rief mich Jeremy wieder an. Ich war gerade an Bord eines Bootes, reinigte die Bilgenräume und war völlig mit Dieselöl verschmiert. Als ich den Kopf aus der Bilge zog, sah ich auf dem Display, dass der Anrufer seine Nummer unterdrückt hatte. Trotzdem musste es wichtig sein. Ich hob den Hörer ab. Es war Jeremy, der mir ohne Umschweife sagte, dass ich 2004/2005 als Skipper am Global Challenge Race teilnehmen dürfe. Mir versagte die Stimme, und ich wusste überhaupt nicht, wie ich reagieren sollte, so perplex und aufgeregt wie ich war. Eigentlich wollte ich schreien vor Freude.

Jeremy sagte: »Behalt es noch für dich. Die offizielle Ankündigung erfolgt im November.«

Es war nicht so einfach, ohne Angabe von Gründen zu kündigen, aber zum Glück hatte ich einen guten Draht zu Formula 1 Sailing, und sie ließen mich weiter für sie arbeiten, bis ich zu Challenge Business ging. Im November, bei der Bekanntgabe der Namen der Skipper in den St. Catherine Docks in London, traf ich endlich meinen neuen Chef, Sir Chay Blyth. Ich wusste alles über ihn: Er war im

Jahre 1966 mit John Ridgway über den Atlantik gerudert. Damals diente er noch als Unteroffizier bei den Fallschirmjägern. Fünf Jahre später war er als erster Mensch nonstop und allein nach Westen um die Welt gesegelt, gegen die vorherrschenden Winde und Strömungen – ein Unterfangen, das bis dahin von vielen für unmöglich gehalten worden war. Zweimal hatte er als Skipper mit wechselnden Mannschaften am Whitbread Race teilgenommen und außerdem an Regatten der Mehrrumpfboote. Sir Chay war eine lebende Seglerlegende.

Ich war ihm schon einige Male begegnet, als ich noch für Mike Golding arbeitete, und wir hatten ein paar kurze Worte gewechselt. Sir Chay ist ein kleiner, gedrungener Mann mit einem Schopf grauer Haare und von ungeheurer Ausstrahlung. Man kann sie fast schon spüren, bevor er den Raum betritt. Außerdem ist er bekannt dafür, dass er keine Geduld mit dummen Menschen hat, dass er unnahbar wirkt, aber allen ein echter Freund ist, die er besser kennt.

Nun standen wir zwölf Skipper also an Bord einer der Challenge-Yachten und warteten auf ihn. Er spürte natürlich unsere Anspannung und brach das Schweigen mit einem Scherz.

»Entspannen Sie sich«, sagte er in seiner etwas brüsken Art, »und lächeln Sie. Sie werden sich gleich Auge in Auge mit dem Erschießungskommando sehen. Am besten, Sie gewöhnen sich sofort daran, denn das wird von nun an bis zum Ende des Rennens so bleiben.«

Im Laufe der Zeit sollte ich ihn wirklich gut kennenlernen. Er hat eine ganz eigene Art, Menschen aus der Reserve zu locken, aber wenn man mit genügend Selbstvertrauen gegenhält, endet dies meist in einem interessanten Gespräch. Ich lernte ungeheuer viel von ihm, denn er ist ein fesselnder Redner, knüpft sehr schnell Kontakt, sieht immer nach vorne, plant strategisch und ist äußerst rücksichtsvoll im Umgang. Chay stellt hohe Ansprüche an sich und erwartete dasselbe von uns, die wir sein Unternehmen repräsentierten. Doch an so etwas war ich bereits gewöhnt.

Der nächste große Meilenstein war die Zusammenstellung der Crew, die während der Londoner Bootsausstellung im Januar bekannt gegeben werden sollte. Ein Skipper hat keinen Einfluss darauf, wer in seine Crew aufgenommen wird, die Crews werden jedes Mal völlig neu zusammengewürfelt. Wir würden uns also erst gegenseitig kennenlernen und uns aufeinander einspielen müssen, damit wir die vor uns liegenden 18 Monate gemeinsam bewältigen konnten. Jedes Mitglied zahlt mehr als 20 000 Pfund und bringt große persönliche Opfer, um an diesem Rennen um die Welt teilzunehmen. Wir Skipper waren dazu da, allen ihren Traum zu erfüllen.

Die Skipper wurden schließlich in einen Raum im oberen Stockwerk gebeten, und fünf Minuten vor Eintreffen der Crew erhielten wir die Liste mit den Namen unserer jeweiligen Besatzung. Sechs der Skipper hatten bereits für Challenge Business gearbeitet und kannten deshalb einige Teilnehmer, uns anderen sagten die Namen nichts. Die sechs Challengeerfahrenen Skipper steckten lachend und prustend die Köpfe zusammen, ich zog mich in mich zurück. Gleich trug ich für 17 Menschen die Verantwortung, die eine Gemeinschaft bilden sollten. Meine Anspannung stieg.

Einer der alten Challenge-Skipper kam herüber, sah meine Liste durch und machte einige Anmerkungen. Ich war freundlich zu ihm, hörte aber nicht zu. Das Problem mit den Meinungen anderer Leute ist, dass sie die eigene Einschätzung trüben und den ersten Eindruck verfälschen, und ich war nur zu gespannt, auf die Reaktionen »meiner« Crew zu sehen, wenn sie der einzigen Frau im Rennen zugeteilt wurden. Aus meiner Perspektive spielte das keine Rolle, aber ich war nicht so sicher, ob die anderen es auch so sahen.

Dann öffnete sich die Tür, und die neuen Crews traten ein. Voller Ungeduld wollten sie endlich wissen, wer sie um die Welt führen würde. Jeder der Skipper hatte Crew-T-Shirts in einer bestimmten Farbe bekommen; diejenigen, die noch dazu einen Sponsor hatten, konnten ihren Leuten sogar Werbeartikel überreichen. Zu meiner großen Enttäuschung hatte mein Boot noch keinen Sponsor gefunden, und als ich die Geschenktüten für die anderen Teams sah, spürte ich den Druck, auch das ausgleichen zu müssen. Beim Verteilen der Crewlisten beobachtete ich die Reaktionen der Leute. Manche fingen an zu schluchzen, manche machten Scherze, und einige hörten gar nicht richtig hin. Es war irgendwie unwirklich. Am Ende der Präsentation musste jeder zu seinem Skipper gehen und sein Crew-T-Shirt abholen. Für einen Außenstehenden hätte das Ganze wohl absolut chaotisch ausgesehen.

Meine Crew versammelte sich um mich herum, und ich war nicht sicher, ob ich genug Enthusiasmus ausstrahlte, also entschuldigte ich mich beim Verteilen der T-Shirts für deren langweilige graue Farbe. Alle lachten. Danach gingen wir in eine Bar ganz in der Nähe, wo ich Getränke und Snacks für alle vorbestellt hatte. Großen Wind habe ich darum gemacht, dass die Crews Freunde und Familie nach London mitbringen konnten, weil ich wusste, wie wichtig die Unterstützung von zu Hause für uns alle war. In der Bar hielt ich eine kleine

Ansprache und betonte, dass das Rennen nun unsere gemeinsame Sache war und dass wir nur durchkommen konnten, wenn wir unsere volle Kraft im Team einsetzten. Alle waren ganz aufgeregt, ich selber war sogar richtig aufgekratzt. Obwohl wir noch keinen Sponsor hatten, meinte ich, es sei wichtig für unser Team einen Namen und damit eine Identität zu finden. Innerhalb kürzester Zeit einigten wir uns und waren von nun an bekannt als »The Firm«.

Mir blieben nur wenige Wochenenden, an denen ich mit meiner Crew segeln konnte, denn ich wollte an einem Rennen rund um Großbritannien und Irland teilnehmen. Bei dieser speziellen Regatta handelte es sich um ein zweiwöchiges Segelevent für Chartergäste, und nur acht von den zwölf Yachten konnten daran teilnehmen. Weil ich noch einige Meilen mit meinem Boot absolvieren wollte, hatte ich mich freiwillig dazu gemeldet, und glücklicherweise wollten auch einige Mitglieder meiner Global-Crew mitkommen. Dadurch würden wir schon etwas Zeit miteinander verbringen und uns ein wenig kennenlernen.

Der Wind hatte aufgefrischt, als wir vom Solent aus starteten, und hinter der Isle of Wight durch den Kanal in Richtung Irische See segelten. Der Start war gut verlaufen, aber als wir mit dem Bug durch den Wind gingen, um die Isle of Wight vor St. Catherine's Point zu umrunden, rauschte plötzlich unser Großsegel herunter. Nicht nur wir waren total verblüfft, auch die anderen Crews um uns herum, die gehört und gesehen hatten, wie es passierte. Der Gurtstropp, der den Kopf des Großsegels mit dem Fallenblock verbindet, war gerissen. Also schickte ich Marcus, meinen ersten Maat, ins Rigg hinauf, um das Großsegelfall einzufangen, das noch immer dort oben herumschlug. Das dauerte so seine Zeit, für ihn war es dort oben in 29 Meter Höhe ein ziemlicher Ritt, während das Boot nur unter Vorsegel weiterzog. Als Marcus schließlich wieder an Deck stand, war er ziemlich schweigsam.

Kate, ein weiteres Mitglied meiner Global-Challenge-Crew, hatte sich angeboten, während des Rennens die Verantwortung für die Segel zu übernehmen und sie gegebenenfalls zu reparieren. Jetzt machte sie sich sofort daran, ein neues Gurtband anzunähen, was gar nicht so einfach war, weil wir ziemlich stark in der Dünung rollten. Doch schon in kurzer Zeit waren wir wieder voll unter Segeln, und ich freute ich darüber, wie gut wir das bewältigt hatten, gleichzeitig aber ärgerte ich mich, dass wir schon so schnell nach dem Start viel wertvolle Zeit verloren hatten. Als die Dämmerung hereinbrach, konnten wir uns nicht mehr an den anderen Yachten orientieren und mussten eigene Entscheidungen treffen. Ich beschloss, von der Küste wegzusegeln, weil ich hoffte, dass draußen der Wind drehte. Das erwies sich als Fehler. Die Yachten, die dichter an der Kompasslinie geblieben waren und die kürzere Strecke gewählt hatten, lagen besser in der Platzierung. Meine Entscheidung war falsch gewesen, ich machte mir Vorwürfe, die Mannschaft enttäuscht zu haben. Ab sofort wollte ich mit meinen Entscheidungen vorsichtiger sein und die Mannschaft das Boot segeln lassen.

Nachdem wir die Westseite Irlands gerundet hatten und die schottische Insel St. Kilda ansteuerten, die ziemlich weit draußen liegt, wurde mir klar, dass meine Strategie schon wieder nicht funktionierte. Ich musste meine Zurückhaltung aufgeben und wieder aktiv in die Entscheidungen eingreifen, nur so konnte ich die Mannschaft dabei unterstützen, ihre Fähigkeiten auszubauen, und gleichzeitig mein Wissen weitergeben. Es brachte nichts, sie ausprobieren und aus ihren Fehlern lernen zu lassen, so konnten wir nicht gewinnen. Diese Erkenntnis kam zwar reichlich spät, aber von dem Augenblick an nahmen wir wieder richtig am Rennen teil. Das gefiel mir schon besser, und meiner Crew ging es ebenso. Wieder einmal hatte ich eine wichtige Erfahrung gemacht, noch dazu zur rechten Zeit.

Wir schafften den sechsten Platz von acht, also waren wir wenigstens nicht Letzte geworden. Trotzdem war es gut, an diesem Rennen teilgenommen zu haben, und meine Mannschaft war prima gewesen. Gleichzeitig nagte an mir das Gefühl, dass ich mehr hätte tun können. Oder etwa doch nicht? Diese Frage ließ mich nicht los. Ich wusste einfach nicht: Kann ich es besser machen oder habe ich gar schon meine Grenze erreicht? Die ganze folgende Woche grübelte ich darüber nach. Sollte ich wirklich bei Challenge Business bleiben?

Der Wendepunkt kam an dem Abend, an dem die Skipper gemeinsam ausgingen. Es war ein typischer Abend, voller Spaß, Geschichten und Gelächter. Andy Forbes, der australische Skipper der BG Spirit, spürte, dass etwas mit mir nicht stimmte. Seit wir uns in der Vorstellungsrunde kennengelernt hatten, waren wir enge Freunde geworden und zuweilen auch gegenseitige Anlaufstellen für unsere Sorgen und Probleme. Andy ist ein großer, athletischer Mann mit angenehmen Manieren und einem klugen Kopf auf den Schultern, und oft schien er mir der einzige Erwachsene unter uns. Er hatte einen gewichtigen Sponsor bekommen, doch hielt er sich von uns anderen, die noch keinen Sponsor gefunden hatten, nicht fern.

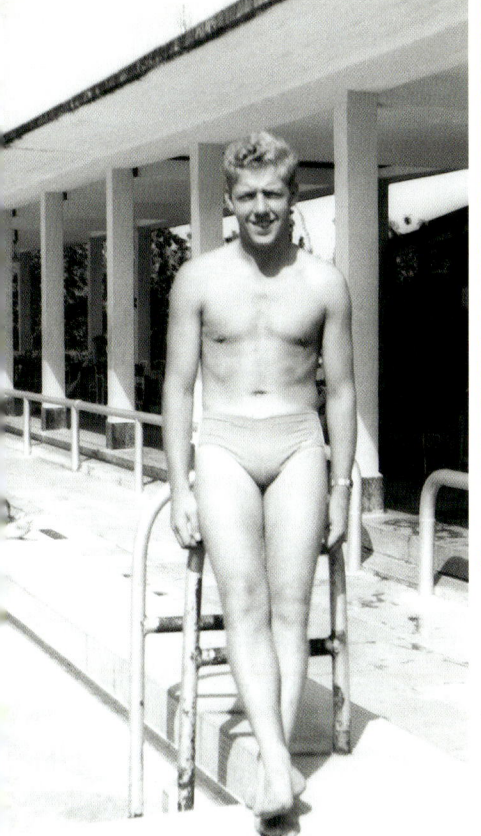

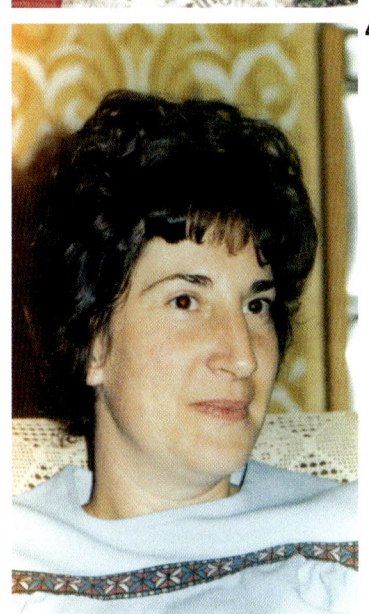

1 Ich – mit etwa sechs Monaten – als wir Dads Verwandtschaft im Urlaub 1973 auf Malta besuchten.

2 Ich – mit vier Jahren – in meinem Lieblings-T-Shirt im Kindergarten.

3 Mein Vater, Peter Caffari, im Alter von 18 Jahren in einem Schwimmbad in Singapur während seines Militärdienstes bei der RAF.

4 Meine Mutter, Barbara Caffari, in meinem Geburtsjahr 1973.

5 Dad, meine ältere Schwester Jane und ich mit etwa sechs Jahren, als wir auf unserem Motorboot, der LOUIS PHILIPPE, in Holland Urlaub machten.

6 Unser Holzmotorboot, die 40-Fuß-Bates-Starcraft LOUIS PHILIPPE, auf der Themse. Auf diesem Boot verbrachten wir jedes Wochenende und alle Schulferien.

7 Beim Einfahren in eine Schleuse lernte ich 1983 unter Mums Aufsicht den Umgang mit der Leine.

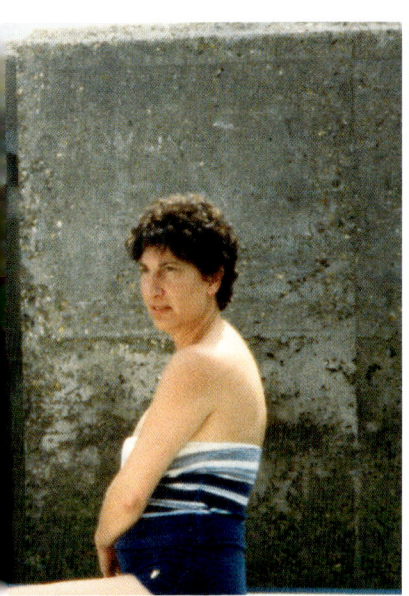

8 Ich – im Alter von fünf Jahren – in fester Umarmung mit Mum an einem Wochenende auf der LOUIS PHILIPPE.

9 Als Kätzchen verkleidet für die Tanzeinlage Façade aus dem Musical Cats: Ich war damals 9 Jahre alt. Beim Tanzen durfte ich auf der Bühne stehen und mich darstellen, was ich sehr mochte.

10

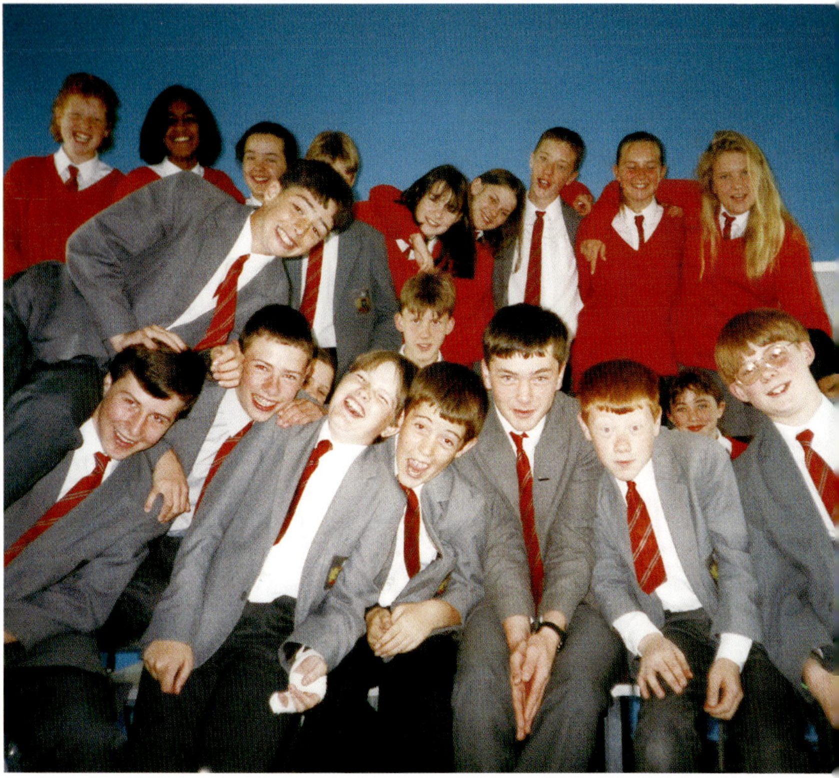

11

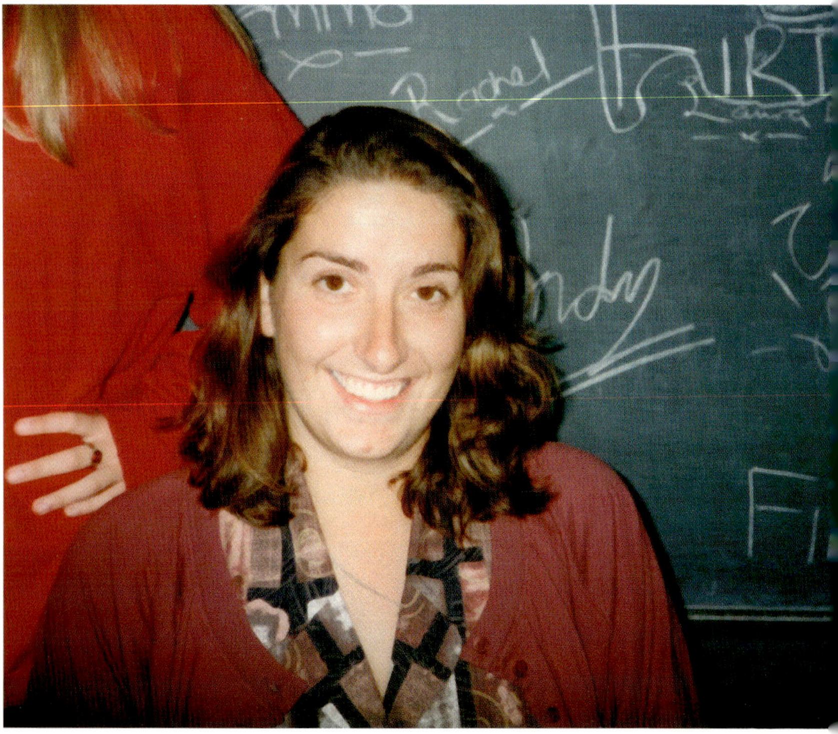

12

10 Meine 8. Klasse in der North Halifax Grammar School im Juli 1996 – eine tolle Bande.

11 Mein letzter Tag als Lehrerin an der North Halifax Grammar School, bevor ich nach Swanage wechselte.

12 Im Büro des Sportlehrers im Harrow House International College beim Ausfüllen des Stundenplans – im Hintergrund Andy Croft, mein damaliger Chef. Als er im Jahr darauf das College verließ, übernahm ich seinen Job als College Manager.

13 Nick Keeping im September 1998. Nick war nicht nur ein Kollege im Harrow House College, sondern auch mein guter Freund und Mentor. Er öffnete mir die Augen dafür, dass es draußen in der Welt viel zu sehen und zu erfahren gibt. Sein Tod im Frühjahr 1999 traf mich schwer, aber er half mir auch, Neues zu wagen.

14 Paddy McMurren und ich bei unserem Landrover-Trip durch Afrika. Paddy, mit dem ich in Afrika eine Romanze hatte, war ebenfalls Lehrer im Harrow House College.

15 Nach drei Monaten bei Mike Golding wurde ich Skipper auf seiner 67-Fuß-Yacht. Diese Aufnahme entstand während der Royal-Ocean-Racing-Club-Serie im Jahre 2001, als ich mich für das berühmte Fastnet Race qualifizierte.

16 Mit meinem Freund Harry, der ebenfalls Skipper ist, bei der Hochzeit seiner Schwester Jo. Ich lernte Harry am Ende der ARC-Regatta im Dezember 2001 kennen.

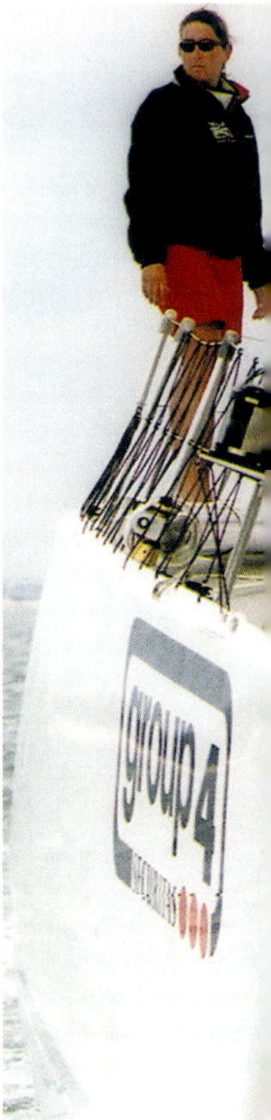

13

14

15

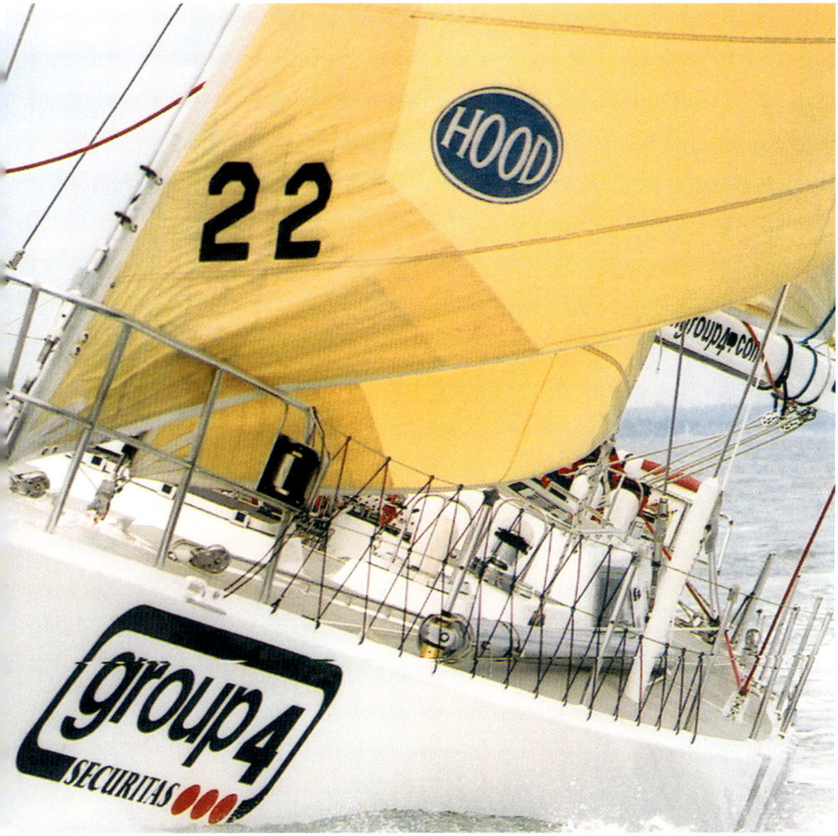

16

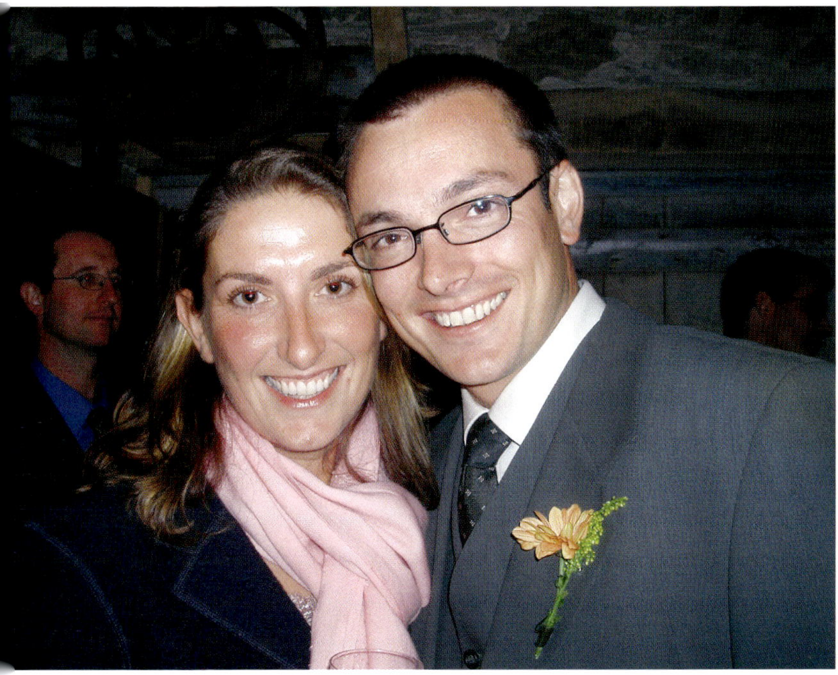

17 Richard »Sparky« Smith an Bord der SPIRIT OF JUNO,
    Weihnachten 2001, nur wenige Wochen vor seinem
    tragischen Verschwinden in der Karibik.

Er fragte, ob ich reden wolle. Also nahmen wir unsere Drinks und gingen nach draußen.

Dort brach es richtig aus mir heraus: »Ich glaube, dass ich keine Crew um die Welt führen kann.«

Andy verschlug es einige Sekunden lang die Sprache, dann fragte er mich, wie ich denn auf diese dumme Idee gekommen sei, und ich erzählte ihm von der Round Britain and Ireland und wie sehr ich ständig Angst gehabt hatte, meine Mannschaft zu enttäuschen und als Letzte anzukommen. In meinem Leben sei Erfolg immer wichtig gewesen, immer wollte ich Menschen stolz machen. Und jetzt, da ich die Gelegenheit hatte, nicht nur meine Crew, sondern auch ihre Familien und Freunde stolz zu machen, würde ich sie alle enttäuschen. Bei diesem Ausbruch rollten mir die Tränen des Selbstmitleids über die Wangen, und mein Wortschwall endete mit: »Ich denke, ich steige jetzt aus.«

Andy war äußerst energisch mit mir: »Dass du nervös bist und dir Sorgen machst, wie du abschneiden wirst, ist die eine Sache. Aber dein Können anzuzweifeln, das genauso groß ist wie das der anderen, ist wirklich lächerlich.«

Das leuchtete mir ein, und langsam besserte sich meine Stimmung. Ich begriff, dass ich mir diese einmalige Gelegenheit nicht entgehen lassen konnte.

Dabei fiel mir wieder Dads Frage ein: *Willst du nur reden oder auch handeln?*

Also riss ich mich zusammen, wir erwähnten den Vorfall nie wieder, und Andy fragte auch nie nach. Einige Tage später warf er mir allerdings einen wissenden Blick zu.

Allmählich stiegen immer mehr Sponsoren in die Global Challenge ein. Wir, die Nummer zehn auf der Liste, warteten ganz geduldig auf unseren, und endlich, im September, unterzeichneten zwei weitere Sponsoren: nämlich Unisys und EMC². Sie traten als Joint Venture auf, und das Boot wurde auf den Namen IMAGINE IT. DONE getauft. Die Tatsache, dass nun auch wir Sponsoren und einen entsprechenden Namen hatten, gab uns richtig Auftrieb. Das Gefühl der Zugehörigkeit ist äußerst wichtig für Einstellung und Kampfgeist eines Teams, denn die Rivalität zwischen den Mannschaften ist an Land bereits ebenso stark wie später auf See. Unsere letzten Vorbereitungen und der Termindruck waren äußerst belastend, es wurde sehr viel und sehr nervös gelacht, weil wir uns locker geben wollten, aber die Anspannung war mit Händen zu greifen. Wir standen vor einem entscheidenden Schritt in unserem Leben, denn wir alle mussten geliebte Menschen zurücklassen. Auf meinen Schultern lastete noch zusätzlich die Verantwortung, 17 Menschen in zehn Monaten durch entfernte Meere und wieder heil nach Hause zu bringen.

Am Tag des Starts in Portsmouth wimmelte es am Kai nur so vor Menschen. Der Trubel war riesig. Die Zuschauer jubelten, Bands spielten, und auf jedem Ponton gab es tränenreiche Abschiede. Der Kanonikus von Portsmouth segnete die Yachten und alle, die auf ihnen fuhren. Ihre Königliche Hoheit Prinzessin Anne kam zu unserem Abschied und gab den Startschuss. Es war so überwältigend, dass ich mich kaum daran erinnern kann, meiner Familie und Harry »Auf Wiedersehen!« gesagt zu haben. Alles, woran ich mich entsinne, ist die Sorge, ob auch wirklich jeder für die erste Etappe nach Buenos Aires an Bord war.

Es begann zu regnen, der Wind nahm zu. Wir stellten uns im Startbereich auf, der Startschuss fiel, und wir segelten los. Hilfsfahrzeuge und Zuschauerboote folgten uns bis in den westlichen Solent, hier verabschiedeten wir uns zum letzten Mal, dann drehten sie nach Portsmouth ab, und wir erwachten in der Wirklichkeit. Fast ein ganzes Jahr würden wir wegbleiben. Welche Herausforderungen und Schwierigkeiten wohl vor uns lagen? Wir winkten noch einmal, einige wischten Tränen weg, die Stimmung sank. Plötzlich fuhr eine Yacht direkt vor uns eine Wende, schnell gaben wir Lose, um hinter ihr abzufallen. Willkommen in der Realität: Wir segelten ein Rennen! Schon nach zwei Wenden lagen wir wieder vor ihr. Los ging's.

Als wir in den Englischen Kanal segelten, wurde das Wetter schlechter, der Wind wurde stärker, wir refften das Großsegel und holten das Vorsegel herunter. Bei Einbruch der Nacht stampften und rollten wir bei mehr als 35 Knoten in sehr schwerer See gegen den Wind, einer nach dem anderen wurde seekrank. Schließlich war außer mir nur noch eine einzige Person einsatzfähig. Plötzlich brach sich über der IMAGINE IT. DONE eine schwere Welle und spülte einige Crewmitglieder in das Cockpit. Zuunterst lag eine meiner Wachführenden, Sian Hankinson, die mit dem Kopf voran quer über das Cockpit gerutscht und gegen eine Winsch geprallt war. Sofort zeichnete sich eine große, blutige Beule ab. Unser Arzt, David Roche, diagnostizierte eine Gehirnerschütterung und ordnete an, dass Sian solange unter Deck blieb, bis es ihr wieder besser ging.

Ich betrachtete meinen seekranken Haufen, von dem wahrscheinlich jeder den Tag verwünschte, an dem er sich freiwillig gemeldet hatte, und schaute hinaus auf die sich auftürmenden Wellen. Noch waren wir nicht einmal aus dem Kanal heraus. Wieder einmal begann ich mich zu fragen, ob wir wirklich das Zeug dazu hatten, um die Welt zu segeln.

Unsere kleine Welt

Die 17 Männer und Frauen meiner Mannschaft auf der IMA-GINE IT. DONE hatten aus den unterschiedlichsten Gründen angeheuert. Sie waren zwischen 23 und 60 Jahre alt und unterschiedlichster beruflicher Herkunft, darunter ein IT-Berater, ein Börsenmakler, ein Anwalt aus New York, ein Arzt, ein Feuerwehrmann, ein Grundschullehrer und eine Hausfrau. Alle hatten sehr viel Geld dafür bezahlt, um an diesem Rennen um die Welt teilnehmen zu können, und jeder hatte seine persönliche Motivation. Einige wollten sich etwas beweisen, andere wiederum wollten jemand anderem etwas beweisen. Einige wollten ihr Leben verändern, und wieder andere wollten herausfinden, ob sie das Richtige im Leben taten, oder beweisen, dass es so war. Meine Aufgabe bestand darin, so viele Träume wie möglich wahr werden zu lassen.

Von Anfang an war mir durchaus klar, dass es nicht einfach werden würde, all diese Ziele zu verwirklichen und gleichzeitig ein Rennen zu gewinnen, recht schnell konnte daraus eine gemeinsame Enttäuschung werden. Zwar war sich meine Crew darin einig, dass sie Leistung bringen wollte, aber das Wort Leistung bedeutete für jeden etwas anderes. Die von Natur aus Ehrgeizigen verstanden darunter, immer hart und unerbittlich dranzubleiben und zu gewinnen. Diejenigen aber, die auf eine neue Erfahrung im Leben aus waren, wollten eher ihre Grenzen ausloten, und das hieß, so gut wie irgend möglich zu sein. Beide Vorstellungen waren nicht notwendigerweise deckungsgleich.

Zu diesen unterschiedlichen Einstellungen kam noch die Tatsache, dass seglerisches Können und seglerische Erfahrung von Person zu Person sehr verschieden waren. Einige Mitglieder meiner Crew waren schon vorher regelmäßig gesegelt, andere hatten nicht mehr als das Challenge-Training absolviert. Unsere erste längere Etappe von Portsmouth nach Buenos Aires in Argentinien diente also vor allem dazu, die Stärken der Leute auszubauen und diejenigen zu schulen, die weniger Erfahrung hatten. Je kompetenter wir als Crew wurden, desto bessere Leistungen konnten wir bringen, aber wir machten uns keine Illusionen: Die Wahrscheinlichkeit, diese Etappe zu gewinnen, war äußerst gering. Im weiteren Verlauf des Rennens wollten wir uns jedoch immer mehr steigern. Für eine reale Siegeschance müssten wir unsere Leistung allerdings schneller hochkurbeln als die anderen Crews.

Wenn man 18 Menschen für einen Monat oder länger in eine 72 Fuß kleine Welt sperrt – noch dazu Menschen, die einander kaum kennen –, wo es Seekrankheit, Kälte und Nässe gibt, wo es zuweilen heiß ist mit schwülen, tropischen Temperaturen, erfährt man sehr schnell Dinge über diese Menschen, die man eigentlich nie wissen wollte. So ist beispielsweise das Wachsystem ziemlich hart. Bei nur drei oder vier Stunden Schlaf beginnt man rasch unter Schlafmangel zu leiden, und bald zeigen sich erste Anzeichen der Erschöpfung, die je nach Konstitution unterschiedlich sind. Schnell liegen die Nerven blank, die Leute werden gereizt und ungeduldig. Ich aber hatte Glück mit meiner Crew. Das war ein wirklich lockerer Haufen, und alle bemühten sich sehr, sich gegenseitig das Leben nicht schwerer, sondern leichter zu machen. Dennoch lag der schwierigste und anstrengendste Teil meines Jobs darin, die Leute zu führen. Das war mindestens so herausfordernd, wie das Boot rennmäßig zu segeln, wenn nicht noch mehr.

Schnell lernten wir nicht nur einander, sondern auch unsere Angewohnheiten kennen – und das ziemlich genau. Wir wussten bald, wer es mit der Körperhygiene nicht so genau nahm, und ich als Skipper musste stets gleich eingreifen, bevor andere sich daran stießen. Es ist immer unangenehm, wenn sich jemand nicht die Zähne putzt, vielleicht weil er seekrank ist. Schnell trat auch zutage, wer nicht so genau wusste, wie die Toilettenspülung funktionierte, und sich schämte nachzufragen. Danach musste man nämlich die entstandene Verstopfung in der Rohrleitung beheben. Eines der üblichen Probleme entsteht, wenn vier oder fünf Leute ein kleines Logis teilen und einer davon Schweißfüße hat. Sofort stellt sich die Frage, wohin mit den anrüchigen Stiefeln oder Schuhen, während der Eigentümer schläft. Und wie verfährt man dabei taktvoll? Ein weiteres Problem ist das Schnarchen. Das trieb einige in meiner Crew zur Verzweiflung, löste sich aber dadurch, dass ich alle Schnarcher in das Logis vor dem Mast verlegte, sodass alle Nichtschnarcher friedlich in den Achterkojen schlafen konnten.

In unserem Wachsystem auf der IMAGINE IT. DONE gab es natürlich auch eine rotierende Backschaft: Einmal pro Woche war jeder mit dem Kochen und Putzen dran. Als Ausgleich dafür durfte derjenige mit Frischwasser duschen und eine ganze Nacht in der Koje durchschlafen, bevor er wieder in den normalen Wachrhythmus eingeteilt wurde, nämlich vier Stunden Wache und vier Stunden Freiwache wechselnd bei Tag, drei Stunden wechselnd bei Nacht. Für eine Yacht auf See ist das ziemlich gut. Die Backschaft hat es aber in sich, denn es gibt dabei einige unangenehme Dinge zu verrichten. So muss man beispielsweise die Toiletten reinigen und drei Mahlzeiten pro Tag für 18 Personen zubereiten, egal wie rau das Wetter ist. Manche Leute kochen besser als andere, außerdem reagieren müde und hungrige Segler schnell gereizt. Das gilt vor allem dann, wenn das Essen kalt ist, verspätet aufgetischt wird oder fade schmeckt. Wir hatten einige interessante Küchenchefs, die brillant mit der aufbereiteten Trockennahrung experimentierten. Andere allerdings lagen ziemlich daneben.

Je weiter wir nach Süden vordrangen, desto mehr stieg die Temperatur an Bord. Die IMAGINE IT. DONE hat einen Stahlrumpf, und in den Tropen verwandelte sie sich in einen wahren Backofen. Das Kochen in der Kombüse wurde zur Hölle, prompt beklagten sich einige von der Crew bei mir über die mangelnde Bekleidung des Smuts und störten sich am Anblick eines schwitzenden, halbnackten Menschen. So etwas wollten sie weder in der Kombüse noch bei den Mahlzeiten sehen. Da wir vereinbart hatten, Probleme offen und ohne Umschweife anzusprechen, lag der Schwarze Peter bei mir. Ich bestand also darauf, dass jeder, der mit Nahrungsmitteln hantierte oder am Tisch aß, voll bekleidet sein müsse.

Das war nur eines der kleineren Probleme auf unserem langen Weg. Eine der schwierigsten Entscheidungen eines Skippers ist: Wann greift man ein und wann erledigt sich das Problem von selbst? Bei einigen Konflikten lohnt es sich nicht. Andere verschwinden sofort, sobald sie angesprochen werden, und sind ebenso schnell vergessen. Ein Punkt allerdings geriet fast außer Kontrolle, und das waren die Essgewohnheiten eines bestimmten Crewmitglieds. Wie die meisten Menschen wurde der Mann müde und gereizt, wenn er nicht ordentlich gegessen hatte. Seine schlechte Laune war für alle ein Problem. Für manche mehr, für andere weniger. Auf einer Yacht kann man der schlechten Laune eines anderen nirgends ausweichen. Außerdem war derselbe Mensch ein ziemlich heikler Esser und darüber hinaus ein bekennender Schokoholiker. Er hatte richtigen Heißhunger auf Süßes, naschte andauernd, ließ aber einen großen Teil des nahrhaften Essens stehen und verzog sich unzufrieden maulend in seine Koje. Dieses Verhalten machte die Leute verrückt, sie baten mich einzuschreiten.

Also hielt ich eine kleine Ansprache, in der ich erklärte, wie wichtig es sei, alle Mahlzeiten aufzuessen, weil unser Körper die darin enthaltenen Kalorien und Nährwerte brauchte. Das war dann aber auch schon alles, was ich tun konnte. So sehr ich auch den Rest der Crew verstand, dieser Mensch war schließlich 35 Jahre alt. Wenn er nicht essen wollte, konnte ich ihn schlecht dazu zwingen, seine Essgewohnheiten und Geschmacksrichtungen konnte ich schon gleich gar nicht ändern. Wir mussten eben das Unabänderliche hinnehmen. Punktum! Dieser Zwist begleitete uns um die ganze Welt, aber wir kümmerten uns irgendwann nicht weiter darum.

Auch Müdigkeit und Schlafmangel sind ein großes Problem, und langsam zeigten sich die ersten Auswirkungen auf das Gebaren und die Gewohnheiten der Leute. Jeder reagiert anders. Generell sank die Toleranz, und das Essen rückte so sehr in den Mittelpunkt unserer kleinen Welt, dass es manchmal schon fast obsessiven Charakter annahm, und ein Großteil des Ärgers rankte sich irgendwie darum. Zum weiteren Stein des Anstoßes wurden die Tischmanieren. Und: Das Wachsystem war in einen 24-Stunden-Rhythmus eingeteilt, in dem die Crew segelte, schlief und aß. Manche griffen sich dazwischen nur schnell etwas zu essen und legten sich gleich schlafen, manche aßen direkt vor ihrer Wache. Aber wenn sich jemand vordrängte, gab es immer Ärger.

Nur bei zwei Gelegenheiten brach der Streit offen aus, und beide Male wurde er dadurch beschwichtigt, dass jemand geradeheraus seine Meinung sagte, was eigentlich immer das Beste ist. Meist versuchte ich mich herauszuhalten in der Hoffnung, dass sich die Sache irgendwie von selbst erledigte. Bei dieser Global Challenge lernte ich, dass es nicht gut ist, einen unbedeutenden Groll vor sich hinschmoren zu lassen. Ein kleines, beherrschbares Problem wird schnell zu einem großen, wenn man es nicht sofort angeht. So sehr wir uns auch um Toleranz bemühten und unsere Gewohnheiten einschränkten, Konflikte zwischen einzelnen Crewmitgliedern waren nie ganz zu vermeiden. Zuweilen verzweifelten die willensstärkeren Charaktere an den schwächeren, weniger ehrgeizigen. Zwar versuchte ich jeden nach seinem Charakter und seinen Fähigkeiten einzusetzen, die individuellen Stärken zu nutzen und die weniger ausgeprägten Seiten zu entwickeln, aber das war nicht so einfach. Auch das Team als Ganzes musste daran arbeiten, besser zu werden, dummerweise waren einige Mitglieder aber mit ihrem Können und Wissen durchaus zufrieden. Sie wollten sich nicht steigern, also musste jeder von uns Kompromisse eingehen. Eine weitere Erkenntnis war, wie wichtig es ist, flexibel zu sein, und wie sehr dies die Stimmung an Bord hebt. Unser Sinn für Humor aber wurde das Allerwichtigste.

Eine weitere schwierige Seite meines Jobs als Skipper war, Leute zu führen, die in ihrem Alltag selbst an der Spitze standen. Einige meiner Crewmitglieder arbeiteten als Manager, die jeden Tag schwerwiegende Entscheidungen trafen. Für die war es problematisch, in einer für sie relativ unbekannten Umwelt nicht selbst die Realisierung ihrer Erwartungen und die Entwicklung in der Hand zu haben. Natürlich wusste ich, dass Menschen, die an einem Rennen teilnehmen, hoch motiviert sind, aber bei dieser ersten Etappe war es manchmal nicht einfach, so viele dominante Charaktere an Bord unter einen Hut zu bringen.

Ich versuchte deshalb einige der Kniffe, die ich zu meiner Zeit als Lehrerin gelernt hatte. Vielleicht war es ja von Vorteil, wenn jeder eine ganz bestimmte Aufgabe im Team übernahm? Vor dem Start hatte ich vorgeschlagen, jeder solle sich seine Aufgabe nach eigenem Können aussuchen, doch es stellte sich sehr schnell heraus, dass das nicht funktionierte, denn alle stürzten sich auf dieselben Jobs – entweder weil sie etwas hermachten oder sich gut anhörten, auf jeden Fall nicht, weil die Aspiranten die Aufgabe wirklich beherrschten. Ich wollte ihren Feuereifer wahrhaft nicht dämpfen, musste aber für jeden Job die geeignete Person finden.

Eine der wichtigsten Aufgaben auf einem Boot ist die Wachführung, schon allein weil man dazu kommunikationsfähig sein muss. Niemand mag gerne zehn Monate lang angebellt werden. Außerdem muss der Wachführende ein wirklich guter Segler sein. Überhaupt mussten wir darauf achten, rücksichtsvoll miteinander umzugehen, jeder brauchte das Gefühl, wichtig zu sein, denn nur ein Team konnte Erfolg haben – 18 Individuen wahrscheinlich nicht.

Eine weitere Fähigkeit, die mir das Lehren beigebracht hatte, erwies sich vom ersten Tag an als äußerst nützlich: Ich konnte mir Gehör verschaffen. Gewiss, das ist überall wichtig, aber nirgends so sehr wie auf einem Boot, denn hier kann sich jede Verzögerung auf die Leistung auswirken, ein Missverständnis kann zu einem Fehler oder gar zu einem Unfall führen. Außerdem wusste ich eines aus Erfahrung: Wenn man immer wieder dieselben Anweisungen gibt, kommt das nur bei einem Teil der Crew an, beim anderen aber nicht. Bei Letzteren wird der Frust dann immer größer, also ist es viel besser, Dinge auf unterschiedliche Art zu erklären. Deswegen entwickelten wir gemeinsam eine Art nonverbaler Kommunikation, und so konnte man Anweisungen sowohl im Dunkeln als auch bei starkem Wind, wenn man mit der Stimme nicht durchdrang, von ganz hinten im Boot ans Cockpit weitergeben.

Auch ich lernte in der ersten Etappe dazu. Anfangs war ich immer an Deck, wenn wir refften oder das Vorsegel wechselten. Zum einen weil das Manöver riskant war für die Crew, und zum anderen weil die Gefahr von Verschleiß für Segel und Tauwerk durch die noch etwas ungeübte Crew groß war. Im Laufe der Zeit wurde die Crew aber immer geschickter, und mein Vertrauen stieg. Bald sah ich nur noch dabei zu, wie alle diese Arbeiten alleine verrichteten, und schließlich überließ ich diese Aufgabe ganz den Wachführenden. Die Wende dazu hatte sich eines Abends vollzogen, als Sian Hankinson zu mir herunterkam – ich saß gerade am Kartentisch – und mich fragte, ob sie das Vorsegel wechseln dürfte. Der Wind war gerade dabei aufzufrischen, und sie hatte genau den richtigen Zeitpunkt gewählt. Jetzt konnte ich diese Verantwortung loslassen, wodurch ich endlich mehr Entspannung und Schlaf bekam.

Wir alle wurden immer besser, Gleiches galt aber auch für die anderen Crews, und wir wussten, dass wir uns während des gesamten Rennens ordentlich ins Zeug legen mussten. Als wir in Buenos Aires ankamen, dachten wir, dass wir nun besser einschätzen könnten, auf was wir uns eingelassen hatten. Irrtum! Die vor uns liegende Etappe durch die Südlichen Ozeane bis Neuseeland sollte uns auf eine ungeahnt harte Probe stellen. Und während man versuchen muss, nur an den nächsten Tag zu denken und zu überleben, verschwinden alle kleinen Reibungspunkte. Auch die mit dem Rennen verbundenen persönlichen Motivationen werden belanglos vor dem Hintergrund einer Entscheidung, die Leben oder Tod bedeuten kann.

Ende mit Schrecken

Als wir Buenos Aires für die Etappe nach Neuseeland verließen, waren wir alle ziemlich nervös. Die erste Erfahrung mit dem Südpolarmeer lag unmittelbar vor uns, also hatte jede Crew bereits im Hafen trainiert, wie man ein Sturmtrysegel setzt, und wir waren das Verhalten bei schwerem Wetter durchgegangen, hatten alle Berichte über die vorherigen Rennen gelesen und wussten um die Strapazen, die diese Mannschaften durchlebt hatten. Wir hatten die drastischen Fotos der Verletzungen ebenso gesichtet wie das Filmmaterial über diese 46-Tonnen-Schiffe, die eigentlich so sicher und zuverlässig sind, und hatten gesehen, wie sie unter der Wucht der harten Wellen auf die Seite gelegt wurden. Kurz, wir hatten uns wirklich eingehend mit den Gefahren vertraut gemacht, außerdem hatten wir ja schon selbst Winden von über 50 Knoten getrotzt. Dennoch wussten wir, dass das vor uns Liegende jenseits unseres Vorstellungsvermögens sein konnte.

Als wir entlang der argentinischen Küste segelten, vorbei an den Falklandinseln, begann sich das Wetter rasch zu ändern. Die Wassertemperatur fiel, und der Wind kam jetzt von Südwest und wurde so eisig, dass wir in mehrere Lagen Thermokleidung schlüpften. Nach einer Woche des Segelns am Limit traf sich die Flotte in der Le Maire Street, einem engen Kanal mit sehr starken Tidenströmungen, 120 Seemeilen vor Kap Hoorn. Das Mittelfeld der Flotte – wir eingeschlossen – und die Schlusslichter drängten sich hinter den führenden Booten, und als wir in die Meeresenge einliefen, zählten wir noch zehn weitere Challenge-Masten. Einige Crews waren richtig enttäuscht, als sie das Feld so nah beieinander sahen, andere hingegen fast erleichtert. Kaum hatten wir die Le Maire Street hinter uns, erfasste wieder alle das Konkurrenzdenken eines Rennens.

Je näher wir Kap Hoorn kamen, desto zwiespältiger wurden unsere Gefühle: Aufregung und Unruhe machten sich breit. Bald würden wir nicht nur diese berüchtigte Landmarke passieren müssen, nein, es rauschte auch noch ein heftiges Tiefdruckgebiet mit viel Nässe und extremen Winden heran. Vom nahe liegenden Land wehte der Geruch von Vegetation und Seegras zu uns herüber, und der Wind wurde immer stärker. Wir hatten alle Hände voll zu tun mit Reffen und Segel wechseln, am Nachmittag drehte dann der Wind rück und zwang uns auf einen südlicheren Kurs. Langsam verschlechterte sich auch die Sicht, und als wir schließlich den Längengrad von Kap Hoorn überquerten, sahen wir von Deck aus nur noch fliegende Gischtfetzen über einem grauen Ozean.

Dann schwand auch das letzte Abendlicht, und wir jagten weiter in Richtung Süden zum 56. Breitengrad und darüber hinaus. Kaum lag die letzte Spitze der südamerikanischen Landmasse östlich von uns, änderte sich die Dünung beträchtlich. Erst wurden wir auf riesige Wellenberge hochgeschoben, dann sausten wir in tiefe Wellentäler hinab. Zusätzlich zu dieser Dünung wurde die Windsee immer heftiger. So kämpften wir uns, durchweicht bis auf die Knochen, durch unsere erste rabenschwarze Nacht im Südpolarmeer. Die IMAGINE IT. DONE saß wie auf einem bockenden Mustang, die Wellen brachen über ihren Bug herein, das Wasser schoss an Deck entlang nach achtern und wusch alles und jeden weg, der nicht angeleint war. So weit südlich war ich noch nie gewesen. Wie aufregend und unheimlich! Noch aber waren wir in der Nähe des Kontinents, mit kurzem und hartem Seegang und durcheinanderlaufenden Wellen. Wie winzig und unbedeutend war doch die IMAGINE IT. DONE in diesem Mahlstrom.

Inzwischen hatte sich die anfängliche Anspannung gelegt. Erst jetzt merkte ich, wie ruhig die Stimmung geworden war, fast schon gedämpft. Keiner wusste, wie lange dieser Sturm dauern würde. Eines jedoch war sicher: Wegen der unentwegt aufeinander folgenden Tiefdruckgebiete, die hier um unseren Erdball zirkulieren, würde von nun an ein Sturm auf den nächsten folgen – und das auf einer Strecke von 6000 Seemeilen! Ich hatte keine Ahnung, was das Boot aushalten konnte – oder wir –, und wie sehr sich die Wetterbedingungen noch verschlechtern würden. Das Wichtigste war, die richtige Balance zwischen Sicherheit und Rennen zu halten. Als der Wind weiter zulegte, stand ich vor meiner ersten harten Entscheidung. Refften und bargen wir die Segel früh, war das nicht ungefährlich für die Vordeckcrew, aber für das Boot war es sicherer, und das Segeln wurde auch weniger anstrengend. Andererseits, vielleicht hielt dieses Wetter ja nicht an? In diesem Fall könnten wir uns die Mühe und das Risiko sparen, indem wir den Sturm einfach abritten. Die Entscheidung fiel mir nicht leicht, vielleicht war die Gefahr ja doch nicht so groß. Nach gründlichem Abwägen entschloss ich mich für die sichere Variante. Jeder nahm seine Position ein, wir holten das Sturmtrysegel aus der Segellast und legten es bereit, um es später in die Mastkeep einzufädeln und hochzuziehen. Dann saßen wir da und warteten.

Eisige Wellen ergossen sich über uns. Es war nicht einfach, Hände und Füße warm zu halten, deshalb änderte ich das Wachsystem. Die Deckswache sollte öfter unter Deck gehen und sich aufwärmen können oder zumindest wieder Gefühl in die Finger bekommen. Bei diesen Wetterbedingungen wurde alles schwieriger, ganz gleich, was wir an oder unter Deck zu tun hatten, und das Boot kämpfte sich mühsam bergauf und bergab durch die See. Je heftiger die Bewegungen wurden, desto mehr Akrobatik wurde uns abverlangt, wenn wir uns an den Handgriffen entlang die kurze Strecke nach vorne zur Bordtoilette oder zu unseren Kojen hangelten. Erneut schlug die Seekrankheit zu, die uns seit den Schwierigkeiten zu Beginn der Reise verschont hatte. Das Hantieren mit den großen Töpfen beim Kochen und Wassererhitzen wurde zu einer wahren Herausforderung an Timing, Organisation und Ausdauer, und war eine Mahlzeit dann schließlich fertig, zeigte nicht jeder wirklich Appetit.

Ich begann mich zu fragen, wie wir wohl mit dieser Art des Daseins im nächsten Monat zurechtkommen würden, doch erstaunlicherweise fand sich meine Crew schnell zurecht, während uns ein Sturm nach dem anderen durchpeitschte. Das Südpolarmeer ist eine furchterregende, bitterkalte, feindliche und absolut gottverlassene Welt. Hier schlagen die Wetterwechsel immer plötzlich und völlig unkalkulierbar zu. Deshalb genossen wir auch immer wieder die Unterbrechungen in dieser grauen Unendlichkeit, wenn plötzlich die Sonne auftrat. Am 22. Dezember, als wir die letzten 1000 Seemeilen dieser Etappe erreicht hatten, passierte etwas Schwerwiegendes. Wir kämpften uns durch wild durcheinanderlaufende Kreuzseen und klammerten uns mit aller Kraft irgendwo fest, das Boot tanzte wie ein Korken längs und quer durch die aufeinanderfolgenden Wellen. Als wir gerade beim Frühstück waren, packte uns eine riesige Monsterwelle, riss uns fast senkrecht nach oben, lief unter uns durch und schmiss uns im freien Fall in das entstandene Wellental. Das Boot schlug mit einem hässlichen Geräusch auf, dem unmittelbar ein lautes Krachen und ein Schmerzensschrei folgten.

Der Schrei kam von John Masters. Gleich darauf ertönte ein weiterer lauter Ruf von Ray Davies, der gerade dabei war, für die Freiwache Frühstück zuzubereiten und daher direkt in Johns Nähe stand. Er war zu ihm geeilt, um nachzusehen, was passiert war. Als er aus dem vorderen Steuerbordlogis herauskam, sagte er nur: »Geh mal rein und schau nach, Doc.«

David Roche, unser Bordarzt, arbeitete zu Hause als praktischer Arzt in Sussex. Er hatte gerade seine Schüssel mit Müsli vor dem Kentern bewahrt und stürzte sofort los. John hatte vor dem Aufprall unseres Boots am Fuß des Masts gestanden, zwischen den vorderen Zweimannlogis. Beim Aufschlag war er kurz in die Luft gehoben worden und dann mit dem Hintern voran mit voller Wucht durch das Leesegel einer Stahlrohrkoje gekracht. Seine Verletzungen schienen nicht so schlimm zu sein, nur ein paar Blutergüsse am Knöchel und ein Paar geprellte Rippen. Ich ließ ihn eine Wache lang aussetzen. Als er danach seinen Dienst wieder antrat, schien es ihm gut zu gehen.

Doch zwölf Stunden später veränderte sich Johns Zustand dramatisch. Er hatte Schmerzen im Unterleib und wollte nichts mehr essen. Vorsichtig tastete unser Arzt seinen Bauch ab. Am folgenden Tag bekam John Fieber, das sah überhaupt nicht gut aus, denn wir waren tief im Südpolarmeer, und 1500 Seemeilen Entfernung von der nächstliegenden Landmasse bedeuten nichts Gutes für einen Notfall.

Also rief David unseren Flottenarzt, Dr. Stuart »Spike« Briggs, in England an, der vorschlug, er sollte John einen Tropf anlegen und ihm intravenös Antibiotika verabreichen. Des Weiteren informierten wir die Rennleitung von Challenge Business über unseren medizinischen Notfall und leiteten sofort das standardgemäße Krisenverfahren ein. Im Augenblick war davon auszugehen, dass John an einer Infektion im Bauchraum litt, vielleicht an einer Blinddarmentzündung. Doch wegen des Aufpralls mussten wir auch andere Möglichkeiten ins Auge fassen.

Als John anfing zu erbrechen, wuchs meine Besorgnis schlagartig. Wir mussten unbedingt dafür sorgen, dass er genügend Flüssigkeit erhielt, was wirklich schwierig war. Also brachten wir ihn nach achtern, wo die Bootsbewegungen etwas weniger heftig ausfielen und wo wir ihn vom Kartentisch aus im Blickfeld behalten konnten. Dann begannen wir mit der schwierigen intravenösen Versorgung. Wir waren zwar an die heftigen Bootsbewegungen gewöhnt, aber unter diesen Bedingungen eine Nadel in die Vene zu stechen war kein Kinderspiel. Außerdem mussten wir Tropf und Schlauch so anbringen, dass sie auf dem bockenden Boot von niemandem versehentlich herausgerissen werden konnten.

Unser Arzt beteiligte sich immer noch am Wachsystem, während er gleichzeitig versuchte, John zu behandeln, dessen Zustand sich stündlich verschlechterte. Auch ich beteiligte mich, zusätzlich hatte ich noch meine Routinearbeit zu verrichten, indem ich beide Wachen beaufsichtigte, für die Navigation zuständig war, die Wetterdaten abrief und analysierte und die tägliche Funkrunde mit der Flotte absolvierte. Doch bald begannen sich die fehlenden regelmäßigen Ruhephasen der Freiwache bei uns beiden bemerkbar zu machen, zunehmende Müdigkeit und Anspannung zehrten stark an unseren Kräften, und unser Doc begann fahrig zu werden. Deshalb bat ich Gary, einen hauptberuflichen Feuerwehrmann, David bei der Pflege zu unterstützen. Da John seine Koje nicht verlassen konnte, mussten wir alles für ihn erledigen. Wir wuschen ihn im Bett, wir leerten die Pinkelflaschen, die er nur zu uns herüber in Richtung Kartentisch zu schubsen brauchte, und die ganze Zeit über segelte die restliche Crew das Rennen so hart wie möglich weiter. Meine Gedanken aber kreisten um andere Dinge. Ich überlegte hin und her, wie wir der Situation Herr werden könnten. Jetzt ging es nicht mehr um den Etappensieg, es ging um Wichtigeres, doch wir mussten weiterhin darum kämpfen, so schnell wie möglich voranzukommen, denn wir waren noch immer viel zu weit draußen auf See und damit jenseits der Reichweite eines Rettungseinsatzes.

Am Weihnachtsabend hockten wir an Deck, sangen Weihnachtslieder und versuchten, so gut wir konnten, in Festtagsstimmung zu kommen. Das Christkind hatte zwar für jeden eine Überraschung an Bord hinterlegt, doch die richtige Stimmung brachten wir nicht auf. Für einige war dies trotzdem ein einmaliger und unvergesslicher Tag, andere waren melancholisch, weil es ihr erstes Weihnachten weit weg von zu Hause war.

Wie auch immer, wir alle waren irgendwie emotional bewegt, außerdem machten wir uns sehr große Sorgen um John, dessen Gesundheitszustand sich immer schneller verschlechterte. Sein Herz begann sowohl unregelmäßig als auch schneller zu schlagen, manchmal hatte er einen Puls von 140, er wurde von heftigen Fieberanfällen geschüttelt, sein Unterleib schwoll immer weiter an. Ich nahm David zur Seite, fragte ihn, was seiner Meinung nach vorging und wie die schlimmstmögliche Diagnose lautete. Seine Antwort traf mich wie ein Schlag in die Magengrube. David fürchtete, es handelte sich um einen Abszess, und falls der aufplatzte, wäre John innerhalb weniger Stunden tot. Wir könnten an Bord absolut nichts dagegen unternehmen, es gebe auch keine Möglichkeit herauszufinden, ob und wann das Ding durchbrechen würde, geschweige denn, dass wir darauf Einfluss hätten. Alles läge allein in Gottes Hand.

Johns Leben hing also davon ab, dass er schleunigst ins Krankenhaus kam und operiert wurde. Ich musste unbedingt etwas unternehmen, an Bord war er im schlimmsten Fall verloren, denn eine Hubschrauberrettung war nur innerhalb einer Reichweite von 200 Seemeilen ab Küste möglich. Die weit draußen vor Neuseeland liegenden Chatham Islands waren von unserer Position aus die nächste erreichbare Landmasse und damit für eine medizinische Rettungsaktion viel zu weit entfernt. Also knüppelten wir weiter voran.

Dann ging unsere intravenöse Versorgung langsam zur Neige. Folglich schickte ich der Rennleitung eine Nachricht. Ich brauchte unbedingt Nachschub und bat darum, eine der anderen Yachten umzuleiten und mir in einer Schiff-zu-Schiff-Aktion Medikamente zu schicken. Die SAVE THE CHILDREN mit Paul Kelly und seiner Crew war uns zu diesem Zeitpunkt am nächsten, ungefähr eine Tagesreise nördlich von uns, also wurde sie zu uns geschickt. Ungeduldig und nervös wartete ich auf ihr Auftauchen, die Übergabe würde nicht leicht werden. Wir waren seit Wochen mit keinem anderen Boot mehr in Berührung gekommen, und ganz gleich, wie gut man sein Boot in der Hand hat, die riesigen Dünungswellen des Südpolarmeers würden dieses Manöver zu einer gewaltigen Herausforderung machen. Paul Kelly und ich mussten unsere beiden 46-Tonnen-Stahlyachten nahe genug aneinander heransteuern, die Übergabe des kleinen wasserdichten Behälters durfte nicht scheitern, schließlich hing Johns Leben davon ab. Wir schafften es dann in zwei Anläufen, bis ich den Behälter an Bord hatte, und nachdem sich Paul Kelly mit seiner Crew wieder verabschiedet hatte, fühlten wir uns sehr allein mit unseren Problemen. Es war ein schrecklicher Moment, die Yacht abdrehen und sich entfernen zu sehen, allerdings hatten wir wenigstens einen Vorrat an intravenösen Lösungen und Medikamenten – und ein aufgestocktes Schokoladendepot.

Ich teilte der Rennleitung mit, dass wir jetzt den Motor anwerfen und aus dem Rennen ausscheiden würden. Dann preschten wir unter Motor und Segeln Richtung Chatham Islands. Von diesen Inseln hatte ich noch nie zuvor gehört und keinen blassen Schimmer gehabt, wo sie lagen. Nun auf einmal waren sie der wichtigste Ort auf Erden.

John begann sich aufgrund der Extraflüssigkeit und der zusätzlichen Medikamente etwas zu stabilisieren, unser Arzt mühte sich nach Kräften, aber als ich ihm unsere geschätzte Ankunftszeit unter Berücksichtigung der Wettervorhersage gab, sah er mich erschöpft aus bleichem Gesicht an, schüttelte den Kopf und sagte: »Dafür reichen die Medikamente nicht.« Die Lage spitzte sich also weiter zu, wieder informierte ich Challenge Business, dass wir einen weiteren Schiff-zu-Schiff-Transfer benötigten. Am besten von einer Yacht, die sich zwischen uns und den Chatham Islands befand, so verloren wir keine wertvolle Zeit durch einen Umweg. Man bat die SAMSUNG umzudrehen und uns zu helfen.

Dann erreichte uns eine weitere E-Mail von Challenge Business, in der man uns mitteilte, dass die Seenotrettung angeboten hatte, weitere Medikamente von der Luft aus zu uns herunterzulassen, sobald wir die Nähe von Wellington erreichten. Wellington aber war noch ganze 800 Seemeilen entfernt, fast fünf Tage, also musste ich ihr Angebot dankend ablehnen, denn bis dahin war unser Patient wahrscheinlich nicht mehr am Leben. Wir mussten John unbedingt bei der erstmöglichen Gelegenheit an Land bringen.

Zu dieser Zeit waren wir so sehr mit uns und unseren Problemen beschäftigt, dass wir nicht mehr mitbekamen, was anderswo auf der Welt passierte. Wir wussten nicht einmal, dass ein Tsunami in Asien große Teile der Küsten von Indonesien, Thailand und Sri Lanka zerstört und Hunderttausende Menschen getötet und dass Neuseeland viele Hilfs- und Rettungskräfte dorthin geschickt hatte. Mitten in dieser massiven Katastrophe brachte mich Challenge Business mit der Koordinationsstelle der neuseeländischen Seerettung in Kontakt. Die teilten mir mit, dass sie jetzt einen Rettungsruf absetzen würden, um festzustellen, ob irgendwelche Schiffe in unserer Nähe waren, die uns helfen konnten. Das SOS für das eigene Schiff auf dem Display zu sehen ist ein eigenartiges Gefühl, und unsere verzweifelte Situation wurde mir immer deutlicher. Kurz darauf erreichte mich die Seerettung erneut, um mir mitzuteilen, dass das einzige Handelsschiff in unserer Nähe sehr weit weg war und dass es auch nicht mehr intravenöse Transfusionen und Medikamente hatte als wir. Also blieb uns nichts anderes übrig, als weiter auf die Chatham Islands zuzuhalten, gleichzeitig wollte die Seerettung versuchen herauszufinden, ob eine Rettung per Luft möglich war.

Endlich, am sechsten Tag unserer Krise, erschien die SAMSUNG über der Kimm, und der Medikamententransfer zwischen den Yachten verlief reibungslos. Sofort segelte die SAMSUNG wieder davon, und unser Motor kämpfte sich weiter gegen den mit 30 Knoten von vorne kommenden Wind und die schwere See voran. Zwar schienen wir nur äußerst langsam Strecke zu machen, doch während wir uns schleppend dem Land näherten, verrichtete meine Crew Wache für Wache ihre Arbeit hervorragend, und der Doc und sein Pflegeteam kämpften weiter verbissen um Johns Leben. Mich trieb die Sorge um, was zu tun war, falls der Abszess aufbrach.

Es stimmt, dass Segler oft über die Folgen von Verletzungen und Krankheit auf See sprechen, doch die wenigsten werden je damit konfrontiert. Der Druck, der auf mir lastete, war unbeschreiblich. Was sollte ich tun, wenn der Motor ausfiel? Zwar lief er noch immer, aber wie lange noch? Er hatte den ganzen Sommer über immer wieder Probleme gemacht, der Austausch der Treibstoffpumpe war in Neuseeland vorgesehen. Jetzt musste ich mich auf das Ding verlassen und das Leben eines Menschen retten. Aber wie sollte ich damit umgehen, wenn wir nicht rechtzeitig ankamen? Beide Fragen hoffte ich nicht beantworten zu müssen, doch ein Skipper muss alle Eventualitäten einplanen, wie unliebsam sie auch sein mögen.

Was wäre zu tun, falls John sterben sollte? Der Krisenplan sieht in diesem Fall eine Seebestattung vor, außer wir wären in Landnähe. Ich versuchte mir vorzustellen, wie es wäre, mit Johns Leichnam an Bord bis Wellington weiterzusegeln. Nicht alle würden psychisch damit klarkommen, und ohne Hilfe würde auch ich es nicht schaffen. Also sprach ich mit Darren und Andy, die beiden – psychisch und physisch gesehen – härtesten Mitglieder meiner Crew, auf die ich meinte, im schlimmsten Fall bauen zu können. Zwar versuchten wir die Sache herunterzuspielen, doch es war keine einfache Unterredung.

Währenddessen wurden an Land Vorbereitungen für eine Luftrettung getroffen, sobald wir von den Chatham Islands aus erreichbar wären. Ein Helikopter und ein Suchflugzeug mussten von Neuseeland herbeigeschafft werden, und mit etwas Glück könnte John an einer Seilwinde in den Rettungshubschrauber hochgezogen und dann weiter transportiert werden. Zuerst aber musste uns das Suchflugzeug finden, und viel Zeit würde uns für die ganze Aktion nicht bleiben.

Schließlich sah es ganz so aus, als ob die Rettung am Neujahrstag stattfinden könnte. Doch da trat ein weiteres Problem auf: Je mehr wir uns dem Treffpunkt näherten, desto deutlicher wurde, dass wir nicht zur rechten Zeit eintreffen würden. Meinen Berechnungen nach war die IMAGINE IT. DONE bei Anbruch der Nacht noch immer 210 Seemeilen von den Chatham Islands entfernt und damit knapp außerhalb der Reichweite des Hubschraubers, egal wie brutal wir voranknüppelten. Bei Nacht aber konnte John nicht abtransportiert werden, zudem gab es auf den winzigen Inselchen nicht genug

Treibstoffvorräte, um Suchflugzeug und Hubschrauber nach ihrer Landung wieder aufzutanken.

Unbeeindruckt davon organisierte die Rettungsstelle in Neuseeland eine Convair, die an Silvester Treibstoff von Wellington auf die Chathams brachte, damit Hubschrauber und Suchflugzeug versorgt werden konnten. Noch am selben Tag starteten auch ein Westpac-Rettungshubschrauber und ein Vincent-Aviation-Suchflugzeug vom Flughafen in Wellington mit Kurs Südost zu den etwa 500 Seemeilen entfernten Inseln für die größte Seerettungsaktion Neuseelands in diesem Jahr und damit über die drittweiteste Entfernung hinweg, die bei solchen Einsätzen jemals geflogen worden war.

Wir aber mussten uns bis zum Tagesanbruch gedulden – und noch etwas länger, denn an diesem Morgen wachten die Flugzeugbesatzungen auf und sahen, dass es aus den tief hängenden Wolken regnete. Also verzögerte sich die Startzeit um eine weitere Stunde.

Als endlich die Wolken aufbrachen, setzten sich Suchflugzeug und Hubschrauber in Bewegung, und es gelang uns ziemlich schnell, miteinander Kontakt aufzunehmen. Ich teilte unsere Daten mit: neueste Position, Kurs, Geschwindigkeit, Seegang, Windgeschwindigkeit, Windrichtung und Wolkendecke. Das Suchflugzeug tauchte auf und überflog uns. Wir erhielten eine genaue Einweisung, wie die Rettungsaktion mit der Seilwinde vor sich gehen sollte, und ich teilte meine Crew auf ihre Stationen ein und übernahm selbst das Steuerrad, da es schwierig werden würde, konstant Kurs zu halten und im richtigen Windwinkel zu bleiben, wenn der Hubschrauber bei der Rettung über uns stand. Jeder nahm seinen Platz ein. Ich sagte mir immer wieder, dass ich mich nur auf den Kompasskurs und die Windwinkelanzeige konzentrieren müsse.

Als der Hubschrauber dann auftauchte, waren wir etwa 100 Seemeilen vor den Chathams. 100 Meilen Entfernung – das war für den Hubschrauber eine kurze Flugstunde, für uns wären das mindestens weitere 24 kritische Stunden mit starkem Gegenwind gewesen. Johns Bauch war inzwischen immer noch weiter angeschwollen, und an dem Morgen, als die Rettung einsetzte, begann John wieder zu erbrechen. David war nervös und sehr besorgt, hatte ihm noch eine weitere Braunüle in den Arm gesetzt und ihn dann vorsichtig in seinen Trockenanzug hineingefädelt. Während John aus seiner Koje geholt wurde, sank sein Blutdruck besorgniserregend ab, sodass der Arzt fürchtete, dass sein Patient beim Hochziehen in den Hubschrauber bewusstlos werden könnte.

Die Dünungswellen gingen etwa sechs Meter hoch, der Wind machte sich mit 35 Knoten bemerkbar. Vom Hubschrauber über uns wurde eine Leine mit einem Sanitäter zum Boot heruntergelassen, und als der Mann in unserer Reichweite hing, packte ihn die Crew und zog ihn herunter aufs Deck. Sofort pickte er John in sein Rettungsgeschirr ein, und beide wurden in den Hubschrauber hinaufgezogen. Sicherheitshalber hatte ich einen Rettungsschwimmer bereitgestellt, falls John aus dem Geschirr rutschen und ins Wasser fallen sollte, doch zum Glück wurde er nicht gebraucht, und wenige Minuten später sahen wir das O.K.-Zeichen. Dann verschwanden Hubschrauber und Suchflugzeug in der Ferne.

An Bord brach eine unglaubliche Erleichterung aus. Zunächst hing jeder seinen Gedanken nach, keiner sagte etwas, wir alle kämpften mit den unterschiedlichsten Emotionen. Jetzt, da John in sicherer medizinischer Obhut war, konnten wir auch unserer aufgestauten Enttäuschung freien Raum lassen: Wir waren aus dem Rennen ausgeschieden. Da man für jede Etappe Punkte erhielt, hatte uns die Aufgabe dieser Etappe fast ans Ende der Ergebnistabelle katapultiert, die ganze Anstrengung am Limit während der letzten drei Monate war vergebens gewesen. Und ganz gleich, wie sehr wir auf der zweiten Hälfte der Global Challenge auch kämpften, wir hatten jede Chance auf einen Sieg verloren.

Dann riss mich die Müdigkeit von den Beinen, ich legte nur noch den neuen Kurs nach Wellington fest, wir setzten Segel, und ich stellte unseren armen, erschöpften Motor ab. Herrliche Stille senkte sich über das Boot. Der Arzt und ich sagten allen gute Nacht und verschwanden in unsere Kojen, wo ich sofort in den tiefsten Schlaf während des ganzen Rennens versank. Als ich wieder erwachte, schien sich alles auf dem Boot verändert zu haben …

Derweilen wurden John und seine Frau Lorraine von den Chathams aus per New Zealand Air Ambulance nach Wellington geflogen. Für ihn war das sofort eine Erleichterung, denn jetzt durfte er sich fallen und die Ärzte ihre Arbeit tun lassen. Noch am Mittag desselben Tages brachte man ihn auf die Intensivstation des Krankenhauses in Wellington und bereitete die Operation vor, denn seine Verletzung war tatsächlich so gefährlich, wie wir befürchtet hatten: Durch den Sturz hatte er sich einen Riss im Dickdarm zugezogen, wodurch sich ein großer Abszess im Beckenraum gebildet hatte. Deshalb musste ihm nicht nur ein Teil des Dickdarms, sondern auch des Dünndarms entfernt werden.

Außerdem hatte sich trotz der massiven Antibiotikagabe eine Sepsis entwickelt. Dennoch war er ein Glückspilz, und irgendjemand hatte wohl in höheren Gefilden über John eine schützende Hand gehalten – dafür werde ich ewig dankbar sein.

Als wir in Wellington einliefen, wollten wir uns still und leise in unseren Liegeplatz drücken. Auf den unglaublichen Empfang, der uns erwartete, waren wir überhaupt nicht vorbereitet. Alle Crews, die vor uns angekommen waren, warteten schon und kamen uns entgegen – auch Menschen, die die Rettungsaktion via TV verfolgt oder davon durch die Zeitungen erfahren hatten. Das Beste aber war die Nachricht, dass Johns Operation erfolgreich verlaufen war und dass er sich rasch erholte.

Ich sprang von Bord, nahm rasch eine Dusche und eilte mit David und Gary ins Krankenhaus, wo wir unseren Patienten besuchten. Als ich ihn so sah, mit all den Schläuchen und den Geräten, an die er angeschlossen war, wurde mir noch einmal klar vor Augen geführt, wie ernst die Situation gewesen war. John war dünn und schwach, doch gut in Form. Der Chirurg kam vorbei und dankte uns für den Beitrag, den wir geleistet hatten. Er sagte: »24 Stunden länger und es wäre zu spät gewesen.«

In den folgenden Tagen trafen wir uns mit einigen der Leute, die an Johns Rettung beteiligt gewesen waren. David Greenberg oder auch »Rescue Dave« genannt, der Mann an der Winde im Hubschrauber, ist ein unglaublicher Typ und wurde für die Crew zum Freund auf Lebenszeit. Bei der nächsten Etappe nach Sydney segelte er anstelle von John mit uns. Er beschimpfte mich, dass ich bei der Rettungsaktion behauptet hatte, der Seegang sei nur mäßig. Nun ja, alles ist eben relativ.

Meine Crew hatte jedenfalls eine außergewöhnliche Leistung vollbracht, und ich war richtig stolz, wie konzentriert und professionell sie sich in dieser schwierigen Zeit verhielt. Man weiß nie, was das Leben für jeden von uns bereithält, aber man wächst an jeder Erfahrung. Wie sehr das zutrifft, drückte Johns Brief an uns aus:

Dieses Rennen zeigte deutlich, dass man die Dinge so nehmen muss, wie sie kommen. Und das, was kam, war weit mehr, als ich am Anfang erwartet hatte. Wir alle gingen mit großen Hoffnungen in das Rennen. Wir wollten es nicht nur zu Ende bringen, sondern auch siegen. Zwar war es mir nicht vergönnt, bis zum Ende durchzuhalten, dennoch bin ich der größte Gewinner überhaupt. Ich wurde ein berühmter »beinahe halb um die Erde Segler« und kam, nachdem sich so unglaublich viele Menschen um mein Wohl gekümmert hatten, lebend zurück.

Ein gutes Ende!

Herausforderung

Während in Neuseeland die Yachten überholt wurden, machten wir alle Urlaub. Nach einer so schwierigen Etappe brauchte jeder eine Auszeit, auch um die Enttäuschung zu verarbeiten. Harry war mit dem Flugzeug nachgekommen, und wir reisten ein wenig im Land herum. Seine Anwesenheit tat mir so gut, und als wir zurückkamen, um die IMAGINE IT. DONE für die nächste Etappe vorzubereiten, beraumte ich ein Teammeeting an, in dem wir beschlossen, unsere Ziele zu ändern. Da wir den Gesamtsieg nicht mehr erringen konnten, wollten wir uns auf die einzelnen Etappen konzentrieren und versuchen, bei jeder so erfolgreich wie möglich abzuschneiden.

Bei einer Crew von 18 Leuten kämpfen die unterschiedlichsten Präferenzen um den Vorrang. Uns allen aber war gemein, dass wir etwas ändern wollten oder zumindest ein Zeichen setzen. Mein persönliches vorrangiges Ziel bestand darin, dass meine Crew auf sich stolz sein konnte. Ich selbst musste mein angeschlagenes Selbstvertrauen wieder aufbauen. Und dann war da noch John, dessen Traum zu Ende war – auch für ihn mussten wir weitermachen.

Der Sprint von Wellington nach Sydney durch die Tasmanische See war relativ kurz, das Feld blieb nahe beieinander, und eine ganze Woche lang segelten wir fast immer in Sichtweite der einen oder anderen Yacht. Alles lief gut, und auf halber Strecke lagen wir tatsächlich an zweiter Stelle. Dann machte ich den entscheidenden Fehler, indem ich unseren Kurs nordwärts wählte. Anfangs liefen wir in einen leichten Zug hinein, und dann erwischte uns ein Südsturm mit fast 40 Knoten Wind. Die anderen Yachten hatten eine Route gewählt, die sie um dasselbe Wettersystem herum direkt in den Hafen von Sydney hineinschob, wir aber fielen innerhalb von 24 Stunden in der Rangliste steil nach unten. Als wir schließlich kläglich in einen der aufregendsten Häfen der Welt hineinzockelten, waren wir auf dem letzten Platz gelandet. Zuletzt hatten wir noch geschlagene eineinhalb Stunden gebraucht, um die Ziellinie zu überqueren, und jetzt wollten wir nur noch eines: unseren Kummer ertränken.

Als ich damals bei Challenge Business angefangen hatte, war

meine größte Angst gewesen, so wie jetzt Letzte zu werden. Meine Crew war frustriert, unglücklich und abweisend, und mir ging es richtig schlecht. Ich wollte mit niemandem sprechen, keinen sehen. Doch als wir hereinkamen, stand Harry am Kai. Es war Valentinstag, und er hielt drei rote Rosen in der Hand, eine für jedes Jahr unseres Zusammenseins, und alles, was ich wollte, war: in den Arm genommen und getröstet zu werden. Aber überall auf dem Kai standen Fotografen herum und andere Crews, die tranken und feierten. Ich blieb eine Weile unter Deck und ging mit der australischen Einklarierungsbehörde die Checklisten durch. Irgendwann konnte ich mich nicht länger vor dem Landgang drücken. Loz Mariotte, der Skipper der PINDAR, legte den Arm um mich und zog uns in eine Bar, wo ich mich mit Harry etwas abseits auf einen Drink verdrücken konnte – weit weg von lästigen Fragen und neugierigen Blicken. Skipper scheinen immer einen sechsten Sinn dafür zu haben, wie andere sich fühlen. Bei jeder Etappe muss eben einer der Letzte sein, diesmal war ich es.

Die Pause in Sydney war nur kurz, und ich setzte gleich eine Nachbesprechung mit der Crew an. Wir einigten uns auf zwei Dinge: Erstens wussten wir, dass wir das Boot schnell segeln konnten, aber um vor den anderen durch das Ziel zu kommen, würden wir bei der Flotte bleiben müssen. Zweitens versprach ich, keine Ausreißer mehr zu machen und dass ich versuchen würde, den kürzestmöglichen Kurs auf der Etappe nach Kapstadt zu segeln.

Dann verließen wir Sydney im Sonnenschein, doch je weiter wir nach Süden kamen, desto kälter wurde es. Als wir die südliche Ecke von Tasmanien gerundet hatten, sah es so aus, als ob wir auf unserem Weg zurück in das Südpolarmeer mitten in ein Tiefdruckgebiet steuern würden. Aber am zweiten Tag auf See geschah etwas Eigenartiges: In den Positionsmeldungen lagen wir auf dem zweiten Platz. Ich plottete die Angaben, überprüfte sie noch einmal und starrte auf den Bildschirm des Computers. Mein Selbstvertrauen war so sehr gesunken, dass ich mir selbst nicht mehr glaubte, und verunsichert, wie ich war, bat ich Kate, unter Deck zu kommen und alles nachzuprüfen. Ihr breites Grinsen sagte alles. Auch die Crew platzte fast vor Freude und Überraschung: Seit Beginn des Rennens hatten wir davon geträumt, an der Spitze zu liegen. Jetzt war es so weit, und wir mussten da vorne bleiben! Plötzlich war die Stimmung an Bord wie ausgewechselt. Die Atmosphäre blieb äußerst konzentriert, aber fröhlich.

Im Südpolarmeer jagte in den folgenden Wochen erneut ein Sturm den anderen. Wieder wurde das Leben unerbittlich hart durch die Wellen und den Wind, und jeder weitere Tag trug uns tiefer in den größten, einsamsten und abgelegensten Ozean auf diesem Planeten. Wir erhielten Nachricht von einer schweren Verletzung an Bord der SAVE THE CHILDREN, dort hatte sich ein Crewmitglied in der Koje verletzt, als das Boot von einer hohen Welle herunterstürzte. Der Mann hatte sich dabei das Hüftgelenk ausgerenkt und die Hüfte gebrochen, seine Schmerzen wurden mit Morphium erträglich gehalten, und Paul Kelly nahm mit seiner Crew Kurs zurück nach Hobart. Das erinnerte uns wieder an die Feindseligkeit unserer Umwelt und wie leicht Unfälle passieren konnten. Deshalb ermahnte ich meine Mannschaft zum x-ten Mal, auf sich selbst und aufeinander aufzupassen. Diese Gegend taugte nicht für Helden, denn der Ozean kennt keine Gnade.

Es war eine schwierige Zeit für jedes Boot in der Flotte. Segelt man bei hohem Seegang gegen den Wind, wird das Leben an Bord zu einem wahren Hindernislauf. Alle Bewegungen sind auf kleinste Strecken eingeschränkt, man hangelt sich lediglich von Handgriff zu Handgriff weiter und klammert sich überall fest, weil das Boot heftig stampft und schlingert. Immer wieder packten Wellen die IMAGINE IT. DONE von der Seite, warfen sie in die Täler hinein, wo sie seitlich aufschlug. Man kann unmöglich beschreiben, wie sehr es an den Nerven zerrt, wenn man die Mastspitze unter einer anrollenden Welle verschwinden sieht. Wieder wurden Crashlandungen Teil unseres täglichen Lebens, und es war völlig normal, dass die Yacht geradewegs die Wasserwand eines Wellenkamms durchstach und auf der anderen Seite im freien Fall nach unten raste. Auf dem Weg hinunter wurden wir stets noch einmal hochgerissen, hingen kurz in der Luft und landeten dann mit einem heftigen Aufprall und dumpfem Krachen im dahinterliegenden Wellental.

An der Spitze der Flotte lieferten wir uns nun ein Kopf-an-Kopf-Rennen mit zwei anderen Yachten, doch wir waren die Ersten, die die Mid-Ocean-Marke passierten, was wir natürlich feierten. Selbstverständlich glaubten wir, diese Position bis zum Ende des Rennens halten zu können, schließlich würden wir von nun an nach Nordwesten segeln und langsam die triste, graue Kälte der Südlichen Ozeane hinter uns lassen. Also konzentrierten wir uns weiterhin auf unser Ziel. Einige Male, als die Crew die Vorsegel auf dem ständig überspülten Vordeck einholte, wurde jemand von einer Welle von den Füßen geholt, bis zum Strammziehen der Rettungsleine über

Bord gespült und sofort wieder zurückgeholt. Es war also äußerste Vorsicht geboten. Dennoch kämpften wir verbissen weiter.

Endlich, nach 7500 Seemeilen in den Südlichen Ozeanen, sahen wir auf unserem Übersegler, dass wir uns der Küste von Südafrika näherten, und als wir schließlich wärmere Gewässer erreicht hatten, war mir nach Feiern mit der Crew zumute. Außerdem wollte ich allen sagen, wie stolz ich auf sie war. Schon bei der ersten Lage Bier machte sich die Freude über den augenblicklichen Erfolg breit.

Leider ließ 40 Meilen vor der Ziellinie der Wind nach, und wir segelten direkt in ein Windloch hinein. Unsere engsten Rivalen, die SPIRIT OF SARK und die BP rückten auf – prompt saßen sie mit uns in der Flaute. So verbrachten wir einen ganzen Tag dicht zusammen, bis eine vierte Yacht, die STELMAR, ebenfalls heranpreschte und in dieselbe windstille Zone einlief. Jetzt dümpelten wir alle auf einem Haufen, probierten jeden nur erdenklichen Trimm aus und versuchten dem Boot auch noch das allerletzte Quäntchen Geschwindigkeit abzupressen. Langsam bewegten wir uns dorthin, wo wir meinten, vielleicht doch eine leichte Brise am Zipfel zu erwischen, wodurch wir unsere Verfolger abhängen könnten. Die letzte Nacht dümpelten wir in dichtem Nebel herum. Als der sich hob, direkt vor Kapstadt, sahen wir, dass die drei anderen Yachten vor uns lagen – nach mehr als einem Monat knallhartem Segeln reichte es nicht einmal für das Treppchen. Meine Crew war völlig am Boden zerstört. Mit einem Schlag brach der ganze Schwung in sich zusammen, jede Freude und Entschlossenheit verschwanden. Plötzlich waren alle müde, übellaunig, traurig und froren.

Als wir in Kapstadt einliefen, konnten wir unsere Enttäuschung nicht verbergen. Wir sprachen kaum noch miteinander, ich selbst war so niedergeschlagen, dass ich mich nicht einmal dazu überwinden konnte, das Boot selbst an den Liegeplatz zu bringen. Also bat ich Sian, die Wachhabende, das Ruder zu übernehmen und mit mir am Gashebel das Boot längsseits zu bringen. Ich würde sie einweisen. Die anderen Mannschaften waren schon zu unserem Empfang da, wollten uns aufheitern und schleppten warmes Essen und kaltes Bier heran, aber zum ersten Mal blieb meine Crew an Bord. Alle aßen und tranken in gedämpfter Stimmung, uns fehlten die Worte. Das technische Team von Challenge Business stand am Kai, keiner wusste so recht etwas zu sagen. Ich wurde um ein Interview gebeten. Als ich beschrieb, was es uns bedeutet hatte, auf dem schwersten Abschnitt des Rennens an der Spitze gelegen zu haben bis zu diesen letzten Meilen, brach ich in Tränen aus.

Nie war ich dem Sieg so nah gewesen, jetzt war ich am Boden zerstört. Ich konnte mir einfach nicht vorstellen, wie wir uns von dieser Niederlage erholen sollten. Die nächsten zwei Wochen waren für uns alle eine Zeit des Nachdenkens, gemischte Gefühle trieben uns um, denn die nächste Etappe würde uns zurück auf die Nordhalbkugel führen. Bis Boston lagen ganze 7000 Seemeilen vor uns. Dabei würden wir unseren ausgehenden Kurs kreuzen, der uns in südliche Richtung geführt hatte. Technisch gesehen hätten wir dann den Erdball genau einmal umrundet, und alles, was danach kam, war gewissermaßen eine Übererfüllung des Solls. Damit rückte auch das Leben nach dem Rennen näher.

Dann rief Sir Chay alle Skipper zu einem Meeting zusammen, das war Teil seiner üblichen Aufrüttelungstaktik, mit der er uns klarmachen wollte, dass die Global Challenge nichts als eine Art Sprungbrett für unsere weitere Zukunft darstellte. Was mich anbelangte, hatte ich mir bislang nur wenige Gedanken darüber gemacht, was ich als Nächstes tun wollte. Auch für andere lag das noch zu fern. Danach ging Chay herum und sprach jeden auf seine Pläne an. Ich sagte ihm ganz offen, dass ich absolut keine Ahnung hatte, aber dass mir trotz meiner letzten Niederlage das Rennsegeln immer noch Spaß machte und ich dabei bleiben wollte. Ich glaube, das überraschte ihn.

Am nächsten Tag bat mich Chay auf ein Wort. Wir gingen nebeneinander her, und er kam gleich auf den Punkt. Er war der Meinung, ich sollte versuchen, als erste Frau einhändig und nonstop gegen die vorherrschenden Winde und Strömungen um die Welt zu segeln. In den 34 Jahren seit seiner Weltumseglung mit der British Steel im Jahre 1971 hatten dies nur drei Leute gewagt: Mike Golding und die beiden Franzosen Philippe Monnet und Jean-Luc Van den Heede, der gegenwärtige Rekordhalter. Eine Frau hatte es bis jetzt noch nicht geschafft. Aber Chay war der Meinung, dass dies lediglich eine Frage der Zeit wäre.

Ich lachte höflich. Einhandsegeln – diese Idee war mir nie in den Sinn gekommen. Noch dazu unter solch extremen Bedingungen! Das konnte ich mir schlichtweg nicht vorstellen.

Er sah mich nur verschmitzt an und sagte: »Denk einfach mal darüber nach.«

Als wir aus Kapstadt ausliefen, versprach ich der Crew erneut, bei der Flotte zu bleiben und alles darauf zu konzentrieren, schnell voranzukommen. Nach der Kälte und der Nässe in den Südlichen

Ozeanen war uns die Wärme des Südatlantiks äußerst willkommen. Bald aber liefen wir in eine große Hochdruckblase ein, unsere Geschwindigkeit ließ nach, die Temperatur stieg weiter an, den ganzen Tag brannte die Äquatorsonne auf uns herab, und weit und breit gab es keinen Schatten, in dem wir uns verstecken konnten. Im Inneren des stählernen Rumpfs wurde es unerträglich heiß. Um wirklich jedes bisschen Wind zu erhaschen und ein wenig Fahrt zu machen, setzten wir die Spinnaker, holten sie wieder herunter, setzten sie erneut …

Wir kamen nur unendlich langsam voran, der Frust wuchs stündlich. Die Logge zeigte nichts als Nullen. Unsere Nerven lagen blank, wir wurden immer gereizter, was zu Missverständnissen führte und die Stimmung zum Kochen brachte. Ich schrieb in mein Tagebuch:

> *Ich glaube, ich bin so niedergeschlagen wie noch nie in diesem Rennen. Außerdem habe ich eine Entzündung im Außenohr, die ich mit Tropfen behandle. Wahrscheinlich würde ich lieber alleine segeln …*

So begann ich über Chays Vorschlag unter praktischen Gesichtspunkten nachzudenken. Hatte ich etwa nicht die nötige Erfahrung dafür? War ich denn nicht gerade dabei, die Route um die Welt bis zum Ende kennenzulernen? Ich hatte also schon eine gewisse Ahnung davon, was auf mich warten würde. Wenn ich denselben Yachttyp segeln könnte, dann wüsste ich genau, wie ich vorgehen müsste. Ich wüsste genau, wie sich mein Boot verhalten würde, und die Systeme an Bord kannte ich schließlich auch. Aber könnte ich es wirklich schaffen? Doch, sicher! Aber wollte ich es wirklich? In den letzten Wochen des Rennens drehte und wendete ich den Gedanken hin und her und kam schließlich zu dem Schluss, dass ich es versuchen wollte. Ich bin nicht der Typ, der einer Herausforderung ausweicht.

Am Ende dieser frustrierenden fünften Etappe erreichten wir nach 7000 Seemeilen fünf Minuten nach zwei anderen Yachten völlig erschöpft Boston. Trotzdem arbeiteten wir bei diesem Zwischenstopp hart daran, die IMAGINE IT. DONE für die kürzeren und intensiveren Etappen bis zur Ziellinie in Portsmouth gut vorzubereiten. Als dann der Startschuss fiel, waren wir wieder eine eingeschworene und wild entschlossene Mannschaft. Wir segelten so hart wir nur konnten und versuchten, uns nicht ablenken zu lassen. Gelegentlich aber kam es zu ganz besonderen Gesprächen. Wenn man auf Decks-wache ist und gegen Müdigkeit und nachlassende Konzentration kämpft, wandern die Gedanken zuweilen vor sich hin – auch in Richtung Zukunft. Bei einer dieser Gelegenheiten fragte ich meine Crew, was ihrer Meinung nach auf diesem Boot verbesserungswür-dig sei. Immerhin waren sie auf dieser Yacht 33 000 Seemeilen gese-gelt.

Ich erhielt die scherzhafte Antwort: »Motorwinschen, ein starker Motor für die Kalmen und unzerstörbare Spinnaker, die man nie reparieren muss.«

Es gab aber auch einige nützliche Antworten. Mir gefiel der Gedanke eines Coffee Grinders, wodurch ich als Seglerin mehr Kraft zum Winschen zur Verfügung haben würde. Und die Idee eines Großsegels mit Reffleinen für jedes Reff, damit man bei schwerem Wetter zum Reffen nicht zum Mast vor muss, war auch nicht schlecht. Dann gab ich der Unterhaltung eine etwas andere Rich-tung. Was wäre nötig, um das Boot allein zu segeln? Diese Frage erheiterte die Crew noch mehr. Zuerst hielten sie die Idee für absurd, ein Boot, das für 18 Mann ausgelegt ist, alleine segeln zu wollen. Doch während wir immer weiter hart am Limit kämpften und die IMAGINE IT. DONE gnadenlos vorantrieben, begann sich die Idee in mir zu verfestigen.

Während der nächsten Wochen dachte ich intensiv über die erforderlichen Änderungen nach und wie ich allein mit dem Boot zurechtkäme. Manchmal war ich ganz sicher, dass ich es schaffen könnte, manchmal aber sah ich der Crew zu, wie sie schuftete, und dann hielt ich es wieder für unmöglich. Jedes Mal, wenn wir den Spinnaker einholten, brauchten wir dazu mindestens sieben Hände an Deck. Ich hatte nicht den leisesten Schimmer, wie ich das alleine packen sollte.

Eines Nachts rasten wir vor heftigem Wind unter Spinnaker durch die Dunkelheit. Vor uns war ein Mastlicht zu sehen, ein wei-teres querab nördlich von uns. Achtern zählte ich weitere neun Lich-ter, als die Flotte zum Schlussspurt auf die Ziellinie ansetzte. Wir alle segelten so hart am Limit, wie wir meinten, es unseren Booten zumuten zu können. Kate war am Ruder, und wir surften auf nach-laufenden Wellen. Die Logge zeigte zuweilen 20 Knoten und mehr an. Dann übergab Kate an Pete. Ich trimmte den Spinnaker. Plötz-lich ergriff uns ein heftiger Windstoß, wir rasten eine Welle hinun-ter und sahen, wie die Geschwindigkeit anstieg: 25 … 26 … 27… Knoten. Wir jubelten vor Freude, das Boot preschte wie ein Schnellzug voran. Im nächsten Moment schlugen wir hart im Wellental auf, und der Spinnaker explodierte mit lautem Knall, die Geschwindigkeit brach ein, und das Boot begann auszubrechen. Pete kämpfte wie wild am Ruder.

Ich schrie: »Alle Mann an Deck!«

Wenn es mir nur gelang, die Situation zu retten, ohne Licht an Deck machen zu müssen! Auf den anderen Yachten mussten sie ja nicht unbedingt sehen, dass wir ein Problem hatten.

Innerhalb von fünf Minuten wimmelte das Deck von Menschen, die alle hektisch an dem zerrissenen Segeltuch zerrten und versuchten, es hereinzuziehen, damit wir das Vorsegel setzen und das Rennen bis zur Ziellinie fortsetzen konnten. Ich sah über meine Schulter zurück, querab an Backbord konnte ich den hellen Schein eines Deckflutlichts auf einer anderen Yacht erkennen. Also hatten auch unsere engsten Rivalen Spinnakerprobleme. Dumm gelaufen, wieder ein Fehler. Wie sagt schon das Sprichwort? Eile mit Weile. Brav beschloss ich, nicht mehr so hart ranzugehen. Ich sprach der Crew mein Lob dafür aus, wie großartig sie gewesen war und wie sehr mich ihre Teamarbeit beeindruckt hatte, während mich gleichzeitig eine ganz andere Frage beschäftigte. Ich hatte jedes einzelne Mitglied meiner Crew an Bord gebraucht, um einen Spinnaker von der Größe eines Tennisplatzes zu bergen. Wie um Himmels willen sollte dies einem Einhandsegler in derselben hektisch-verzweifelten Lage gelingen?

Es war ein bewegender Augenblick, als wir im Juli 2005 am Ende unserer zehnmonatigen Odyssee vor Portsmouth die Ziellinie überquerten. Wir lagen auf dem zehnten Platz und hatten unser Ziel erreicht. Diese harte Weltumrundung war uns nur deswegen gelungen, weil wir einander geholfen und als Team gekämpft hatten. Wir hatten schlaflose Nächte und ruhelose Tage in den Tropen durchgemacht, Dramen und Enttäuschungen bei jeder Etappe erlebt und Krankheit und Verletzungen getrotzt. David Roche, genannt »David the Doc«, hatte noch viel mehr geleistet, als nur um die Welt zu segeln. Nicht nur, dass er uns zahllose Tabletten gegen Schmerzen und Zipperlein verabreicht hatte, er nähte auch Andys Kinn, setzte unter schlimmsten Bedingungen Kanülen und schloss Tropfbeutel an. Wenn ich dieselbe Route allein bewältigen wollte, dann müsste ich auch all das allein bewältigen – ohne jede Hilfe. Dann gab es keine Mütze Schlaf in der Gewissheit, dass sich währenddessen ein anderer um unser Vorankommen und unsere Sicherheit kümmerte. Ich würde monatelang, tagein, tagaus, rund um die Uhr allein für absolut alles, was passierte, verantwortlich sein – für das Vorhersehbare ebenso wie für das Unvorhersehbare. Schon allein das war kaum vorstellbar. Aber auch das war voraussichtlich nicht genug, es würde noch viel mehr von mir verlangt werden.

Auf ein Neues

Nach dem Ende des Rennens im Sommer 2005 segelte ich bis September weiter für Challenge Business in Erfüllung meines Vertrages. Im Laufe dieser Zeit sprachen Sir Chay und ich in regelmäßigen Abständen miteinander, und er ermutigte mich nach Kräften. Für die Solotour würde ich einen Sponsor finden müssen, Chay beriet mich hinsichtlich der dann anstehenden geschäftlichen Treffen und erklärte mir, wie die Welt im »Corporate Sponsorship« funktioniert, denn all das war Neuland für mich.

Das A und O dabei ist, an die richtigen Leute heranzukommen, die direkt am Hebel sitzen und die Entscheidungen treffen. Ich schrieb also an die Direktoren der erfolgreichen Firmen und Gesellschaften, mit denen ich bereits vor oder bei der Global Challenge zusammengearbeitet hatte, bat sie um ihren Rat und schilderte ihnen mein Vorhaben in groben Zügen. Alle Antworten waren durchweg positiv, nur leider war ich an eine Frist gebunden. Um in den Monaten der längsten Helligkeit und der geringsten Eisprobleme durch die Südlichen Ozeane zu segeln, musste ich unbedingt noch vor Beginn dieses Winters starten. Ein weiteres Jahr Wartezeit würde mir sozusagen den Wind aus den Segeln nehmen, außerdem befürchtete ich, dass ich dann kneifen würde.

Dann brachte es ein glücklicher Zufall mit sich, dass ich im Sommer mit Patrick Snowball, dem leitenden Direktor des Versicherungskonzerns Aviva, ins Gespräch kam. Ihm war ich schon einige Jahre vorher während einem dieser Tage begegnet, an denen wir mit Sponsoren segelten. Er ist ein hochgewachsener Mann mit starkem Charakter; bevor er ins Geschäftsleben überwechselte, war Patrick Major bei der Armee, außerdem ist er ein äußerst kommunikativer Mensch, der leidenschaftlich gerne segelt. Er hat eine eigene Yacht, bei einem Rennen war er mir als der geborene Wettkämpfer aufgefallen.

An einem Sommermorgen starteten die zwölf Challenge-Yachten zu einer küstennahen Regatta, wir hatten herrliches Segelwetter mit warmem Sonnenschein und stetem Wind von 15 Knoten. Das Rennen war knapp, und obwohl ich uns an die Spitze manövrierte, waren uns die anderen Crews hart auf den Fersen, als wir vor der Isle of Wight die Einfahrt nach Cowe passierten. Bei der nächsten Wendemarke passierten wir B&Q, Ellen MacArthurs Trimaran, mit dem Ellen Anfang des Jahres einen neuen Weltrekord im Einhandsegeln um die Welt gesetzt hatte. Dabei sahen wir, dass sie Gäste an Bord hatte, und winkten hinüber.

Am selben späten Nachmittag, als wir unter Motor Southampton Water hinaufliefen, kam ein Schlauchboot längsseits, darin saßen Patrick und sein Sohn Tom. Sie waren an diesem Tag auf B&Q gewesen, wollten mir Hallo sagen und auch zur Global Challenge gratulieren. Patrick, Tom und ich unterhielten uns über dies und jenes, und so erzählte ich ihnen auch von meinem Plan, allein um die Welt zu segeln. Als sie sich verabschiedeten, sagte Patrick, dass wir in Verbindung bleiben würden. Ich wusste sofort, dass er für mich von unschätzbarem Wert und dass er derjenige war, der mir sagen konnte, wie mein Traum zu erfüllen war.

Einige Tage nach unserem Treffen schickte ich Patrick eine E-Mail und schrieb ihm dabei nicht nur, wie sehr ich ihn darum beneidete, dass er einen Tag auf dem Katamaran von Ellen McArthur mitsegeln durfte, sondern erklärte ihm auch, dass es Sir Chay Blyth war, der mir den Vorschlag zur Einhandweltumsegelung direkt nach meiner Rückkehr von der Global Challenge gemacht hatte. Falls mir dies gelänge, wäre ich die erste Frau, die nonstop allein gegen Wind und Strom um die Welt gesegelt wäre. Außerdem fügte ich noch hinzu, dass Chay und ich meinten, es sei ohnehin nur eine Frage der Zeit, bis eine Frau es versuchen würde. Ich bat ihn um seinen Rat, wie ich Sponsoren gewinnen könnte und an wen ich mich wenden solle. Ich war sicher, dass Patrick nur darüber lachen würde, aber eine Frage schadete nichts.

Etwa eine Woche danach rief Patrick mich an und schlug ein Treffen vor, bei dem wir meine verrückte Idee durchsprechen könnten. Ich hatte das Wort »Nein« erwartet, aber davon war nicht die Rede. Schlagartig war ich aufgeregt! Bei unserem Treffen zeigte sich Patrick absolut aufgeschlossen, ließ sich schnell von der Sache überzeugen. Er bot mir an, mit den anderen Direktoren von Aviva in Verbindung zu treten, um ihnen meinen Plan zu unterbreiten.

Sir Chay Blyth hatte eine Menge Erfahrung mit solchen Gesprächen und fütterte mich mit seinem ganzen Wissen. Er erklärte mir den Ablauf dieser Meetings, sagte, was ich vorbereiten müsse und was ich anziehen solle: der reinste Schnellkurs im Geschäftsleben. Chay sagte, dass solch ein Treffen im Schnitt etwa eine Stunde dauert. Endete es also schon nach 20 Minuten, war das kein gutes Zeichen.

Er sagte: »Wenn man dir etwas zu trinken anbietet, nimm es. Du wirst nicht rausgesetzt, bevor du ausgetrunken hast.«

Ich musste üben zuzuhören, ohne zu unterbrechen. Und, wie bereits mein Vater, riet auch er mir, mich weiblich anzuziehen, keinesfalls wie eine knallharte Geschäftsfrau aus der Londoner City. Also band ich die Haare sorgfältig hoch, zog Rock und Jackett an, steckte ein neues Notizbuch, einen nicht kleckernden Stift und einige Kopien meiner Pläne ein. Dann machte ich mich auf, um Patrick und den Group Corporate Affairs Director von Aviva zu treffen. Ich schaltete das Handy aus, konzentrierte mich aufs Zuhören und drückte mir die Daumen. Ich wollte unbedingt eine positive Antwort! Sir Chay sollte stolz auf mich sein.

Bei dieser Gelegenheit wurde mir klar, wie wichtig das richtige Timing ist, wenn man im Sport einen Sponsor gewinnen will. Ich hatte das unglaubliche Glück, dass mein Projekt mit der neuen Marketingkampagne von Aviva zusammenfiel. Sie sollte »Forward Thinking« heißen und war dazu gedacht, den neuen Namen des Konzerns zu propagieren. Ich unterbreitete meinen Plan und dachte: Hoffentlich wirkt sich alles günstig auf die Entscheidung der Direktion aus. Dann kehrte ich zu meiner Arbeit zurück und wartete auf die Entscheidung.

An einem sonnigen Tag Anfang September war ich auf dem Solent. Es war einer dieser Tage, an denen wir mit möglichen Sponsoren segelten. Ich arbeitete gerade auf dem Vordeck, als das Telefon klingelte. Es war Patrick Snowball.

Er fragte: »Sitzt du?«

Also setzte ich mich auf einen der Spinnakerbäume und hielt den Atem an.

»Du wirst wieder um die Welt segeln«, sagte er, und die Freude war ihm richtig anzuhören.

Ich geriet fast aus dem Häuschen. Ganz aufgeregt bat ich meinen Segelpartner, das Steuerrad zu übernehmen, und fing an herumzutelefonieren. Der Erste, den ich anrief, war Sir Chay, der sich fast noch aufgeregter anhörte als ich – falls das überhaupt möglich war. Der nächste und wahrscheinlich wichtigste Anruf ging an Andrew Roberts.

Andrew ist Projektmanager von Challenge Business, ihm gehörte früher eine Bootswerft in Dartmouth, und er hatte eine ganze Reihe von Rennyachten für Chay und andere Mehrrumpfboot-Segler der Spitzenklasse gebaut. 1989 hatten er und Chay die Firma Challenge Business gegründet, Andrew war der Mann, der für das

Design und den Bau der 49 Yachten stand, die bei den Challenge-Rennen und den beiden Solotörns eingesetzt wurden. Auch das Boot, mit dem Mike Golding seine den Rekord brechende Weltumseglung gelungen war, stammte von ihm. Andrew ist ein geduldiger und äußerst genauer Mann, der jede Menge Zeit auf die Planung verwenden und jedes Detail genauestens überprüfen würde, um wirklich den größten Sicherheitsstandard zu gewährleisten. Nichts bliebe dem Zufall überlassen, er wäre der Kopf des Projekts, mit ihm hatte ich schon bei der Global Challenge gerne zusammengearbeitet. So wusste ich genau, dass ich mich bei ihm in guten Händen befand. Seine Erfahrung, Geduld und sein Enthusiasmus würden mich sicher um die Welt bringen.

Das Projekt war absolut neu und ungeheuer aufregend. Ich hatte das Gefühl, dass Andrew sich richtig freute, es anpacken zu dürfen, und wurde natürlich sofort mit einem Wust von Papier eingedeckt, mit unzähligen Listen von Dingen, die erledigt werden mussten, und auch mit genauen Zeitplänen. Wir beschlossen, dass ich das Rennen auf derselben Challenge-72-Yacht segeln sollte wie die Global Challenge. Darüber freute ich mich wirklich, denn die Yacht und ich waren ja bereits ein ganzes Jahr zusammen gewesen, und ich kannte sie innen und außen. Andrew begann rückwärts zu rechnen: Wenn ich Weihnachten an Kap Hoorn vorbei sein und in die Südlichen Ozeane wollte, dann musste ich den Solent am 20. November mit einer Sprungtide verlassen, die mich nach Westen zu den Lizards an der Küste Cornwalls tragen würde: zur offiziellen Startlinie für die Rekordweltumseglung.

Das Problem lag darin, die Yacht innerhalb kürzester Zeit auf Einhandtauglichkeit umzurüsten, denn eigentlich war sie für eine Mannschaft von 18 Leuten entworfen und gebaut worden. Viele der Trimm- und Reffvorrichtungen waren nur mit der Körperkraft einer Crew zu bedienen. Wir würden nicht alles in der kurzen uns zur Verfügung stehenden Zeit ändern können, das Minimum waren neue und unterschiedliche Typen von Segeln, eine Rollreffanlage, mit der man die Tuchgröße bei starken Winden reduzieren konnte, dazu Coffee Grinder und Autopiloten. Alles musste getestet, ausgetauscht oder gewartet werden. Der Rumpf brauchte einen neuen Anstrich, auch der Name musste noch aufgetragen werden. Kurz: Der Zeitplan bei diesem Projekt war äußerst eng. Andrew schätzte, dass allein sein technisches Team 1800 Stunden brauchen würde, aber wir hatten nur acht Wochen. Also stürzten wir uns mit voller Kraft in die Arbeit, Andrew vollbrachte das reinste Wunder. Nie verlor er in diesen Wochen härtester Arbeit seinen kühlen Kopf, ganz gleich welcher Art die Rückschläge oder wie hoch die Papierstapel auf seinem Schreibtisch auch waren.

Ich besuchte Mum und Jane, um ihnen die Neuigkeit beizubringen, und sie waren wie vor den Kopf geschlagen. Ich war doch gerade eben erst von einer Weltumseglung zurückgekehrt, und jetzt, Anfang September, verfolgte ich schon wieder den Plan loszuziehen.

In die betroffene Stille hinein flüsterte Mum: »Allein?«

Ich nickte.

Darauf Jane: »So bald schon?«

Meine Neffen Alex und Matthew grinsten breit und sagten: »Cool!«

Die Gefühle waren durchaus gemischt. Meine Familie würde sich nie gegen meine Träume stellen, aber sie hatte Angst. Doch je mehr ich ihnen erzählte, desto mehr kam Freude und Aufregung auf. Was sie beruhigte, war, dass ich mit dem Challenge-Business-Team zusammenarbeitete, bei ihm wussten sie mich in guten Händen und waren sicher, dass Challenge Business alles daransetzen würde, die Risiken zu minimieren.

Etwas mehr als zwei Wochen, nachdem Patrick Snowball mir die gute Nachricht mitgeteilt hatte, fand ich mich bei Andrew und seinem Team in Plymouth ein. Wir diskutierten intensiv über Logistik, Lieferzeitpläne und Ladeberechnungen. Alistair Hackett war für die Logistik und die Ersatzteile an Bord zuständig, Matthew Ratsey für die technischen Anforderungen der zahlreichen Veränderungen, die mehr Geduld verlangten, als ich gedacht hatte. Langsam wuchs mir alles über den Kopf. Das wurde mir schlagartig klar, als ich dem Rigger, Neil Gledhill, dabei half, von oben die Maße für das Rollreff zu nehmen. Ich saß auf den mittleren Salingen und schloss die Augen. Was zum Teufel tat ich da? Wie würde es sein, wenn ich auf dem Mast allein auf weiter See saß? Eine Welle der Panik brach über mich herein. Es gab noch so viel zu lernen und zu organisieren, vielleicht war dieses Projekt doch zu groß für mich?

Harrys Enthusiasmus und seine aufmunternden Worte bauten mich wieder auf. Wir fuhren gemeinsam nach Plymouth, und ich zeigte ihm die im Trockendock liegende Yacht. Der Mast lag aufgebockt neben dem Rumpf, das Ruder war abgebaut und lag in einer anderen Ecke des Schuppens, die Inneneinbauten waren alle entfernt worden und lagerten in einem Container, die Innenverkleidung war abmontiert, wodurch ein Gewirr von Kabeln sichtbar wurde. Der Rumpf war bereits gereinigt und poliert worden, die IMAGINE IT. DONE war komplett verschwunden. Die Yacht war bereit, sich in die AVIVA zu verwandeln.

In den nächsten Wochen entwickelte sich eine gewisse Routine: Einige Tage pro Woche verbrachte ich in Plymouth, wo ich mit Andrew immer zuerst die getane Arbeit durchging. Danach konzentrierten wir uns darauf, was als Nächstes erledigt werden sollte. Unsere Besprechungen begannen um neun Uhr morgens, und um halb fünf Uhr abends waren wir immer noch dabei, mir schwirrte der Kopf von all den vielen Informationen. Zum Glück gab es den Container, in den ich mich zurückziehen und das Bootsinventar überprüfen konnte. Hier redete ich nicht ständig im Kreis herum. Im Container hatte ich wenigstens das Gefühl produktiv zu sein, und diesem Ort war zu verdanken, dass ich nicht durchdrehte.

Ich traf mich mit Segelmachern, Mastherstellern und Elektronikspezialisten. Andrew und ich gingen auf dem nackten Deck der AVIVA hin und her und planten, wie ich die unterschiedlichen Segel handhaben sollte. Ich konnte mir nur schwer vorstellen, wie groß, schwer und voluminös die Segel waren, die ich von der Segellast auf das Deck zerren musste. Und der Gedanke, sie auf dem bockenden Boot ganz alleine hochzuziehen, ganz zu schweigen von der Windkraft, die beim Ausrollen hineingreifen würde, erschreckte mich.

Dann, nach unglaublich langer Zeit, hatte ich endlich einen ganzen Tag für mich allein. Bis zu meinem Start, Ende November, würde es davon nicht mehr allzu viele geben. Also nutzte ich ihn dazu, persönliche Dinge wie Medikamente, Toilettenartikel, Unterwäsche und einen Bikini einzukaufen. Es ist nicht so einfach einzuschätzen, wie viel Deodorant und Zahnpasta man für sechs Monate braucht, und ohne Zahnpasta wollte ich wirklich nicht dastehen. Außerdem hatte ich noch einige Termine mit dem Arzt, dem Bankmanager und dem Zahnarzt. Letzterem fiel auf, dass ich bei Stress mit den Zähnen knirschte. Ich sagte ihm, dass diesbezüglich noch eine Steigerung zu erwarten war …

Ich suchte Dr. Spike Briggs auf, den Bereitschaftsarzt, der auch schon an der Global Challenge teilgenommen und beim letzten Rennen als Flottenarzt fungiert hatte. Wir bestückten die Medizinbox, die ich mitnehmen sollte, und gingen jede einzelne Salbe, Tablette oder Creme durch, damit ich ihre Anwendung kannte. Ich schrieb für alles und jedes Notizen, um auch bei Übermüdung, Schmerzen oder Krankheit keine Fehler zu machen, und wir sprachen auch über die medizinischen Risiken und über mögliche kleinere Erkrankungen, die sich ohne rechtzeitiges Einschreiten bedrohlich entwickeln könnten. Einig waren wir uns, dass die schlimmste Verletzung, die ich ohne fremde Hilfe in den Griff bekommen müsste, ein offener Bruch nach einem Sturz wäre. So etwas kann sich weit weg von der Zivilisation schnell zu einer lebensbedrohlichen Situation auswachsen. Allein der Gedanke bereitete mir schon Übelkeit: Ich müsste mir, sobald ich mich unter Deck geschleppt hätte, eine Morphiumspritze setzen. Das Morphium im Notfallkoffer aber war in Ampullen abgepackt. Wie um Himmels willen sollte ich, falls ich mir den rechten Arm gebrochen hatte, die Spritze aufziehen? Spike kam zu dem Schluss, dass es das Beste sei, dafür Epi-Pen-Spritzen einzupacken, wir hatten ja keine Zeit, einen speziellen Notfallkoffer eigens für mich zusammenstellen zu lassen. Dann erklärte er mir jeden Handgriff. Er sagte mir, wie ich jeweils der Reihe nach vorgehen solle und welcher Ort für die jeweilige Behandlung am besten wäre. Er schärfte mir ein, dass ich mir beim Ohnmächtigwerden keinesfalls den Kopf anschlagen dürfte, und ich dürfe niemals außer Reichweite des Notfallkoffers zu liegen kommen. Mich befiel eine Gänsehaut. Solche Möglichkeiten hatte ich nie zuvor bedacht. Als ich drei Stunden später Spikes Haus verließ, dachte ich, es sei vielleicht angebracht, in einem wattierten Sicherheitsanzug zu segeln …

Herbststürme behinderten unsere Arbeit. Wegen des schlechten Wetters konnte die AVIVA in Plymouth nicht zu Wasser gelassen werden, deshalb telefonierte ich lange mit Sir Chay. Der munterte mich auf und erinnerte mich gelegentlich daran, in welch einzigartiger Situation ich war: Ich hatte die Chance, in einer Reihe mit Pionieren wie Roger Bannister, Neil Armstrong und Sir Edmund Hillary zu stehen! Das baute mich wieder etwas auf. Er riet mir, möglichst viel Videomaterial mitzunehmen, denn das habe er zu seinem Leidwesen bei seiner eigenen Pionierfahrt versäumt.

Endlich ließen die Stürme nach, und die AVIVA wurde zu Wasser gelassen, der Mast wurde ohne große Schwierigkeiten gesetzt. Dabei bat ich Neil, eine Münze unter den Mastfuß zu legen, die Glück bringen soll – ein alter Segleraberglaube. Endlich schwamm das Boot, das mein Zuhause werden sollte. Jetzt gab es kein Zurück mehr.

Die Autopiloten wurden montiert und angeschlossen, das neue Großsegel und das Rollreff-Stagsegel angesteckt. Wir waren bereit für die Probefahrt. Die ganze folgende Woche verbrachten wir mit dem Testen und Einstellen der Ausrüstung, und meine Anspannung wuchs, denn schon bald wäre ich allein auf dem Wasser. Ich glaubte, die auf mich lauernden Gefahren zu kennen, und wusste, dass ich die Aviva im schlimmsten Fall nur auf den richtigen Kurs setzen musste, damit sie den Rest alleine erledigte. Nur über Bord fallen durfte ich nie, das war alles. Trotzdem packte mich die Befürchtung, die Einsamkeit könnte mir über den Kopf wachsen. Außerdem: Niemand hatte bisher eine Challenge 72 einhand gesegelt, alle unsere Annahmen waren daher rein theoretischer Natur, und ich war richtig gespannt, ob es mir tatsächlich gelingen würde. Was ich jetzt dringend brauchte, war Übung.

Ende der ersten Novemberwoche konnten Harry und ich sie zum ersten Mal allein segeln. Das war optimal, denn mit einer zweiten Person im Hintergrund hatte ich die Ruhe auszuprobieren, wie beziehungsweise ob ich die Aviva allein handhaben konnte. Als wir den Plymouth Sound verließen, machte ich mir noch einmal klar, dass nichts, aber auch gar nichts an Bord ohne meinen körperlichen Einsatz geschehen würde.

Als Erstes musste ich das Großsegel setzen. Ein 190 Kilogramm schweres Segel bis an die Spitze eines 29 Meter hohen Masts hochzuziehen ist Knochenarbeit. Der Kopf des Segels war noch sehr weit vom Masttopp entfernt, als meine Lungen sich bereits anfühlten, als würden sie jeden Augenblick platzen. Die Muskeln in meinen Armen und Schultern brannten. Aber ich biss die Zähne zusammen und dachte: Nichts ist unmöglich, man muss nur wollen. Ich würde eben für alles etwas mehr Zeit brauchen.

Dann setzte ich ein Reff im Groß und entrollte das Vorsegel. Die Aviva reagierte sofort, begann sich auf die Seite zu neigen, und los ging es. Jetzt, am späten Nachmittag, setzte langsam die Dunkelheit ein, die beruhigenden Lichter an Land verschwanden hinter uns. Als wir jenseits des Plymouth Sound waren, verließen wir den Schutz der Wellenbrecher und der Küste, sofort stieg der Wind spürbar auf 20 Knoten mit Böen von 30 Knoten an. Ich ging an die Hauptwinsch und steckte ein weiteres Reff in das Großsegel, dann verkleinerte ich das Vorsegel entsprechend. Aviva segelte wunderbar, pflügte ruhig durch das Wasser und zog eine kräftige Kielwasserschleppe hinter sich her. Sie war unglaublich souverän, was man von mir nicht sagen konnte. Um 02.00 Uhr war ich so verzweifelt und ausgepowert, dass ich nur noch von Bord wollte.

Die Vorstellung, allein zu segeln, kam mir wieder einmal aberwitzig vor. Niemals könnte ich allein durch die Nacht segeln, geschweige denn um die ganze Welt. Erst um Mitternacht fand ich endlich den Mut, unter Deck zu gehen – und das nur für einen kurzen Augenblick. Ich war so sehr daran gewöhnt, die Deckswache an andere übergeben zu können, dass mir gar nicht in den Sinn kam, die Aviva einfach segeln zu lassen. Das erschien mir absolut verrückt. Als ich mit dem Boot eine Stunde später eine Wende durchführte, war ich ganz überrascht, wie leicht und glatt das ging – vermutlich war die nachtschwarze Dunkelheit ein freundlicher Helfer. Wenn ich gesehen hätte, wie sehr das Vorsegel flatterte, bis ich die Leeschot für den neuen Kurs dichtgeholt hatte, dann wäre ich womöglich noch nervöser geworden. Des Weiteren hatte ich mich niemals zuvor auf elektronische Wächter verlassen müssen, und so brauchte ich eine ganze Weile, mich mit dem Radar und den Windanzeigern anzufreunden. Endlich war ich dann ruhig genug, um wenigstens für eine Stunde zu dösen. An richtigen Schlaf war nicht zu denken, aber es reichte, um ein wenig auszuruhen. Kurzschlafpausen waren also noch ein Punkt auf meiner Liste der notwendigen Übungen. Wie konnte ich denn ahnen, dass ein Großteil meines Schlafs in den nächsten sechs Monaten nicht mehr als Dösen sein sollte?

Bei Tagesanbruch kehrten Harry und ich zurück nach Plymouth. In der Dämmerung des Sonnenaufgangs übte ich, wie man einhand mit drei Segeln wendet: dem Großsegel, dem Yankee und dem Stagsegel. Jetzt ließ meine Verzweiflung nach, und in mir erwachte neues Selbstvertrauen. Wie gut, dass wir über Nacht hinausgesegelt waren und dass ich Harrys Hilfe nicht gebraucht hatte. Ich hatte alles alleine geschafft. Die Routine würde sich bestimmt schnell einstellen, wenn ich erst den Englischen Kanal und die viel befahrenen Schifffahrtsrouten hinter mir gelassen hatte.

Wir überführten die Aviva zu den Gunwharf Quays östlich von Portsmouth und legten an, denn von hier sollte der symbolische Start erfolgen. Dahinter stand die Idee, mir an einem Wochenende einen öffentlichen Abschied zu bereiten und mich allein lossegeln zu lassen. Dann wollten Harry und Neil noch einmal an Bord kommen und mich nach Plymouth begleiten. Die Startlinie für den Wettbewerb ist erst auf Höhe der Lizards, also brauchte ich bis dorthin auch nicht einhand zu segeln, was bei so viel Schiffsverkehr ohnehin nicht ratsam war. Ein kurzer Aufenthalt in Plymouth würde mir zudem noch die Gelegenheit verschaffen, ein letztes Mal Wasser und Treibstoff an Bord zu nehmen.

In den letzten Tagen vor dem Start von Portsmouth arbeitete das Team ununterbrochen an den verbliebenen Aufgaben, Andrew Roberts war wie besessen. Als ich auf die Aviva kam, plagte er sich gerade damit ab, die Behälter mit den Ersatzteilen neu zu ordnen und zu beschriften, und für diese lebensnotwendige Aufgabe arbeitete er sich durch eine endlose Checkliste. So dankbar ich ihm dafür auch war, zusehen konnte ich ihm dabei nicht, es machte mich einfach zu nervös. Durch die vielen Leute, die an Bord arbeiteten, lagen natürlich jede Menge Müll und zahlreiche Ausrüstungsteile herum. Doch je mehr aufgeräumt wurde, desto deutlicher war zu sehen, wie viel Platz ich für mich selbst haben würde. Ich war daran gewöhnt, das Boot für 18 Personen vorzubereiten, eine Person allein würde in den nächsten sechs Monaten kaum so viel Raum benötigen. Wie schön, so hatte ich mehr als genug Platz für alle Weihnachtsgeschenke, ganz gleich, wie viele noch eintrafen. Am Nachmittag liefen wir aus, um die letzten Checks durchzuführen. Wir kalibrierten den Ersatz-Autopiloten, und ich probierte, wie ich bei schwerem Wetter das Trysegel (ein kleines schweres Segel, das man bei schweren Stürmen oder falls dieses unrettbar zerreißt anstelle des Großsegels setzt) setzen konnte. Es ist zwar klein, aber aus extrem steifem, dickem Material und damit schwer zu handhaben. Zwar hatten wir das Trysegel auch auf der IMAGINE IT. DONE im Südpolarmeer gesetzt, aber um es an Deck zu schleppen und dann in die separate Mastkeep einzufädeln, waren mehrere Personen nötig gewesen. Für mich allein würde das eine wahrhaft herkulische Aufgabe werden. Schon allein ein 28 Meter langes Fall hochzuziehen und es bei starken Winden festzuhalten ist unglaublich schwierig. Bei der leichten Brise von zehn Knoten in Portsmouth hatte ich damit keine Probleme, aber es muss trotzdem reichlich eigenartig ausgesehen haben. Wir erregten jedenfalls einige Aufmerksamkeit. Auf den Booten, die an uns vorbeituckerten, fragte man sich bestimmt, was wir da trieben.

Am folgenden Tag lagen noch weitere Checks und zusätzliche Arbeiten an, und als wir endlich die ganze Liste abgearbeitet hatten, fuhren Harry und ich in unsere Wohnung nach Southampton zurück. Mum, Jane und ihre Familie waren angereist, wir tauschten Geschenke aus, dann zogen wir auf die übliche Abreisepizza los. Ich hatte in den letzten Jahren so oft Abschied genommen und war so lange weg gewesen, dass sich daraus bereits eine Familientradition entwickelt hatte. Zu meiner Überraschung traf sich auch meine Challenge-Crew an diesem Abend im Chinarestaurant nebenan, und wir gesellten uns auf einen Drink zu ihnen, wobei mir noch mehr Weihnachtskarten und Geschenke überreicht wurden. Als wir uns verabschiedeten, waren alle in gelöster Stimmung, aber wir umarmten uns länger und herzlicher als gewohnt.

Am Sonntag, den 20. November, wachte ich bereits früh auf. Ich blieb noch etwa eine Minute liegen, um die letzten Momente in einem echten Bett so richtig zu genießen. Es war also so weit. Der Tag war gekommen, heute würde ich zu meiner zweiten Weltumseglung innerhalb eines Jahres starten. Als ich aufstand, setzte eine leichte Unruhe bei mir ein. Bis zu diesem Augenblick war ich so sehr damit beschäftigt gewesen, die AVIVA auszurüsten, dass ich kaum über die ungeheuere Dimension meines Unterfangens nachgedacht hatte. Ich war noch nie einhand gesegelt, noch nicht eine einzige Minute, mit keinem einzigen Boot! Jetzt, am Tag des Starts, als es kein Zurück mehr gab, ausgerechnet jetzt begann ich darüber nachzudenken. Zweifelte ich wirklich daran, es schaffen zu können? Nein. Die Handhabung der großen Segel konnte schwerer als vorgestellt werden, aber zum einen würde ich bestimmt immer einen Weg finden, und zum anderen würde ich mich daran gewöhnen. Wie kam ich wohl mit der Einsamkeit zurecht? Aber auch diesen Gedanken schob ich konsequent beiseite. Ich konnte mir keine einzige Gefühlslage vorstellen, die mich dazu bringen würde, dieses Projekt scheitern zu lassen. Ganz gleich, wie schlimm es käme, ich würde immer einen Ausweg finden. Außerdem wollte ich den Beginn meiner Reise weder mit Ausstiegsängsten noch mit negativem Denken belasten.

Harry war bereits auf und wuselte nervös herum, seine Anspannung war ihm deutlich anzumerken. Er hatte uns ein reichhaltiges Frühstück zubereitet, danach warteten wir immer ungeduldiger auf das Taxi, das wir am Abend zuvor bestellt hatten. Die vereinbarte Zeit verstrich – kein Taxi kam. Wir warteten. Irgendwann begann ich nervös zu werden. Verdammt nochmal, ich würde zu meinem eigenen Start zu spät kommen. Endlich erschien das Taxi – mit einer geschlagenen halben Stunde Verspätung. Kaum waren wir losgefahren, fiel uns ein, dass wir das Essen, das wir für Harry und Neil gekauft hatten und nach Plymouth mitnehmen wollten, vergessen hatten. Doch eines war sicher: Mir würden sie bestimmt nichts wegessen!

Bei den Gunwharf Quays wimmelte es nur so von Menschen, viele begannen bereits, sich direkt auf dem Kai zu versammeln. Die Sonne schien, kein Lüftchen rührte sich, doch es war beißend kalt – ein wunderschöner Wintertag. Das gesamte technische Team war anwesend, wir sprangen hinüber auf die AVIVA und gingen unter Deck, außer Sichtweite der Zuschauer. Dort standen schon Andrew, Alistair Hackett und Matthew Ratsey, der Elektronikzauberer Keith

Baxter, die Rigger Neil Gledhill und Peter Lucas, der Ingenieur Peter Pearce und der Bootsbauer Paul Tanner lachend und Witze reißend herum. Sie hatten so unglaublich hart daran gearbeitet, die AVIVA rechtzeitig fertig zu bekommen. Und sie würden sich während der kommenden 29 000 Seemeilen bereithalten, um jedes anfallende Problem zu lösen. Von allen Anwesenden waren sie diejenigen, die am besten einschätzen konnten, was vor uns lag und welche Leistung mir und AVIVA abverlangt werden würde. An ihren Gesichtern und an ihrem Lächeln konnte ich ablesen, dass sie an mich glaubten – dass sie der Meinung waren, ich hätte das Zeug dazu. Sie schenkten mir ein äußerst vielseitiges Multitool und eine Karte mit freundlichen Wünschen von jedem Einzelnen. Ich war so gerührt von dem Geschenk, dass ich es gleich an meinem Gurt befestigte.

Zu meinem Abschied waren auch alle Global-Challenge-Skipper angetreten, sogar viele Crews mit ihren Freunden und Familien waren gekommen. Es gab ein riesiges Hallo, unzählige Fotos wurden geschossen, zahlreiche Reden gehalten – eine Verabschiedung im großen Stil. Sir Chay Blyth hielt eine Ansprache. Er erzählte, wie es vor 35 Jahren gewesen war, als er genau in derselben Lage war wie ich jetzt, und sagte, ich sei zwar die richtige Person für diese Unternehmung, aber das Abenteuer sei nicht weniger groß, und zuweilen könne die Lage äußerst bedrohlich werden. In diesem Augenblick sah ich zu Mum hinüber. Tränen liefen über ihr Gesicht, und sie umklammerte Janes Hand so fest, dass sie ganz weiß war. Mums Weinen griff mir so sehr ans Herz, dass ich mich zusammenreißen musste, um nicht selbst auch noch damit anzufangen.

Als ich dann oben an der Gangway zum Ponton stand, blickte ich erstaunt auf eine Wand von Fotoapparaten. Es war mir so peinlich, dass ich mich instinktiv hinter jemand verstecken wollte – leider war niemand da. Bis ich wieder an Bord der AVIVA gelangt war, standen bereits Hunderte Menschen auf dem Kai. Es war einfach überwältigend.

Ganz still wurde es, als der Kanonikus von Portsmouth, David Brindley, die AVIVA segnete. Ich nahm Mum, die schon wieder weinte, ganz fest in die Arme. Jane war einfach wunderbar. Sie sagte mir, wie stolz sie auf mich sei, und drückte mich lange. Fast schien es, als wolle sie mich nie wieder loslassen. Dann übernahm Kapitän Andrew das Ruder, Harry, Neil und die Jungs lösten die Leinen. Sobald wir auf der Höhe von Southsea Castle waren, sprangen sie in ihr Schlauchboot, und ich segelte eine Weile allein. Die symbolische

Solofahrt dauerte nur so lange, bis ich weit genug von Portsmouth weg war. Dann wurden Harry und Neil wieder heraus zur Aviva gebracht, und wir segelten gemeinsam nach Westen zu unserem nächsten Stopp in Plymouth.

Während wir zu dritt durch den Kanal liefen, tätigte ich die letzten Anrufe. Dabei ging ich noch einmal mit Mike Broughton die Wettervorhersagen durch. Mike ist Meteorologe und war mein Router. Er würde mir jeden Tag alle Wetterberichte und die entsprechenden Kursempfehlungen übermitteln. Langsam begann ich mich zu freuen. In Plymouth tankte ich die Aviva randvoll mit Wasser und Treibstoff. Dann fuhren wir in den Plymouth Sound hinaus. Während mir die Männer dabei halfen, das Großsegel zu setzen, dachte ich: Das ist für lange Zeit das letzte Mal, dass dir jemand hilft. Sie schossen noch einige Fotos und verabschiedeten sich – ein äußerst bewegender Augenblick. Besonders der Abschied von Harry fiel mir unglaublich schwer – wie gut, dass wir nicht allein waren. Aber als er sich wegdrehte, fing ich doch an zu schluchzen. Dann richtete ich mich an dem Gedanken auf, dass meine Leistung alle stolz machen würde. Sie sollten stolz sein auf die ganze Arbeit, die sie in dieses Projekt gesteckt hatten und letzten Endes auch auf mich.

Aviva nahm Kurs auf Lizard Point, und als das Land achteraus im grauen Dunst versank, wurde mir deutlich, worauf ich mich eingelassen hatte. Jetzt war ich zum ersten Mal in meinem Leben wirklich allein. Ich stand an Deck und wusste eine Weile nicht, was ich mit mir anfangen sollte. Unter Deck gehen wollte ich eindeutig nicht. Zum Entspannen war ich ohnehin zu unruhig, geschweige denn, mich mit etwas zu beschäftigen. Also fand ich eine echt englische Lösung: Ich braute mir eine Tasse Tee, wickelte mich warm ein und setzte mich ins Cockpit, während wir zur Startlinie liefen.

Allein unterwegs

Am 21. November 2006, um 13.49 Uhr, überquerte ich die Startlinie. Ich platzte fast vor Glück und Aufregung. Es war geschafft: Endlich begann das Abenteuer. Das große Code-Zero-Vorsegel war gesetzt. Ich drehte auf Südwestkurs, und AVIVA beschleunigte zielstrebig, bis wir mit zehn Knoten durch das Wasser glitten. Schon bald verschwand das Land achteraus unter der Kimm. Den ganzen Tag lang segelten wir unter klarem Himmel und fahler Sonne, ich fühlte mich wunderbar. Die Wettervorhersage war sehr gut und versprach Winde von achtern, die uns durch den Golf von Biskaya schieben würden. Wenn dieses Wetter einige Tage anhielt, dann konnten AVIVA und ich einen richtigen Sprintstart hinlegen.

Alles lief hervorragend, bis um etwa 16.00 Uhr, als die Part in der Halstalje des großen Code-Zero-Vorsegels riss. Weil jetzt nichts mehr das Luvliek des Segels am Bugspriet stramm hielt, flatterte das Code Zero wild umher. Das war etwas, worauf ich nicht vorbereitet war, denn das Code Zero war erst fünf Tage vor meiner Abfahrt geliefert worden, und ich konnte es heute zum ersten Mal setzen. Die ganze folgende Stunde verbrachte ich damit, das riesige Segel auf das Vordeck zu zerren. Adrenalin tobte in meinen Adern, fluchend kämpfte ich gleichzeitig mit dem Fall und dem Tuch. Kaum hatte ich ein Stück des flatternden Segels gebändigt, schon füllte es sich an einer anderen Ecke wieder mit Wind und entwischte mir. So ging das nicht, ich musste mir etwas anderes ausdenken. Also beschloss ich, es in den begrenzten Raum des Mastgartens zu zerren, dort konnte es weniger leicht entwischen. Endlich gelang es mir, das Tuch Stück für Stück so zusammenzuraffen, dass ich es in den Niedergang hinunterziehen konnte.

Um unser Vorankommen nicht zu unterbrechen, setzte ich das kleinere Yankee und das Sturmsegel. Nach einer kurzen Verschnaufpause machte ich mich auch wieder an das Code Zero. Es durch den Salon in die vordere Segellast zu transportieren, wo ich es zum Reparieren ausbreitete, war fast ebenso anstrengend wie die Aktion vorhin an Deck. Erschöpft machte ich mich daran, am letzten halben Meter des Luvlieks eine neue Gurtbandverlängerung anzubringen. Dafür brannte ich mit einem heißen Messer drei Löcher in den

Stropp und befestigte es mit einer Schraubverbindung. Jetzt brauchte ich nur noch auf ruhiges Wetter mit wenig Seegang zu warten, dann konnte ich dieses Riesensegel wieder in die Rollrefftrommel einfädeln und setzen. Bis es so weit war, sollten allerdings noch zwei Wochen vergehen.

Geschafft! Ich war zwar richtig ausgelaugt, doch auch heilfroh, dass es mir gelungen war, das Segel zu bergen, ohne es zu beschädigen. Als ich mich wieder mit dem Segeln beschäftigte, sah ich auf der Logge, dass die AVIVA mit dieser konservativeren Segelkonfiguration ebenso schnell, ja zuweilen sogar etwas schneller war. Theorie und Praxis! Es geschieht doch nichts ohne Grund! Ich glaubte, mir hätte die Natur gerade den Rat gegeben, die Segel während meines Lernstadiums beizeiten zu wechseln.

In dieser ersten Nacht fand ich überhaupt keinen Schlaf. Fast jede Stunde gab es etwas zu tun. Doch das war mir egal, denn der Wind war dabei aufzufrischen, und ich war ohnehin zu nervös, um mich auszuruhen, auch wenn ich die dazu nötige Zeit gehabt hätte. Gegen Mitternacht tat es einen lauten Schlag. Ich schaute nach vorne und sah, dass das Yankee-Vorsegel losgekommen war, die Reffleine war gerissen. Umgehend suchte ich eine Ersatzleine heraus, schnappte mir meine Stirnlampe, hangelte mich nach vorne und setzte mich in der Dunkelheit auf den Bug. Dabei rollte und stampfte die AVIVA mit voller Geschwindigkeit durch die Wellen, denn der Wind kam mit gut 30 Knoten fast von achtern. Ich leuchtete mit meiner Stirnlampe auf die Rollreffanlage, führte die neue Leine in die Refftrommel ein, ging zurück und rollte das Segel ein.

Von diesem Augenblick an ließ mich die Angst nicht los, denn die Leine konnte jederzeit wieder durchscheuern. Ich bin bestimmt alle halbe Stunde einmal nach vorne geschlichen, um nachzusehen, ob alles in Ordnung war, und beim ersten Tageslicht suchte ich nach dem Grund für das Durchreißen. Ich sah, dass die Leine immer dann an der Kante der Refftrommel schamfilte, wenn das Segel teilweise gerefft war. Also baute ich nach hinten einen weiteren Umlenkblock ein, um den Anstellwinkel der Leine zu ändern. Dann nahm ich die beiden zerrissenen Teile und legte sie an Deck, um sie trocknen zu lassen. Ich würde sie später spleißen und danach wieder benutzen können.

Inzwischen waren wir zwei Tage unterwegs, ich überprüfte den Kurs auf den Karten und freute mich, wie gut mein Boot und ich vorangekommen waren. Wir hatten bereits die portugiesische Küste erreicht und segelten weiter nach Süden, noch immer trieb uns der Wind mit zehn Knoten vor sich her. Obwohl die hohe Geschwindigkeit das Leben an Bord unbequem machte, atmete ich auf, denn der unberechenbare Golf von Biskaya lag hinter uns. Da die AVIVA vor den Wellen lief, rollte und stampfte sie ohne Ende. Ich brauchte für alles, was ich tat, länger als vorgesehen. Von Routine keine Spur. Manchmal wurde mir ganz Angst vor meiner Unternehmung und den endlosen Meilen, die noch vor uns lagen. Ich hoffte, dass sich die Routine einstellen würde, sobald sich das Wetter beruhigt und ich mich an den Gedanken gewöhnt hatte, dass ich auf einer Rekordfahrt war.

Seit Plymouth hatte ich kaum ein Auge zugemacht, mein Körper ernährte sich von Adrenalin, Appetit hatte ich keinen. Als die frischen Nahrungsmittel schlecht wurden, kippte ich sie einfach über Bord. Dann endlich, am Ende der ersten Woche, begann eine Art von Routine einzusetzen, und es gelang mir, ein wenig zu entspannen. Je mehr wir die Breitengrade hinter uns ließen, desto wärmer wurde es, und ich konnte meine mittlere Fleeceschicht loswerden. Ich musste grinsen, hier wurde sogar die Milch sauer. Überhaupt: So langsam begann es mir Spaß zu machen.

Je mehr Routine ich gewann, desto schneller verliefen die Tage. Die Nachtstunden aber waren eigenartig und zogen sich endlos hin, obwohl ich immer alle Hände voll zu tun hatte, die Segel zu reffen oder zu heißen. Wenn ich mich dann doch zum Schlafen oder Ausruhen hinlegte, wachte ich jede Stunde einmal auf. Dann machte ich einen Eintrag in das Logbuch und ging an Deck, wo ich Segeltrimm und Rigg überprüfte. An den stündlichen Logbucheintrag hatte ich mich bei der Global Challenge so sehr gewöhnt, dass ich es einfach nicht lassen konnte.

Viele Solosegler gehen vor einer Fahrt zu einem Schlafspezialisten, mit dessen Hilfe sie das für sie beste Schlafmuster ausarbeiten. Ich hatte dazu keine Zeit gehabt, also musste ich es selbst herausfinden. Leider war das nicht so einfach wie gedacht. Meistens fühlte ich mich in der Koje nicht wohl. Bei der Vorbereitung hatten wir alle Crewkojen ausgebaut und zusätzliche Treibstofftanks installiert. Den großen Treibstoffvorrat brauchte ich unbedingt, um den Generator ununterbrochen laufen lassen zu können, denn die durchgängige Stromversorgung war absolut notwendig, um die Navigations- und Kommunikationsgeräte und den Autopiloten rund um die Uhr betreiben zu können. Im Salon war dann eine Koje eingerichtet worden, von wo aus ich die Instrumente und den Radarschirm am

Kartentisch im Auge behalten konnte. Diese Koje war eine Spezial-anfertigung extra für mich, in der ich mich eigentlich gut ausruhen sollte, die Wirklichkeit sah allerdings anders aus. Ich benutzte sie nur äußerst selten, viel lieber lag ich zusammengekrümmt wie ein Embryo hinter dem Kartentisch. Dort döste ich unter meiner Fleecedecke vor mich hin oder fiel in einen kurzen Schlaf. So konnte ich bei schlechtem Wetter immer schnell hoch an Deck klettern, und kaum war ich zurück unter Deck, schälte ich mich nur aus meiner Schlechtwetterjacke. Alles andere blieb angezogen. Bei besserem Wetter konnte ich weitere Lagen Kleidung ablegen und – welch krönender Luxus – manchmal sogar meine Stiefel.

Ich lernte, dass man intensiver auf unterschiedliche Geräusche lauscht, wenn man allein segelt. Segelt eine Yacht am Limit, ist der Lärmpegel sehr hoch, aber gerade dadurch hört man gleich, wenn etwas nicht in Ordnung ist, und meistens weiß man auch sofort was. Ein neues Geräusch oder eine Abweichung vom normalen Geräuschmuster jagt einen Segler sofort zur Kontrolle an Deck. Daher war es eigentlich nicht der Tag- und Nachtrhythmus, der mein Schlafmuster bestimmte, vielmehr waren es die Wetterwechsel und die Änderungen der Hintergrundgeräusche, die meinen Schlaf beeinflussten. Meistens lag ich zusammengekrümmt hinter dem Kartentisch, hielt die Augen geschlossen und tat so, als ob ich schliefe. In Wirklichkeit aber lauschte und lauerte ich auf jedes außergewöhnliche Geräusch.

In den ersten Wochen war jedes kurze Wegnicken ein Als-ob-Schlaf. Allmählich aber wurden diese Schlafpausen von 20 Minuten, manchmal sogar 40 Minuten, zur Gewohnheit. War alles in Ordnung und ruhig, döste ich vor mich hin. Sobald aber ein abweichendes Geräusch ertönte oder der Radar- oder Instrumentenalarm meldete, dass der Wind sich geändert beziehungsweise der Autopilot den Kurs verloren hatte, wachte ich auf. Seit ich eine 24-Stunden-Wache hatte, war diese Fähigkeit, mit kurzen Schlafpausen zurechtzukommen, ein wahres Geschenk. Oft reichte schon ein schnelles Schläfchen, und meine Batterien waren wieder voll aufgeladen. Manchmal, wenn ich gar nicht einschlummern konnte, ging ich noch ein wenig auf Deck umher oder schrieb einen Eintrag ins Logbuch. Der Trick war, sich einzureden, eine Pause gemacht zu haben. Dieser mentale Selbstbetrug, im Zusammenspiel mit der Fähigkeit nur kurz wegzudösen, half mir in manchen Situationen, über lange Zeit wach zu bleiben. Ich sollte schon sehr bald herausfinden, wie wertvoll diese Eigenschaft ist, denn immer wieder waren die Wetterbedingungen so unbeschreiblich grausam, dass es durch die Bewegungen und den Höllenlärm im Boot einfach unmöglich war zu schlafen.

Das erste Wochenende auf See sollte zu einer besonderen Prüfung werden und begann damit, dass ich die letzten Brotscheiben über Bord warf, obwohl ich noch nicht alle erforderlichen Kalorien zu mir genommen hatte. So würde ich mir keine Marmitebrote mehr streichen können, sondern ordentliches Essen kochen müssen, was ich auch tat. Dann feierte ich meine erste Woche auf See mit einer Dusche, zog frische Shorts an und fühlte mich gleich wie neugeboren. Schließlich warf ich einen zweiten Blick auf die E-Mail von Mike Broughton, der mir ein tropisches Tiefdruckgebiet ankündigte, das sich schnell nach Osten bewegte. Mike meinte, es werde gegen Mittag des folgenden Tages südlich von uns vorbeiziehen. Er schlug vor, den günstigen Wind in seinen nordwestlichen Ausläufern zu nutzen und mich davon in Richtung Tropen schieben zu lassen. Allerdings hatte er noch eine kleine Warnung angefügt: *Das Tief führt einige Sturmböen mit sich.*

Ich machte mir keine besonderen Gedanken über dieses Tief, obwohl ich genau wusste, dass jedes tropische Tief ein unberechenbares und schnell vorantreibendes Phänomen ist. Was allerdings in der folgenden Nacht über uns hereinbrach, war völlig unerwartet. Mikes Warnung war die Untertreibung schlechthin, auf uns lauerte der bislang stärkste Sturm meines Lebens.

Den ganzen Tag über stieg die Windgeschwindigkeit an, ich reduzierte das Groß Reff um Reff, rollte die Vorsegel ein, setzte mich hin und wartete. Dabei schaute ich immer wieder nervös auf den Windmesser und sah, wie die Zahlen immer weiter nach oben wanderten. Jede Bö war stärker als die vorherige. Als der Wind auf über 60 Knoten stieg, wusste ich, dass ich das Groß einholen musste. Falls das so weiterging, konnte ich nur unter Sturmsegel bleiben, denn ein zerrissenes oder mit der Hand geflicktes Groß für die nächsten 28 000 Seemeilen war das Letzte, was ich brauchte. Es würde jedoch sehr schwer werden, das Groß die ganze Mastschiene herunterzuholen und festzuzurren.

Der Wind legte weiter zu, gerade waren es noch 60 Knoten gewesen, schon fegte er mit 76 Knoten über das Deck. Das Meer hatte alle Farbe verloren, das Wasser war pechschwarz, der Orkan riss weiße Gischtfetzen von den Wellenkämmen ab, trieb sie durch die Luft oder wie bleiche Zornesadern an den Vorderseiten der Brecher hinunter. Wenn sie über uns zusammenbrachen, krachte von oben tonnenschweres festes Wasser auf das Deck, Wasserkaskaden schossen die Seitendecks entlang und in das Cockpit hinein. Der Wind kreischte in der Takelung, wütete regelrecht, und es war so viel Salz in der Luft, dass ich trotz der festgezurrten Kapuze meiner Jacke, die ich mir bis auf einen winzigen Sehschlitz unter der Klappe zusammengezogen hatte, kaum atmen konnte.

AVIVA torkelte in die Dunkelheit hinein. Gnadenlos schraubte sie sich über jede Welle. Ich musste unbedingt das Großsegel herunterholen! Also pickte ich den Lifebelt ein und machte mich bereit, versuchte dann aufzustehen, was nicht so einfach war. Irgendwann überlegte ich mir, dass es sicherer sei, auf allen Vieren zum Mast zu kriechen, und machte mich auf Händen und Füßen auf den Weg. Mir war dabei äußerst mulmig zumute, deshalb kroch ich wieder zurück, legte zusätzlich die Rettungsweste an und schob und zerrte mich erneut nach vorne. Ich packte das Fall genau in dem Augenblick, als AVIVA in ein Wellental hineinkippte. Der Zug durch die Bewegung war so stark, dass ich die Hand öffnen und es loslassen musste. Diese Wetterbedingungen lagen jenseits meiner Kräfte, nicht einmal ein Stück Leine konnte ich bei diesen ungeheuren Sturmkräften festhalten. Schnell laschte ich den Block fest, damit das Fall nicht herumschlug.

In den nächsten eineinhalb Stunden klammerte ich mich an den Mast und zog mit aller Kraft am Großfall. Doch Reibung und Winddruck waren so stark, dass der Kopf des Segels sich nicht von der Stelle rührte. Dennoch durfte ich einfach nicht aufgeben. Schließlich gelang es mir, das Segel Ruck für Ruck herunterzuholen. Dann griff ich mir das Ende des Falls und belegte es. Ich band das Segel so ordentlich wie möglich zusammen, damit Wellen und Wind es nicht beschädigen konnten. Inzwischen war ich am ganzen Körper klitschnass, so viel zur Dusche von vorhin! Immerhin war das Wasser, das sich weiter über uns ergoss, wärmer als der Regen, der jetzt niederging. Wenn ich etwas Vergleichbares in den Südlichen Ozeanen schaffen musste – was gar nicht so unwahrscheinlich war –, dann würde das eine völlig andere Sache werden.

Und weiter preschte die AVIVA die riesigen, steilen Wellen hinab, was für den Autopiloten Schwerstarbeit bedeutete, er musste sie schließlich auf Kurs halten. Plötzlich sah ich, dass eine der beiden austauschbaren Anlagen kein Hydrauliköl mehr hatte. Das glitschige Zeug hatte sich über das gesamte Cockpit ausgebreitet. Für eine

Weile übernahm ich selbst das Ruder. Als ich merkte, dass der andere Autopilot mit dem Seegang zurechtkommen würde, schaltete ich von Pilot 1 auf Pilot 2 um, der sofort mit einem beruhigenden Brummen ansprang. Nach diesen langen, anstrengenden Stunden pochte der Schmerz in meinen Händen und Beinen, aber ich war total aufgedreht. An Schlaf war nicht zu denken. Außerdem, jetzt, da die Segel in Sicherheit waren, brauchte ich nur Kurs zu halten. Also pickte ich mich beidseitig ein, damit ich nicht seitlich fallen konnte.

Endlich brach der Morgen an, und ich starrte mit erschrocken Augen auf die wilde Szenerie um mich herum. Gleichzeitig durchschoss mich eine fast berauschende Euphorie. Diese extreme Gewalt der Natur hatte ich überlebt – unbeschreiblich! Innerhalb der nächsten vier Stunden verzog sich der Sturm, gegen Mittag legte sich der Wind völlig und hinterließ eine lange, unbequeme See. Das Eigenartige daran war, dass die AVIVA in die eine Richtung gesegelt war, während der Sturm in die entgegengesetzte weiterzog. Nun ja, dachte ich, das Gute an einem tropischen Sturm ist, dass er schnell vorbeizieht. Auch das würde in den Südlichen Ozeanen anders werden.

Wieder erhielt ich eine E-Mail von Mike Broughton: *Das kapriziöse tropische Sturmtief ...! Sieht so aus, als hättest du eine scheußliche Nacht gehabt. Ein tropisches Tief ist sehr selten in dieser Gegend, und es bewegt sich unglaublich schnell nach Osten.*

Wie recht er doch hatte. Der Wetterbericht zeigte, dass das Tiefdruckgebiet weiter ungehindert nach Osten zog und dabei immer größer wurde. Wie gebannt starrte ich auf die Wetterkarte. Ich konnte sehen, dass ich Glückspilz nur den Rand gestreift hatte. Es hätte ganz anders aussehen können, wenn ich in Luv die östliche Seite seines Zentrums getroffen hätte.

Ich war schwer beeindruckt von der AVIVA und mir, hatten wir doch dem Sturm ganz allein die Stirn geboten. Ich war unverletzt, mein Humor ungedämpft und die AVIVA absolut heil geblieben, samt all ihren Segeln. Ein großartiges Gefühl. Jetzt wollte ich erst einmal einige Stunden lang ausruhen und es einfach laufen lassen. Diese kleine Erholungspause, während der Seegang ein wenig nachließ, gönnte ich mir. Langsam sank auch mein Adrenalinspiegel, und ich merkte, wie sehr mein Körper schmerzte. Bald schon würde ich wieder mehr Segel setzen. Am Nachmittag zeigte das Barometer steigenden Druck an, was auf stabilere Wetterbedingungen hinwies. Also heißte ich das Großsegel bis zum dritten Reff, und die AVIVA legte sich willig ins Zeug. Danach führte ich eine Halse durch und entrollte vorsichtig ein kleines Stück der Vorsegel. Die härteste

Nacht, die ich je erlebt hatte, lag hinter mir; falls ein weiterer 70-Knoten-Sturm in den Südlichen Ozeanen vor mir läge, wäre ich durch diese Übung gut gerüstet – glaubte ich.

Bald stellte sich eine Art unbehaglicher Normalität ein. Irgendwie hatte ich das Bedürfnis, jemandem zu erzählen, was ich durchgemacht hatte. Also rief ich Harry über Satellitentelefon an. Das überraschte ihn, er hörte mir mit spürbarem Entsetzen zu. Für mich war der beruhigende Klang seiner Stimme einfach wunderbar. Meine Sehnsucht nach ihm war so groß, doch ich durfte meinen Gefühlen keinen freien Lauf lassen. Also versprach ich, die nächsten 24 Stunden ruhig angehen zu lassen. Zugegeben, diese Unternehmung sei ja wirklich ein wenig verrückt, aber einige Teile davon würde ich bestimmt großartig finden, sagte ich. Ja, ich sei ziemlich sicher, dass ich sie zu Ende bringen würde … Es war eine Art Gesprächstherapie für mich, und als wir das Telefonat beendet hatten, fühlte ich mich erheblich besser.

Gegen Mittag des nächsten Tages setzte ich alle Segel, und mein Boot zog dahin wie im Traum. Aviva flog geradezu in Richtung Süden, der Seegang hatte nachgelassen, jetzt waren ihre Bewegungen nicht mehr so unangenehm. Also beschloss ich, die Entsalzungsanlage anzuwerfen und die Tanks zu füllen. Ich schaltete ein und wartete. Nichts. Ich überprüfte alles nur Erdenkliche wieder und wieder. Fassungslos dachte ich: Es ist doch immer wieder was anderes los! Sowie ich die Hochdruckpumpe der Entsalzungsanlage anwarf, schaltete sich der Generator ab. Ich schickte dem Team in Plymouth eine E-Mail und wartete auf Antwort. Kurz darauf traf eine ganze Reihe Anweisungen von unserem Ingenieur Peter Pearce ein. Ich las sie mir durch: Prima, das sah ja ziemlich leicht aus! Bis zum Abend konnte ich das locker hinkriegen.

Um 02.00 Uhr morgens des folgenden Tages lief die Entsalzungsanlage noch immer nicht. Langsam verlor ich die Geduld. Das Shore Team in Plymouth hatte eine identische Anlage auseinandergenommen, damit man mir Schritt für Schritt beschreiben konnte, wie ich vorgehen musste. Obwohl ich diese Anweisungen genauestens befolgt hatte, war es mir weder gelungen, die Hauptpumpe noch die Ersatzpumpe anzuwerfen. Am Ende des Tages mailte ich ihnen ein weiteres Mal:

Ihr Lieben, schrieb ich, *ich würde euch ja anrufen, aber im Augenblick bin ich nur am Heulen. Jetzt liegen zwei nicht funktionierende, auseinandergenommene Hochdruck-*

pumpen vor mir. Wie zum Teufel kann es sein, dass ich
gleich zwei Pumpen an Bord habe, die nicht funktionieren?

Vor lauter Frust feuerte ich ein paar Werkzeuge durch die Gegend, konnte aber nichts tun, außer bis zum nächsten Morgen zu warten und dann das Team anzurufen.

Am folgenden Tag meldete ich mich bei Andrew Roberts so früh wie möglich. Der hatte das schon geahnt, mit dem Pumpenhersteller gesprochen und eine Lösung für mich ausgearbeitet. Es war ja so einfach. Als die Pumpen gewartet worden waren, hatte man das Pumpengehäuse nicht gleichmäßig festgezogen. Da ging es hin, mein schwer erkämpftes Selbstbewusstsein. Es zerbarst in tausend Stücke. Was für ein Versager ich doch war! Ich konnte ja nicht einmal eine einfache Hochdruckpumpe zum Laufen bringen. Wie um Himmels willen sollte ich wohl um die Erde segeln können?

Völlig frustriert ging ich in den Ölzeugraum zurück, wo die Entsalzungsanlage stand, und setzte mich zwischen die Werkzeuge und Pumpenteile. Der Tag wurde immer heißer, Schweiß lief in kleinen Bächen an mir herunter, die Luft unter Deck wurde immer stickiger. Schließlich, gegen Ende des Nachmittags, nach geschlagenen 24 Stunden, die ich mit der Wartung der Entsalzungsanlage verbracht hatte, konnte ich endlich Andrew anrufen und ihm sagen, dass sie wieder funktionierte und die Tanks gerade gefüllt wurden. Bis ich aufgeräumt hatte, war ich fast verhungert. Also machte ich mich daran, mir ein gigantisches Thunfischnudelgericht zu kochen.

Am Ende der zweiten Woche hatte ich bereits die Ausläufer der Tropen erreicht. Ein erstes Anzeichen dafür waren die Fliegenden Fische, die auf ihrer Flucht vor einem Fressfeind unglücklicherweise auf dem Deck gelandet waren. Wenn ich jetzt am frühen Morgen meinen Kontrollgang an Deck machte, um das Boot auf Beschädigungen und das Tauwerk auf Scheuerstellen hin zu überprüfen, musste ich die Kadaver zu meinem Grausen wieder über Bord fegen. Ich mag Fisch im Allgemeinen weder ansehen noch anfassen. Bei den Fliegenden Fischen ist das Unheimlichste ihre stachelige Rückenflosse und dass sie Schuppen verlieren, wenn man sie anfasst. Während sie knapp über dem Wasser zwischen den Wellen schwirren, sehen sie so unglaublich schön aus. Tot und trocken ist das schon etwas anderes.

Jetzt waren die Tage wunderbar. Die AVIVA segelte in den gleichmäßigen Passatwinden zufrieden vor sich hin. Ich setzte mich bei jeder sich bietenden Gelegenheit an Deck und genoss die Sonne. Die

See um mich herum leuchtete in einem tiefen Blau, dazwischen blitzte ab und zu das Weiß eines Wellenkamms. Ein- oder zweimal kam eine Schule neugieriger Delfine heran und tummelte sich spielend in der Bugwelle. Als wir die Kapverden passierten, war ich mit unserem Fortschritt in Richtung Süden richtig zufrieden. Ich hatte zwar den einen oder anderen kleinen Gewissensbiss, weil ich vielleicht nicht hart genug arbeitete, aber ich genoss es, gut zu essen und zu schlafen. Ich wollte ausreichend Kraft getankt haben, wenn wir die Doldrums erreichten. Die Doldrums oder auch Kalmen genannt, sind ein Windstillengürtel am Äquator, in dem es schwere und unvorhersehbare Gewitter geben kann. Diese Zone ist ziemlich frustrierend, nicht nur wegen der häufigen Segelwechsel und der damit verbundenen harten Arbeit, und wir waren ihr schon ziemlich nahe.

Anfang Dezember waren die Open-60-Yachten nach dem großen französischen Rennen über den Atlantik, der Transat Jacques Vabre, von Brasilien aus zu ihrer Rückfahrt nach Europa gestartet. Mike Golding hatte mit seiner ECOVER teilgenommen, und ich hörte, dass Gringo, der nach Southampton zurücksegelte, gerade in meiner Nähe war. Also meldete ich mich über Funk. Dabei erzählte er mir, dass sie die Doldrums schnell durchquert hatten, weil genug Wind vorhanden war. Das hob meine Stimmung, wir scherzten und unterhielten uns über die selbstgemachten Butterkekse seiner Mutter. Mrs. Tourell hatte auch mir einige Dosen voll mitgegeben, doch ich hatte noch keinen einzigen gegessen. Wir meinten, es sei schon verrückt, so nah aneinander vorbeizusegeln, ohne uns zu sehen, dann wünschten wir uns alles Gute.

Meine Unterhaltung mit Gringo machte mir wieder einmal klar, wie sehr ich andere Menschen vermisste. Dabei war ich erst zwei Wochen auf See, und es würden noch weitere 20 Wochen folgen. Ich fragte mich, ob das so bleiben oder ob ich mich in eine eigene, isolierte Welt abkapseln würde. Dann durchblätterte ich mein Tagebuch. Dabei fiel mir auf, dass ich den Ton äußerst sachlich gehalten und meine Emotionen verborgen hatte. Die Beschreibung, wie zügig die AVIVA unter diesen hervorragenden Segelbedingungen vorankam, war ziemlich langweilig, meinen Beobachtungen mangelte es an Begeisterung, und ich beschloss, offener zu werden und ein wenig mehr von meinen Gefühlen preiszugeben.

Mike Broughton schickte mir weiter jeden Tag neue Wetterinformationen und Analysen. Seine Vorhersage für die Doldrums war ziemlich gut. Langsam ließ der Passat nach, das Wetter wurde wechselhafter, plötzlich tauchten ab und zu Regenschauer auf. In der Nacht weckte mich der Radaralarm, wenn das Gerät einen davon entdeckt hatte. Ich wartete ständig darauf, dass sich der Wind ändern würde, mir war heiß, und ich war müde. Unterdessen wurde die Liste der zu verrichtenden Aufgaben immer länger. Als ich die Bilge reinigte, stieß ich auf einen Treibstofffleck. Er war nur klein und nicht leicht zu finden gewesen, aber der wenige Diesel, der herausgetropft war, hatte sich ziemlich weit ausgebreitet. Jedes Mal, wenn ich eine Aufgabe als erledigt abhaken konnte, musste ich eine neue unten anfügen. *Es liegt ein weiter Weg vor mir*, lautete damals mein ziemlich undurchsichtiger Eintrag ins Tagebuch.

Ich rief Mike an und sprach mit ihm über das bevorstehende Wetter. Das fluktuierende Band der Doldrums windet sich zwischen den Passatwinden der nördlichen und südlichen Hemisphäre entlang. Es ist ständig in Bewegung, wo noch vor einigen Tagen Wind gewesen war, herrschten jetzt wechselnde Wetterbedingungen. Das war so, ich musste es einfach akzeptieren!

Am 6. Dezember war ich eindeutig mitten drin. Eine Nacht lang folgte ein Regenschauer auf den nächsten. Als sie dann endlich nachließen, hatte ich zehn Stunden Flaute. Es war wirklich frustrierend. Das einzig Gute daran war, dass ich jetzt die Luft aus der Hydraulikpumpe meines unzuverlässigen Autopiloten entfernen konnte – eine schmutzige und zeitraubende Angelegenheit und der typische Job, für den man eigentlich ein weiteres Paar Hände und Augen brauchen könnte. Doch mit ein wenig Geduld und vielen Verrenkungen, brachte ich das Gerät wieder zum Arbeiten – ohne die nervenden Alarmsignale und Fehlmeldungen. Direkt anschließend begann der Wind aus einer anderen Richtung zu wehen. Hoffentlich waren dies die Vorläufer des Südostpassats; es wäre auch das Zeichen dafür, dass ich die Doldrums durchquert hätte, dachte ich. Falls nicht, wollte ich nicht weiter festsitzen. Also nutzte ich den neuen Wind für einen so großen Schlag nach Süden, wie ich nur konnte. Ich wollte schnellstmöglich vorankommen.

Am 8. Dezember, Mums Geburtstag, überquerte ich den Äquator. Der Südostpassat war jetzt stabil, und die AVIVA machte hervorragende 15 bis 20 Knoten. Durch die neue Windrichtung segelten wir hart am Wind mit schöner Lage. Ich musste mich allerdings erst wieder daran gewöhnen, auf einem krängenden Boot zu sein. Als ich auf die Südhalbkugel wechselte, prostete ich Neptun mit einem Schluck Champagner zu, aß Schokolade und machte einige Fotos. Der nächste Meilenstein war das 3200 Seemeilen entfernte Kap

Hoorn. Ich sprach mit Mum via Satellitentelefon. Am selben Tag klingelte es noch einmal: Nick Moloney. Der australische Solosegler war mit seinem Boot auf dem Weg zurück nach Frankreich, um die Vendée Globe um die Welt zu beenden, aus der er so unglücklich am Anfang des Jahres hatte aussteigen müssen, weil sein Kiel abgebrochen war. Zwar wusste ich alles über Nick, aber getroffen hatten wir uns nie. Er erzählte von vielen Emotionen, die auch ich gehabt hatte, wir redeten übers Solosegeln, die damit verbundene Isolation und die physischen und psychischen Anforderungen, und es war einfach wunderbar, eine verwandte Seele in der Nähe zu wissen.

Bevor er auflegte, sagte Nick: »Du kannst mich jederzeit anrufen. Wenn du in den Südlichen Ozeanen bist und mal reden willst oder dich an einer Schulter ausweinen, dann ruf mich einfach an.«

Das gab mir richtig Auftrieb.

Mit dem Rückdrehen des Windes kam die Befreiung. Jetzt nahm die AVIVA ordentlich Geschwindigkeit auf. Zwar blieben die Bootsbewegungen dabei ziemlich unangenehm, aber das machte mir wenig aus, denn Geschwindigkeit war mir allemal lieber als Bequemlichkeit. Je schneller ich unterwegs war, desto eher war ich wieder zu Hause. Drei Wochen war ich nun schon allein, und ich kam gut voran und hoffte, dass ich die Geschwindigkeit auch tief im Süden beibehalten könnte. Doch lange war es mir nicht vergönnt, mich den Gedanken an meine Einsamkeit hinzugeben, denn schon wieder gab die Entsalzungsanlage auf. Also zurück in den Ölzeugraum zwischen all die Werkzeuge! Alistair Hackett und ich besprachen das Problem. Aus der technischen Besprechung wurde insgesamt ein langes Gespräch, wir quatschten und lachten über Dinge, die zu Hause passiert waren, in der, wie wir sagten, »wirklichen Welt«. Wie einfühlsam Alistair doch war! Auch von Andrew kamen aufmunternde E-Mails, die mich zu Tränen rührten, so nett waren sie.

Irgendwann aber begannen meine heftig schwankenden Emotionen außer Kontrolle zu geraten. Ich torkelte zwischen höchstem Glück und tiefster Verzweiflung innerhalb einer einzigen Stunde. Das sah mir überhaupt nicht ähnlich. Ich konnte das weder steuern noch verstehen. Erst viel später im Laufe der Reise wurde mir klar, wie stark sich der Schlafmangel auf meine Stimmungen auswirkte. Kein Wunder, dass Schlafentzug als Foltermittel eingesetzt wird. An diesem Abend brach wieder einmal die Melancholie in meine einsame Welt ein, also rief ich Harry an und schluchzte in den Hörer. Armer Harry! Er konnte ja nichts ändern, also hörte er zu. Danach fühlte ich mich viel besser und dachte: Es ist alles in Ordnung mit dir. Du schaffst es. Du hast das Boot im Griff. Kap Hoorn ist schon nicht mehr so weit. Das war es: Irgendwie fürchtete sich ein Teil von mir bereits vor dem, was dahinter kommen würde.

Verwirrungen

Die AVIVA und ich kamen nur langsam südwärts voran, und ich lernte täglich etwas dazu – meist aus Fehlern. Das Wetter war äußerst launisch. Und da ich auf jede Windänderung reagierte, kam es mir vor, als würde ich alle fünf Minuten die Segel wechseln oder an sonstwas herumfingern. So konnte das nicht weitergehen, also entschloss ich mich, eine mittlere Segelfläche zu wählen, im Schnitt war ich damit vermutlich genauso schnell. Dann lehnte ich mich ein wenig zurück und ruhte mich aus. Und siehe da, wir kamen trotz des schwachen Windes besser voran. Jetzt, da ich weniger zu tun hatte, konnte ich mich wieder auf die Probleme mit dem Autopiloten konzentrieren.

Das Shore Team hatte mir inzwischen einige E-Mails mit Anleitungen geschickt, welche Tests ich durchführen sollte. Uns war klar, dass die Alarme durch eindringende Luft in die Hydraulik zustande kamen; nicht genau wussten wir, wie sie dort hineinkam und warum sie nur den einen Zylinder und nicht auch den anderen beeinträchtigte. Deshalb musste ich die Anlagen vollständig entleeren und einige Reaktionstests an der Elektronik durchführen. Ich arbeitete mich brav durch die ganze Liste, leerte Leitungen und öffnete Entlüftungsschrauben. Die Ergebnisse notierte ich und teilte sie dem Team mit. Dann sah es so aus, als würden die Autopiloten wieder problemlos funktionieren. Die Alarme gaben Ruhe, und bei mir stellte sich vorsichtiger Optimismus ein.

Wir bewegten uns zu diesem Zeitpunkt nur äußerst schleppend durch die Tropen, doch langsam kam ein Ende in Sicht. Noch war das Wetter heiß und von Schauern unterbrochen. Wenn solch ein Regenguss auf uns herunterwusch, stellte ich mich auf das Deck und genoss den Luxus einer langen, kühlen Süßwasserdusche unter dem dunklen Himmel. Danach cremte ich meine Haut gründlich mit Feuchtigkeitsmilch ein. Es ist nicht so leicht, bei einer Fahrt durch die Ozeane sauber und trocken zu bleiben, und obwohl ich regelmäßig das Salz aus meiner Kleidung wusch, habe ich so oft und lange in dem feuchten, salzigen und verschwitzten Zeug herumgesessen, dass ich mir das allseits gefürchtete Segler-Ekzem zuzog, einen schmerzhaften und unangenehmen Hautausschlag. Im letzten Jahr auf der Global Challenge waren viele damit geschlagen gewesen. Es gab nur ein ebenso simples wie schlichtes Mittel dagegen: frische Luft und Babycreme.

Das Segeln selbst war oft von magischer Schönheit. Auf hoher See, wo der Horizont sich im Endlosen verliert, scheinen die Farben besonders intensiv zu sein, der Hintergrund aus blauer See und blauem Himmel wirkt irgendwie dramatischer, und die Sonnenuntergänge und -aufgänge sind so glühend, wie man es an Land nur selten sieht. Auf ihren tiefen Gold- und satten Rottönen schien die AVIVA in Richtung Ewigkeit zu gleiten. Jeder Sonnenuntergang leuchtete in völlig neuen Schattierungen, und an jedem Abend wurde diese faszinierende Farborgie abrupt durch den schnellen Einbruch der tropischen Nacht ausgeknipst. Dann wölbte sich eine schwarze, diamantgespickte Kuppel über uns. Da es in diesen Breiten keinerlei Streulicht gibt, leuchteten die Sterne satt und klar. Die Planeten und die Sternbilder waren deutlich zu sehen. In ruhigen Momenten versuchte ich die wenigen, die ich kannte, zu identifizieren und wünschte, mein Wissen wäre größer.

Manchmal hatte ich tagsüber und zuweilen sogar bei Nacht Begleitung, denn wieder umkreisten Delfine das Boot – ein gutes Omen. Egal wie müde oder gestresst man ist, Delfine machen immer glücklich. Ich freute mich, wenn ich im Bugkorb saß und ihrem Treiben zusah: wie sie hochsprangen und um einander herumjagten, wie sie so unglaublich elegant in der Bugwelle spielten oder aus dem Wasser schossen und wieder in die Wellen eintauchten. Der Bug hob und senkte sich dazu – fast schien es, als würden wir einer gemeinsamen Choreografie folgen.

Alle paar Tage traf ein ganzes Bündel E-Mails von Leuten ein, die meine Reise auf der AVIVA-Challenge-Website verfolgten. Ich war ganz erstaunt, wie viel Interesse meine Fahrt bisher erregt hatte. Das Durchlesen gab mir starken Auftrieb, ich mag gar nicht daran denken, wie es mir ohne diese Fanpost gegangen wäre. Auch die kleinste Anmerkung munterte mich auf, und oft dachte ich beim Lesen, dass sich die Anstrengungen bis jetzt doch gelohnt hatten.

Da der Wind zu dieser Zeit nur schwach war, schleppte ich das reparierte Code-Zero-Vorsegel von der Segellast an Deck und setzte es. Zu meiner Erleichterung stellte ich fest, dass die Reparatur gelungen war, denn auf dieses Segel konnte ich nicht verzichten, wollte ich mehr Speed machen. Um den bestmöglichen Kurs zur Spitze Südamerikas zu finden, musste ich oft halsen, trotzdem kamen wir nur äußerst langsam voran. Außerdem funktionierte einer der Autopiloten noch immer nicht richtig, was mich unterschwellig nervös machte. Wie gerne wäre ich etwas optimistischer gewesen, aber das unbehagliche Gefühl, dass ich mich nicht blind auf die beiden Helfer verlassen konnte, wollte mich nicht loslassen.

Endlich drehte der Wind und brachte von Süden eine drastische Temperaturänderung mit. Zum ersten Mal spürte ich einen kalten Hauch direkt aus der Antarktis. Durch den stärkeren Wind schien es sogar kälter an Bord zu sein, als es in Wirklichkeit war. Ich hatte mir schon eine zusätzliche Fleeceschicht angezogen, aber die Kälte kroch sogar da hindurch. Auch die Wassertemperatur begann sehr schnell zu sinken. An der wärmsten Stelle, in Nähe des Äquators, hatte sie noch 32 °C betragen. Doch diese kältere Umgebungstemperatur hatte auch den einen oder anderen Vorteil, so wurde zum Beispiel das Wasser in den Tanks ebenfalls kälter. Wenn ich jetzt das Milchpulver anrührte, schmeckte die gewonnene Milch besser, wodurch ich mich wieder auf eine Schale Müsli oder Getreideflocken freuen konnte. Also konzentrierte ich mich auf diese kleinen Freuden, um nicht an die Eiseskälte zu denken, die vor mir lag. Vor meiner Rückkehr in den Atlantik würde mir ohnehin nicht mehr richtig warm werden, zunächst musste ich aber erst einmal lebend die Südlichen Ozeane hinter mich bringen.

Kurz vor Weihnachten fiel der Wind total in sich zusammen. Das gab mir die Gelegenheit, einen Job zu erledigen, den ich schon eine ganze Weile aufgeschoben hatte. Als Vorbereitung auf das vor mir liegende schlechtere Wetter musste ich das große Yankee herunterholen und durch ein kleineres, schwereres Arbeitssegel ersetzen. Für dieses Manöver braucht man normalerweise fünf Mann; nach drei Stunden Kampf mit den Segeln war ich zwar fix und fertig – aber siegreich. Zuerst hatte ich das Ersatz-Vorsegel aus der Segellast an Deck gezerrt, dann das 90 Kilogramm schwere Yankee abgeschlagen, ausgebreitet und in den Segelsack gestaut, bevor ich das kleinere Segel, das noch immerhin 70 Kilogramm wog, anschlug und hochzog. Ich war völlig geplättet von der Anstrengung. Die Planung, die ich für jeden Schritt brauchte, strapazierte meine Geduld bis zum Äußersten, aber als ich es geschafft hatte, sah ich mit großer Erleichterung auf das Tuch. Ich wusste, dass ich eine weitere Vorbereitung für die Südlichen Ozeane erfolgreich erledigt hatte.

Am Heiligen Abend setzte schlechteres Wetter ein. Die Windgeschwindigkeit stieg an und brachte heftige Böen von zehn bis 40 Knoten mit sich. Ich testete alle vorhandenen Segelkombinationen aus und machte mir das Leben schwer. Zwischen den Segelwechseln setzte ich mich an den Kartentisch und bestimmte unsere Position. 6000 Seemeilen hatten wir schon hinter uns, also die Strecke von drei Transatlantikquerungen, und dennoch war es erst ein Bruchteil der Strecke. Was mir Angst machte, war nicht der Weg, sondern die Zeit, die noch vor mir lag. Es war schlimm genug, an Weihnachten allein zu sein, an die vielen Monate bis zum Wiedersehen meiner Familie und meiner Freunde mochte ich gar nicht denken. Jetzt, in diesem Augenblick, fuhren auf der ganzen Welt die Leute nach Hause zu ihren Eltern oder gingen mit Freunden auf ein Glas. Alles, was ich hatte, waren einige Minuten einer distanziert klingenden Unterhaltung über das knisternde und knackende Satellitentelefon. Mitten in dieser dunklen Stimmung traf eine E-Mail von Sir Chay ein.

25. Dezember 2005
12.34 Uhr GMT

Weihnachten steht vor der Tür, und ich bin sicher, dass du ein wenig sentimental und traurig bist. Keine Sorge, du bist nicht allein. Ich zum Beispiel werde ganz melancholisch, wenn ich an dich dort draußen denke und daran, wie oft ich selbst schon als Einhandsegler unterwegs war. Ich überlege, was du wohl gerade tust.
Sieh es doch so: Mit dieser einzigen Soloumseglung wirst du in die Geschichte eingehen. Keine Meile, die du hinter dir hast, wirst du je wieder segeln müssen. Ich wünsche dir ein frohes Weihnachtsfest. Überall auf der ganzen Welt fragen sich Menschen: Was wohl Dee gerade macht? Ich weiß es: Sie tut ihren Job und strengt sich dabei wahnsinnig an, die Beste zu sein.

Am ersten Feiertag wachte ich auf und sah das schlimmstmögliche Geschenk. Es war eine stürmische Nacht gewesen. Jetzt, bei Tagesanbruch, entdeckte ich, dass die Pumpe des aktiven Autopiloten schon wieder in alle Richtungen Hydrauliköl versprühte. Sofort schaltete ich auf die andere Pumpe um, damit das Leck nicht noch größer wurde. Bis ich die herausgespritzte Flüssigkeit aufgewischt und die Anlage wieder aufgefüllt hatte, verging einige Zeit. Das war der schlechteste Weihnachtsanfang, den ich mir denken konnte. Ich war völlig am Boden zerstört, dabei war ich so sicher gewesen, sie richtig repariert zu haben. Außerdem beschlich mich das dunkle Gefühl, dass dieses Problem nicht zum letzten Mal auftrat. Manchmal ist es schon schwierig, nicht zu verzweifeln.

Es war mein erstes Weihnachten, das ich völlig allein verbrachte. Ich vergoss Tränen des Selbstmitleids und Frusts und war wild entschlossen, wenigstens ein paar der Familientraditionen einzuhalten, mit denen ich aufgewachsen war. Also schmückte ich den Salon mit Lametta und Ballons, stellte einen Miniweihnachtsbaum auf, und all die Weihnachtskarten, die mir von vielen Leute mitgegeben worden waren, drapierte ich so, dass ich die Grüße und vielen guten Wünsche lesen konnte. Am Heiligen Abend hatte ich bereits alle Geschenke aus dem Spind herausgenommen, in den Harry sie so sorgfältig verstaut hatte. Hier standen sie nun am Weihnachtsmorgen und warteten darauf, von mir geöffnet zu werden. Die Spannung war noch immer so groß wie in meiner Kindheit, obwohl die Geschenke inzwischen vernünftig und »erwachsen« waren. So erhielt ich zum Beispiel eine Hand-Repaircreme für meine vom Salz ausgetrockneten Hände, einige Bücher, eine DVD mit *Sex and the City*, den perfekten 40-Minuten-Ausstiegsfilm aus der Realität, und jede Menge Schokolade. Das schenkte mir das Gefühl eines normalen Tages. Dann kramte ich eine CD mit Weihnachtsliedern heraus und sang aus voller Kehle mit, während ich die Segel nachtrimmte, damit die Aviva weiterhin gute Fahrt machen konnte.

Als ich mit dem Zustand an Deck zufrieden war, bereitete ich mir das spezielle Weihnachtsessen zu, das Allie Smith, eine Freundin und Kollegin aus den Tagen bei Mike Golding Yacht Racing, für mich zusammengestellt hatte. Allie hatte schon Mikes Boot für seine Rennen um die Welt mit Lebensmitteln versorgt, ihre Mahlzeiten waren stets in Boxen à zehn Tagesrationen verpackt. Dabei berücksichtigte sie die unterschiedlichen klimatischen Bedingungen ebenso wie die Kalorienmenge, die der Segler bei der jeweiligen Etappe benötigen würde. Des Weiteren achtete sie nicht nur auf Abwechslung, sondern sie stellte alles so zusammen, dass man nicht all das, was man besonders mochte, gleich am Anfang wegplünderte.

Da mein Lebensrhythmus bei Tag und bei Nacht völlig durcheinandergeraten und immer wieder unterbrochen würde, hatte Allie mein Essen in kleine Portionen aufgeteilt, sodass ich öfter essen und damit meinen Zuckerspiegel gleichmäßig hoch halten konnte. Es gab Müsli oder Getreideflocken zum Frühstück, abgepacktes Essen, das gleich im Beutel erhitzt werden konnte, oder gefriergetrocknete Hauptmahlzeiten, die ich mir ganz einfach auf dem einflammigen Gasbrenner heiß machen sollte. Die meisten dieser Mahlzeiten waren innerhalb von zehn Minuten fertig, denn ich brauchte nur heißes Wasser dazuzugeben und umzurühren. Meist goss ich sie in eine Schale, damit nichts überschwappte, und aß sie mit dem Löffel. Für Trockennahrung braucht man kein Messer, es hat die Konsistenz von Babybrei, leider sah es nicht immer wirklich appetitlich aus, aber es musste einfach aufgegessen werden. Hauptsache, es ging leicht hinunter und enthielt alle meiner Gesundheit zuträglichen Bestandteile. Die Freude am Essen war dabei von sekundärer Bedeutung.

Für Weihnachten aber hatte Allie sich wirklich angestrengt und ein besonderes Essenspaket kreiert, auf das ich mich ausnahmsweise richtig freute. Es gab Dosen mit gebratenem Hühnchen, gemischtes Gemüse, Kartoffelgratin, einen Weihnachtspudding mit Brandysoße und als Abschluss noch Vanillecreme. Ausnahmsweise ließ ich mir Zeit zum Essen und Genießen, es schmeckte einfach großartig und mir wurde richtig wohl. Auch draußen gab es eine Wende zum Guten, denn das Wetter hatte sich in der Zwischenzeit verbessert. Stetig zog die AVIVA vor sich hin. Es wirkte fast so, als sähe jemand zu uns herab und gönnte mir doch noch einen schönen Tag.

Doch kaum war der Feiertag vorbei, kamen alle Probleme zurück. Am zweiten Weihnachtstag drehte der Wind und kam von vorn, gleichzeitig stieg seine Geschwindigkeit auf 30 Knoten an, mit Böen bis zu 35 Knoten. AVIVA und ich segelten erneut hart am Wind, wodurch die rollenden und stampfenden Schiffsbewegungen zunahmen, und auch durch das Eintauchen in die Gegensee wurde das Leben an Bord wieder unbequem. Kaum hatte ich die Segelfläche reduziert, fing der Autopilotalarm schon wieder an zu kreischen. Ich ging zum Heckkorb zurück, wo die Pumpen des Autopiloten montiert waren, und sah, dass die im Augenblick arbeitende Pumpe, die eigentlich in Ordnung sein sollte, Hydrauliköl verlor. Also waren jetzt beide Autopiloten defekt. Das war wirklich ein Desaster! Wenn ich selber steuern müsste, könnte ich weder andere Arbeiten verrichten noch ordentlich segeln noch mit der Außenwelt kommunizieren. Während ich probehalber zwischen den beiden Pumpen hin und her schaltete, bemerkte ich, dass jede eine kurze Zeit funktionierte und dann wieder ausstieg. Also schoss ich immer schnell nach unten, um Anrufe zu erledigen und meine neuen Anweisungen vom Shore Team einzuholen, solange eine der Pumpen gerade funktionierte.

Spät am Abend gelang es uns endlich, durch systematische Elimination den Grund für die Probleme zu ermitteln: Es lag an den Vorratsbehältern, durch die Luft in das Hydrauliksystem gelangte. Die Pumpen arbeiteten bei mittlerem Seegang ganz normal, doch sobald das Boot stark krängte und sich heftig bewegte, traten die Belüftungsprobleme auf. In anderen Worten, wenn die Aviva am schwersten zu steuern war und das Ruder sich pausenlos hin und her bewegte, saugten die Pumpen durch die enorme Schräglage Luft an. Diese Bedingungen hatten wir vorher natürlich nicht austesten können. Es war eine wirklich beunruhigende Entdeckung, vor allem weil wir in Kürze 12 000 Seemeilen gegen den Wind ansegeln mussten. Die nächste Sorge, die sich aufdrängte, war die Frage, wie viel Hydrauliköl ich wohl schon zum Auffüllen des Systems verbraucht hatte. Und siehe da: Bereits die Hälfte meines Vorrats war dahin, es blieben nur noch acht Flaschen übrig. So ging es unmöglich weiter! Ich konnte es mir wirklich nicht leisten, noch mehr Flüssigkeit aus den Pumpen zu verlieren.

Wie auch immer, ohne zwei voll funktionsfähige Autopiloten konnte ich weder sicher um Kap Hoorn kommen noch in die Südlichen Ozeane einlaufen. Die Aviva war einfach zu groß, um sie per Hand durch schwierige Seeverhältnisse zu steuern. Und wenn ich das Ruder verlassen müsste, um ein Segel zu wechseln, zu reffen oder gar in den Mast wegen einer Reparatur aufzuentern, dann wäre sie außer Kontrolle. Damals waren meine Sponsoren sehr um mich und meine Sicherheit besorgt. Später erfuhr ich, dass sie Andrew immer wieder eingehend befragt hatten, ob ich wirklich sicher weitersegeln könnte. Sie wollten genauestens über die Risiken Bescheid wissen und auch über den Punkt, der nach der Entscheidung verlangte, die Reise abzubrechen. Eine der diskutierten Optionen war ein Stopp bei den Falklandinseln, wo ich entweder ankern oder an einer Boje festmachen sollte. So könnte ich die Autopiloten reparieren, während das Boot festlag, und danach das Rennen fortsetzen. Eines aber war absolut klar: Weder das Shore Team noch meine Sponsoren wollten, dass ich weitermachte, sollten die Autopiloten nicht zu reparieren sein.

Spät am Abend erhielt ich dann die E-Mail, dass eine Pressemitteilung veröffentlicht worden war, wonach mein Rekordversuch wegen Problemen mit den Autopiloten in Gefahr wäre. Ich war wie vor den Kopf geschlagen. Ich hatte noch nie im Leben versagt! Deshalb war mir auch keine Sekunde der Gedanke gekommen, dass ich dieses Unternehmen vielleicht abbrechen müsste – und das bereits vor Kap Hoorn. Je länger ich über den Grund für diese Pressemitteilung nachdachte, desto mehr ärgerte ich mich. Soweit ich wusste, sah das sogenannte *worst case scenario* lediglich einen Stopp bei den Falklands vor. Warum also verbreitete die PR-Agentur die Meldung, dass meine Alleinumseglung fehlschlagen könnte? Damals war ich so vollständig von meinen Problemen absorbiert, dass mir nicht klar war, dass sie nur auf Nummer sicher gingen. Ich aber meinte, zwischen den Zeilen herauszulesen, dass meine Sponsoren und das Shore Team irgendwie das Vertrauen in mich verloren hatten. Weshalb denn bloß, während wir doch weiter so hart an der Lösung der Probleme arbeiteten? Noch mehr erboste mich, dass es ein technisches Problem war, das die Unternehmung jetzt zum Scheitern führen könnte. Hätte es an mir gelegen, hätte ich es eher akzeptieren können. Wir mussten also unbedingt eine Lösung finden.

Ich las die E-Mail noch einmal, dann schob ich sie beiseite und versuchte sie zu vergessen. Um mich abzureagieren, begann ich die Liste mit den vielen anstehenden Aufgaben abzuarbeiten. Als Letztes schrubbte ich mein Boot, noch immer voller Wut, von oben bis unten durch.

Jetzt war ich mehr denn je entschlossen, die Autopiloten zu reparieren. Denen an Land würde ich es schon zeigen. Ich blieb in ständigem Kontakt mit dem Team und arbeitete mich mit seiner Hilfe durch eine Reihe von Tests, um der Ursache der Probleme auf den Grund zu kommen. Schließlich stießen wir darauf, dass es an der geringen Größe der Vorratsbehälter für das Hydrauliköl lag. Immer wenn das Boot krängte und rollte, drang Luft in die Entlüftungsleitungen ein. Die entstandene Luftblase verursachte eine Blockade, durch die sich Druck aufbaute. Dieser Druck im Autopiloten löste dann den Alarm aus, und die Flüssigkeit wurde so lange durch die Entlüftungsleitung gedrückt, bis sie herausspritzte. Wir mussten also irgendwie den Vorratsbehälter vergrößern und die Entlüftungsleitung so verlängern, dass die Luft entweichen konnte, ohne Öl mitzunehmen.

Andrew und sein Team arbeiteten an diesem Problem durchgehend über Weihnachten und Neujahr – es war wie bei Apollo 13. Die Pumpenhersteller hatten ein Modell meines Systems aufgebaut und gingen die unterschiedlichsten Möglichkeiten durch, während Andrew, Alistair und Matthew darüber nachdachten, welche Teile des Bootes sich zur Reparatur eigneten. Ich erhielt meine Anweisungen per E-Mail, und sie lasen sich wie eine Schnitzeljagd. Immer wieder wurde ich in sämtliche Ecken des Bootes geschickt, um die unterschiedlichsten Dinge zusammenzusammeln. Schließlich sollte ich einen Rohrnippel mit dem richtigen Gewinde finden, um die Entlüftungsleitung der Vorratsbehälter zu verlängern. Andrew gab mir Ratschläge, wo die Suche erfolgversprechend war, und nachdem ich einige Rohrverbindungen im Boot ausgebaut hatte, stolperte ich, mehr zufällig, endlich über das passende Teil: das Abluftrohr am Backofen. Wenn ich das abmontierte, konnte ich zwar für den Rest der Reise kein Brot mehr backen, aber ich tauschte nur zu gerne das Brot gegen zwei funktionierende Autopiloten und die Möglichkeit, meinen Rekordversuch fortzuführen.

Also stöpselte ich den Ofen aus, nahm die Rohrfittinge und ein Stück Plastikschlauch, um ein Ansaugrohr zu fertigen, dann bohrte ich zwei Löcher oben in das Pumpengehäuse und führte die Rohre direkt hinauf zum Antennenrahmen im Heck. Als alles richtig fest saß, zog ich den Finger eines Gummihandschuhs über das Rohrende und hatte endlich ein wasserdichtes Entlüftungsrohr, in dem das Hydrauliköl ansteigen konnte, ohne Luft oder Sprühwasser anzusaugen. Ich war so glücklich über meine Kreation, dass ich dem technischen Team gleich ein Foto davon schickte. Jetzt brauchte ich nur noch auf schlechtes Wetter zu warten, damit ich mein Meisterstück ausprobieren konnte.

Doch obwohl die Autopiloten nun einwandfrei arbeiteten, verstummte der Alarm nicht. Die endlosen Kreischtöne begannen mich verrückt zu machen, insbesondere unter Deck, ich fühlte mich völlig ausgebrannt und wurde von Tag zu Tag nervöser. Schlapp und völlig verzweifelt setzte ich mich an Deck. Irgendwie musste ich aus dieser trübseligen Stimmung herauskommen. Arbeiten war besser als Trübsal blasen, deshalb stand ich auf, schnappte mir Schwamm und Eimer und begann die Bilgenräume zu reinigen. Dieser schmutzige, unangenehme Job war genau die richtige Therapie. Noch dazu machte sie die AVIVA so richtig lecker. Als sie wieder sauber strahlte, begann auch ich mich besser zu fühlen. Nein, ich würde bestimmt nicht aufgeben und Andrews technische Detektive auch nicht. Das Shore Team äußerte nun den Verdacht, dass hinter den hydraulischen Problemen noch ein weiteres steckte, möglicherweise ein defekter Sensor. Deshalb sollte ich die Piloten fest verdrahten, sodass sie getrennt arbeiteten.

Keith Baxter, der Elektriker, führte mich geduldig Schritt für Schritt durch den komplizierten Prozess, den Schaltkasten im Heck neu zu verdrahten. Eines der unangenehmen Dinge auf einer Yacht ist der Umstand, dass man an Dinge, die repariert werden müssen, immer nur ganz schwer herankommt. Während ich nun also versuchte, an die Drähte im Kasten am Heck heranzukommen, scheuerte ich mir die Haut von den Knöcheln an der Hand, schnitt mich in die Finger, rutschte im Hydrauliköl aus und ließ unzählige Schrauben fallen. Aber ich konnte und mochte einfach nicht aufgeben. Schließlich war es getan – und mit Erfolg! Die nächsten beiden Tage segelte ich in herrlichem Frieden und wunderbarer Stille. Und obwohl ich die Autopiloten mit schlimmsten Befürchtungen immer wieder überprüfte, blieben die Alarme aus.

Die AVIVA und ich waren nun nur noch drei Tage von Kap Hoorn entfernt. Es stand die große Entscheidung an. Sollte ich um Kap Hoorn herum und in die Südlichen Ozeane laufen oder nicht? Zum Glück waren wir einhellig der Ansicht, endlich die Probleme gelöst zu haben, und an Silvester erhielt ich von Andrew eine E-Mail mit der Nachricht, dass er glaubte, die Wahrscheinlichkeit eines Versagens des Autopiloten sei auf etwa 30 Prozent gesunken. Das Restrisiko hielt er für vertretbar. Aber was dachte ich? Sah ich es auch so? Wollte ich weiter? Abends telefonierten wir miteinander, worüber ich sehr froh war. Wir kamen beide zu der Überzeugung, dass ich es schaffen würde. Dann vereinbarten wir, ab sofort öfter zu telefonieren, und ich rief ihn immer einmal pro Woche an. Dabei redeten wir über alles, was anlag, und er reichte die Informationen an die anderen weiter, was viel zu deren Beruhigung beitrug.

Auch Alistair schickte mir zu Silvester eine Nachricht, die bei mir alle Zweifel beseitigte, welche ich vielleicht an der Unterstützung durch das Teams gehabt hatte. Er schrieb: *Tu's. Ich denke, du kämpfst mit deiner Einsamkeit, du konntest ja nicht wissen, wie schwer sie zu ertragen ist. Trotzdem, ich glaube fest, dass du es schaffst.*

Als ich das las, wusste ich, dass ich die richtige Entscheidung gefällt hatte. Hinter mir stand ein großartiges Team. Sein Vertrauen in mein Können gab mir ungeheure Kraft. Ob man scheitert oder als Sieger aus einer Herausforderung hervorgeht, liegt oft am Selbstvertrauen und am Glauben an das eigene Können.

Eine weitere entscheidende Unterhaltung führte ich an jenem letzten Abend des Jahres mit Mum, die bei Jane und der Familie in einem Haus voller Gäste war. Also konnte ich kurz über Lautsprecher an der Party teilnehmen. Alle waren gut aufgelegt und hatten Spaß, und der Optimismus, den sie für das kommende Jahr ausstrahlten, war ansteckend. Mums Worte waren ebenso aufmunternd wie ermutigend. Sie sagte, ich sollte die Gelegenheit beim Schopf packen und weitersegeln, dass sie mich liebte und daran glaubte, mich bald wiederzusehen.

Dann rief ich Harry an und dankte ihm dafür, dass er ein so geduldiges Ohr für all meine Aufgeregtheit und meine Tränen gehabt hatte. Während der Rest der Welt den Jahreswechsel feierte, starrte ich auf die Uhr über dem Kartentisch. Genau an Mitternacht wünschte ich mir und meiner AVIVA ein glückliches neues Jahr. Außerdem fasste ich einen Vorsatz – was wäre schon ein Jahreswechsel ohne. Bis jetzt hatte ich allen Herausforderungen die Stirn geboten, ich wollte nun Kap Hoorn runden und alle vor mir liegenden Probleme lösen. Dies sollte mein Jahr werden, ganz gleich welche Mühe es kostete!

Willkommen am Kap Hoorn

Knappe 165 Seemeilen vor der Le Maire Street, dem Zugang zum Kap Hoorn, war die See spiegelglatt, und wir kamen kaum noch voran, dabei ist dieser Teil des Meeres berüchtigt für seine starken Winde und Tiden. Wir aber schlichen mit nur zehn Knoten Wind aus Norden dahin. Die Temperatur war kontinuierlich gefallen, das Wetter klar und eiskalt: ein herrlicher Wintertag mit unglaublicher Sichtweite. Ich hoffte dringend, dass diese Klarheit bis um Kap Hoorn anhielte, im vergangenen Jahr hatte ich nicht das kleinste Stück von diesem berühmten Wahrzeichen gesehen, und diesmal wollte ich unbedingt ein Foto von der AVIVA und mir mit Kap Hoorn querab schießen.

Die leichten Winde machten es unglaublich schwierig, das Boot in Bewegung zu halten. Aber sie boten mir die günstige Gelegenheit, alle anliegenden Arbeiten zu erledigen und von meiner Liste zu streichen, bevor ich die Südlichen Ozeane erreichte. Eine davon war die Generatorwartung. Diese Arbeit ist enorm wichtig, und ich würde sie noch manches Mal während der Reise zu erledigen haben. Die Öl- und Treibstofffilter zu wechseln fiel mir nicht schwer, aber bei den Einspritzdüsen war ich etwas unsicher, weil ich sie noch niemals ausgetauscht hatte. Der Generator gehört ebenso wie die Autopiloten zum lebensnotwendigen Bordequipment, er lädt die Batterien auf und liefert den Strom für die gesamte Kommunikations- und Navigationsausrüstung ebenso wie für die Entsalzungsanlage. Kurz, er war entscheidend für den erfolgreichen Ausgang meiner Reise, weshalb ich ungeheuer angespannt davor stand, ihn auseinanderzunehmen, und betete, dass er auch nach dem Zusammensetzen wieder einwandfrei arbeiten möge.

Bevor die AVIVA aus Plymouth ausgelaufen war, hatten wir ein Video gedreht, in dem Peter Pearce ihn detailgenau und schrittweise auseinandernahm. Damals hatten wir noch darüber gescherzt und es eine narrensichere Anleitung genannt, denn der Film zeigte nicht nur exakt, wie ich vorzugehen hatte, sondern auch welche Schraubenschlüssel ich für welche Generatorteile nehmen musste. Beim Ansehen des Videos wurde mir jetzt ziemlich mulmig zumute. Trotzdem, die See war spiegelglatt, besser konnte es nicht sein, also machte ich mich ans Werk. Es war ein schmutziges Stück Arbeit, aber sie verlief ohne Pannen, und als ich fertig war, ging ich gespannt zur Schaltkonsole und drückte auf den Knopf. Gott sei Dank – der Generator sprang ohne zu zögern an.

Am nächsten Tag erreichte ich die Einfahrt zur Le Maire Street. Das Wetter hatte sich kaum geändert, und ich war richtig gefrustet, denn ich konnte es kaum erwarten, endlich Kap Hoorn zu erreichen. Durch die schwachen Winde von achtern kamen wir immer noch nur sehr langsam voran, außerdem kam uns die Tide in der Meerenge stark entgegen, und so hatten wir uns wacker gegen die Strömung voranzukämpfen.

Am südlichen Ende der Meerenge standen wir nur sieben Seemeilen unter dem nächstliegenden Land. Meine Anspannung wuchs, als ich unsere Position überprüfte und die zerklüftete Küstenlinie auf der Karte sah. Es war gerade sechs Wochen her, dass ich bei den Lizards so dicht an Land vorbeigezogen war, ein merkwürdiges Gefühl. Ich hatte mich inzwischen zu sehr an die offene See und den endlosen Horizont gewöhnt, hinzu kam, dass ich mich in Landnähe nie ganz sicher fühle. Im Gegenteil, mir war leicht unbehaglich zumute hinsichtlich dieser abwechslungsreichen, verwitterten Landschaft. Kap Hoorn war nur noch 120 Seemeilen entfernt, und dies war bereits meine zweite Vorbeifahrt in zwei Jahren. Also murmelte ich vor mich hin: »Bitte lass' mich das Kap diesmal sehen, damit ich nicht so schnell wiederkommen muss.«

Die ganze Nacht hindurch schiftete ich die Segel, um einen Kurs zu finden, der mich weit genug vom Land hielt, wodurch ich natürlich nicht zum Schlafen kam. Als endlich der Tag anbrach, erblickte ich zum ersten Mal Feuerland, den felsigen Landstrich der äußersten Spitze von Südamerika, und staunte über die markante, zerklüftete Szenerie, die mich an die Westküste Schottlands erinnerte. Das endlose Wüten des rauen Klimas hatte die Hügel und Klippen mit Narben übersät. Was war ich glücklich, einen der wenigen Tage erwischt zu haben, an dem sich die beeindruckende Schönheit dieser als todbringende Leeküste gefürchteten Landschaft zeigte!

Die ganze Zeit blieb ich an Deck und schaute hinüber, bis auf einmal mein UKW-Gerät zum Leben erwachte. Ich drehte die Lautstärke höher, es war Radio Cape Horn, das mich auf Kanal 16 mit einem »Welcome to Cape Horn« begrüßte. Der Funker erbat einige Angaben, fragte nach dem Namen meines Schiffs und nach meinem letzten Landgang.

Ich antwortete: »Charlie, Alpha, Foxtrot, Foxtrot, Alpha, Romeo,

India. Der Name des Schiffs ist Alpha, Victor, India, Victor, Alpha. Letzter Hafen: Portsmouth, Großbritannien.«

Er bestätigte und fragte weiter: »Wie viele Personen sind an Bord?«

»Eine.«

»Der Kapitän des Boots und eine Person Crew?«

»Negativ, Radio Cape Horn. Eine Person.«

»Und was ist Ihr nächster Hafen?«

»Portsmouth, Großbritannien.«

Langes Schweigen. Dann, einige Minuten später, ertönte erneut die Stimme des Funkers. Er bat mich zu bestätigen, dass eine einzige Person an Bord unterwegs sei von Portsmouth, Großbritannien, nach Portsmouth, Großbritannien. Ich hörte das Lächeln in seiner höflichen Stimme, als er mich fragte: »Haben Sie sich verirrt?«

Lachend erklärte ich ihm, dass ich mich keineswegs verirrt hatte, sondern mich auf einer westlichen Weltumseglung befand. Er bestätigte dies und auch, dass ich am Mittwoch, den 4. Januar 2006 um genau 09.40 Uhr UTC, Kap Hoorn gerundet hatte. Dann wünschte er mir viel Glück auf meiner Weiterfahrt.

Sir Chay Blyth gratulierte mir, weil ich jetzt ein Einhand-Kap-Hoornier war, und hob hervor, wie wenige Menschen von sich behaupten konnten, Kap Hoorn in westlicher Richtung passiert zu haben. Bis dato war dies nur vier Männern und einer Frau gelungen! Wieder sah ich mit einem Gefühl jubelnder Freude zum Kap hinüber. Ich konnte wahrhaftig das Land riechen und sah kleine Streifen Seetang vorübertreiben. Ab und zu schossen Pinguintrupps in unserer Nähe durch das Wasser und an uns vorbei. Dieses gefürchtete Stück Land, das für uns Seefahrer ist, was der Himalaja für die Bergsteiger bedeutet, war wirklich ein monumentaler Wegepunkt. Ich dachte: Wenn ich hier sicher vorbeikomme, dann habe ich eine der größten Hürden auf dieser Weltumrundung geschafft.

Dann plötzlich, nach 46 Tagen Einsamkeit, war ich zum ersten Mal nicht mehr allein auf dem Wasser: Ein Kreuzfahrtschiff, das sich nahe der Küste vor Kap Hoorn aufgehalten hatte, war gerade dabei, wieder Fahrt in Richtung See aufzunehmen, und der Kapitän, der die Unterhaltung über Funk mitgehört hatte, funkte mich an und sagte, sie seien von einer Fahrt entlang der antarktischen Halbinsel auf ihrem Weg zurück nach Ushuaia. Er wollte mich begrüßen und mir Glück wünschen. Dann fragte er, ob ich etwas dagegen hätte, wenn er einen Bogen um mich führe. Er habe Gäste an Bord, die gerne Fotos von mir und meinem Boot schießen wollten. Ich antwortete, dass es mir nichts ausmachte. Ich kam ohnehin nur langsam voran, weil der Wind fast völlig erlahmt war. Als das Schiff herankam, sah ich das das Deck voller Menschen, die mir alle zuwinkten. So viele Gesichter! Aufgekratzt winkte ich zurück.

Der Tag begann fast hektisch zu werden. Die nächste Stimme, die sich über UKW meldete, gehörte zu einem Schiff der chilenischen Marine, das sich auf Patrouillenfahrt befand, und erfragte das Rufzeichen meiner Yacht und die MMSI-Nummer. Sie hatten über Cape Horn Radio mitgehört und wollten ebenfalls Hallo sagen. Auch sie kamen dicht zu mir heran, es war phantastisch: So viele Gesichter und endlich konnte ich wieder mit jemandem direkt sprechen. Doch eigenartigerweise fühlte ich mich auch etwas bedrängt. Es war einfach zu plötzlich, vor allem zu viel auf einen Schlag. Zu guter Letzt gelang es mir, noch einige schöne Fotos vom Kap Hoorn zu schießen, ich war absolut begeistert. Dann setzte ganz sanft der Wind ein, und mir war klar, dass es bei dieser leichten Brise nicht lange bleiben würde. Als die spiegelglatte Oberfläche des Wassers sich unter den ersten leichten Luftstößen zu kräuseln begann, kamen mir erste, sorgenvolle Gedanken wegen der Geschwindigkeit des sich nähernden Tiefdruckgebiets. Falls es mich noch auf dem Kontinentalschelf mit voller Kraft erwischte, konnte ich sehr schnell in eine schwierige Lage geraten.

Merkwürdigerweise fühlte ich mich irgendwie erleichtert, das Südpolarmeer erreicht zu haben, denn noch vor wenigen Tagen schien meine Rekordfahrt ernsthaft in Gefahr. Es hatte so ausgesehen, als würde mein Traum, die Südlichen Ozeane zu durchqueren, scheitern, noch bevor ich angelangt war. Doch jetzt war ich zufrieden. Ich stand an der Schwelle des entlegensten, feindlichsten Ozeans der Erde und war bereit, in ihn einzutauchen. Das zweite große Kapitel meiner Reise begann. Es würde lang und hart werden, aber das Gefühl, etwas Ungeheures geleistet zu haben, würde überwältigend sein. Als ich mein Vorankommen mit dem der anderen verglich, die vor mir diese Strecke zurückgelegt hatten, stellte ich fest, dass Mike Golding einen Tag schneller gewesen war. Ich nahm mir vor, mich an seiner Leistung zu orientieren und ihn als Ansporn zu nehmen. Doch welches Schicksal mich während der nächsten Monate im tiefen Süden erwartete, lag allein bei den Göttern. Alles hing davon ab, welche Überraschungen die Südlichen Ozeane bereithielten.

Als die Dunkelheit hereinbrach, segelten wir geradewegs nach Südwesten. Ich wollte so schnell wie möglich vom Kontinentalschelf weg, denn der Wind frischte weiter auf, und ich begann, schrittweise die Segelfläche zu reduzieren. Bald schon hatte er eine Geschwindigkeit von 45 Knoten erreicht. Was für ein Kontrast zum Morgen, denn nun ritten wir eine wilde Jagd, die Wellen hinauf und wieder hinunter in schwarze Täler. Erneut segelten wir hoch am Wind mit einer Lage von 30 Grad. Alles war so schrecklich vertraut. Bei der Global Challenge hatten wir aber nur einen einzigen Sturm mit etwa 50 Knoten erlebt, und irgendwie war der anders gewesen. Jetzt, da niemand außer mir an Bord war, da keine Stimmen von den Schlägen ablenkten, die auf die AVIVA eindonnerten, wirkte der Lärm unter Deck noch bedrohlicher. Die Wellen wuschen übers Deck, und ich klammerte mich fest, so gut ich konnte. In der Nacht passierten wir die winzigen Diego-Ramirez-Inseln, die direkt auf dem Rand des Kontinentalschelfs liegen, auf ihrer südlichen Seite. Sie waren das letzte Stück Land bis zum 6000 Seemeilen entfernten Neuseeland.

Der Übergang vom flacheren Wasser in die Gewässer des tiefen Ozeans war genau zu spüren, denn der Seegang änderte sich dramatisch. Aus kurzen, ruppigen und steilen Wellen wurden große, lange, welche die AVIVA hochhoben und wieder abwärts gleiten ließen. Die beschwerliche Fahrt über Schlaglöcher war zu Ende, auch das Krachen der aggressiven, kurzen Wellen hörte auf. Das war auch angenehmer für meine schmerzenden Gelenke, endlich würde ich wieder schlafen können. Ich war ja so unglaublich müde! Sogar der unangenehme Lärm ließ mit den sanfter werdenden Bewegungen des Boots nach. In der vorigen Nacht hatte ich kein Auge zugetan, weil wir uns noch in Landnähe befanden. Tagsüber hatte ich die AVIVA durch Windstillen manövriert und mich voll darauf konzentriert, Kap Hoorn zu runden. Seit meiner letzten Schlafpause waren gute 36 Stunden vergangen. Jetzt, wo ich weit genug vom Land entfernt war, mit keinerlei Schiffsverkehr weit und breit, nur Wind und Wellen um mich herum, brauchte ich dringend Schlaf.

Die Südlichen Ozeane sind wild und rau. Ihre Stürme aber vergehen oft so schnell, wie sie kommen. Die erste Nacht brachte 45 Knoten Windgeschwindigkeit, und das war doch nur ein kleiner Vorgeschmack dessen, was vor uns lag. Einen Tag später rollten wir wieder mit 20 Knoten Wind im herrlichsten Wetter durch die See. Der Wind hatte uns einen Schubs in die richtige Richtung gegeben. Es war ein merkwürdiges Gefühl, nach so langer Fahrt in Richtung Süden nun endlich nach Westen unterwegs zu sein.

Ich war in Hochstimmung. Unsere erste Prüfung im Südpolarmeer hatten AVIVA und ich bestanden. Also beschloss ich, ein wenig zu feiern, und was könnte auf See besser sein als eine lange ersehnte heiße Dusche und frische Kleidung? Danach fühlte ich mich wieder wie neu.

In den ersten Tagen war das Südpolarmeer freundlich zu uns. Leider nichts als Täuschung – die Ruhe vor dem Sturm. Ohne den Hauch einer Ahnung dessen, was vor uns lag, freute ich mich darüber, wie die AVIVA unter dem klaren Himmel ihres Wegs zog. Die Sonne schien auf die riesige Fläche der blauen See herunter, vereinzelt waren weiße Streifen auf Wellenkämmen zu sehen, ich genoss es, so weit im Süden zu sein, und ich hatte neue Begleiter, denn manchmal flog ein großer Wanderalbatros vorbei. Diese Vögel gleiten mit ihren mächtigen Schwingen ohne Anstrengung oft nur in Zentimeterhöhe über der Meeresoberfläche. Ich staunte sehr, wie nahe sie über dem Wasser fliegen können, ohne von einer anrollenden Welle berührt zu werden.

Obwohl der Wind ziemlich schwach war, ließ die Dünung nicht nach. Auch wenn gar kein Wind weht, ist die See in den Südlichen Ozeanen niemals ruhig. Unentwegt umkreisen ihre Wassermassen den unteren Teil der Erdkugel. Zwar müssen sich diese unbegrenzten Ozeane des Südens durch die enge Drake Passage zwischen Kap Hoorn und der antarktischen Halbinsel zwängen und um das Kap der Guten Hoffnung herumschieben, aber draußen, in den Weiten des offenen Ozeans, wo es kein Hindernis gibt, hemmt nichts die Entstehung einer hohen und langen Dünung. Bei Stürmen wird dieser Seegang von Windseen mit steilen Wellen überlagert, deren Kämme brechen und abstürzen.

Trotz der unaufhörlichen Roll- und Stampfbewegungen war es auf der AVIVA jetzt ganz still. Seit Tagen hatten sich zu meiner großen Freude die Autopiloten nicht mehr gemeldet. Eigentlich war das unglaublich, denn die ganze Strecke über den Atlantik war kaum mehr als einige Stunden Ruhe gewesen. Immer hatte der eine oder andere Alarm losgelegt, obwohl sie eigentlich immer nur dann schrillen sollten, wenn wir vom Kurs abkamen. Die nun eingetretene Stille war Balsam für meine Nerven und mein Wohlbefinden. Jetzt erst wurde mir bewusst, wie sehr mich dieser Lärm Tag für Tag ausgelaugt und wie stark er mein Vertrauen in die Ausrüstung des Bootes untergraben hatte. Um sicherzugehen, dass die Dinger auch wirklich funktionierten, schaltete ich einige Male hin und her, und als beide ruhig weiter arbeiteten, hatte ich das Gefühl, sie seien auf wundersame Weise ausgetauscht worden. Es war eine Art Neuanfang, jedenfalls kam es mir so vor. Vielleicht würde ich dieses Kapitel endlich abhaken und vergessen können. Da alles an Bord in ruhigen Bahnen lief, konzentrierte ich mich auf mein eigenes Wohlergehen. Ich gönnte mir so oft wie möglich gutes Essen und ordentliche Ruhepausen. Als ein weiteres Tiefdruckgebiet sich ankündigte, bereitete ich nicht nur die AVIVA auf schweres Wetter vor, auch mich selbst versuchte ich mit ausreichend Schlaf und Energie zu versorgen. Doch leider stand meine kleine Seifenblase des Glücks direkt vor dem Platzen, denn bald schon sollte ich zu spüren bekommen, wie hart ein Sturm auf dem 56. Breitengrad im Südpolarmeer sein kann.

Der herannahende Sturm meldete sich durch einen Wechsel der Windrichtung. Da er von Westen wehte, musste ich hoch am Wind segeln: entweder nach Norden oder nach Süden. Keiner der beiden Kurse war ideal, aber wegen der Eisberggefahr wollte ich keinesfalls tiefer in den Süden geraten. Deshalb beschloss ich, den Bug nach Norden zu setzen. Der Wind stieg weiter an. Immer wieder reduzierte ich die Segelfläche, indem ich Reffs in das Groß setzte. Schon begannen die Wellen über dem Deck zu brechen, und jedes Mal, wenn ich nach oben ging, um das Groß weiter zu verkleinern, wurde ich nass bis auf die Haut. Das kalte Wasser drang mir bis ins Mark, auch die Luft enthielt keine Wärme mehr, mit dem zunehmenden Wind fiel die Lufttemperatur unter den Gefrierpunkt. Als ich im Cockpitbereich mit den Reffbändseln kämpfte, traf mich eine Welle eiskalten Wassers voll ins Gesicht und war so kalt, dass ich nach Luft schnappte. Meine Finger blieben taub vor Kälte, wie heftig ich auch an den Winschen kurbelte.

Sofort, nachdem ich fertig war, flüchtete ich nach unten. Ich musste mich unbedingt aufwärmen und wieder Gefühl in Hände und Füße bekommen. Dann zog ich meine Schlechtwetterjacke aus und ballte meine Hände unter dem Fleece zu Fäusten. Was tat das weh, als das Blut wieder anfing zu zirkulieren!

Das Barometer fiel sehr schnell, es sah ganz so aus, als würden wir wieder ordentlich durchgeschüttelt werden. In dieser Nacht traf uns der erste wirkliche Sturm mit ungeheurer Intensität. Volle acht Stunden lang waren wir Windstärken von mehr als 50 Knoten ausgesetzt. In der Zeit, während meine AVIVA durch die heftige Kreuzsee geschleudert wurde, gingen die Autopilotalarme nicht weniger als fünfmal los. Fairerweise muss ich zugeben, dass mir schleierhaft ist, wie ein Gerät unter diesen unglaublich harten Bedingungen überhaupt das Ruder halten kann. Jedes Mal, wenn ich den Alarm neu einstellte, betete ich, der Autopilot möge doch bitte ein wenig länger aushalten. Doch der schlimmste Teil des Sturms kam erst am frühen Morgen. So weit im Süden dauert die Nacht zwar nur fünf Stunden, aber in der absoluten Dunkelheit vor dem Sonnenaufgang war das Geräusch der auf das Boot krachenden Wellen und des im Rigg kreischenden Windes wirklich furchterregend.

Und wieder hatte der Autopilot den Kurs verloren! Ohne Ruderwirkung wurden wir von einer Riesenwelle zur Seite gedrückt, und die Aviva begann eine unfreiwillige Wende zu fahren. Als ich es geschafft hatte, an Deck zu gelangen, hatte sie völlig backgedreht, lag weit über und blieb so. Überkommendes Wasser spülte seitlich am Kajütdeck entlang. Alles auf der unteren Seite – also die Seitendecks, die Relingsstützen und die Relingsdrähte – verschwand im schäumenden Wasser. Als ich ins Rigg schaute, sah ich, dass das Großsegel auf das bewegliche Backstag drückte, den Teil des Riggs, der die Mastbiegung kontrolliert und verhindert, dass der Mast nach vorne ausweicht. Zwar hatte ich schon vor einiger Zeit das Vorsegel eingerollt, aber das kleinere Stagsegel, mit dem ich die Aviva weiter durch die Wellen vorantrieb, war backgeschlagen und drückte gegen das Babystag, wodurch sich der Druck auf das Rigg noch weiter erhöhte. Jetzt wurde es brenzlig. Verzweifelt versuchte ich die Travellertrimmschot und die Schot des Stagsegels aufzufieren, um dadurch den Druck zu verringern. Das Cockpit war voll Wasser. Alle Leinen schwammen im dichten Knäuel achteraus, der Wind war so stark, dass ich an Deck nicht einmal stehen konnte. Also kroch ich auf allen Vieren herum und zerrte an den Leinen, die ich so dringend brauchte. Ich griff ins Steuerrad, aber die Aviva krängte so stark, dass das Ruder keinen Druck mehr hatte und das Boot immer schneller seitwärts wegrutschte. Als ich die Travellertrimmschot, die Großschot und die Stagschot endlich zurück an Bord hatte, lag die nächste große Aufgabe an: Ich musste die Segel auf die andere Seite bringen. Eine Herkulesaufgabe, denn bei 50 Knoten stand jedes davon unter enormem Druck.

Sobald ich auf die Stagschot Lose gegeben hatte, begann das Segel heftig zu schlagen. Ich zog an der Leeschot, aber verglichen mit der Kraft des Windes war mein Gewicht so unbedeutend, dass sie sich nicht rühren wollte. Das Segel killte unbeeindruckt weiter. Ich hastete hinüber zur Hauptwinsch und begann zu kurbeln, drehte mit aller Kraft, und langsam, Zentimeter für Zentimeter, kam Spannung auf die Schot. Endlich begann der Wind in das Stagsegel zu greifen. Danach holte ich die Leetrimmschot des Travellers auf dieselbe Weise dicht. Die Aviva richtete sich auf, und zitternd und schlotternd schnappte ich nach Luft. In mir tobte das Adrenalin, um mich herum die See, aber das war erst die vorletzte Wende gewesen. Für den richtigen Kurs würde ich jedoch ein weiteres Mal mit dem Bug durch den Wind gehen müssen. Also ruhte ich mich einige Minuten aus, um Kraft zu holen und wenigstens ein bisschen Gefühl in die Finger zurückzubekommen.

Segler beschreiben hohe Wellen gerne mit den Worten »wie Berge«, und so sehen sie tatsächlich aus. Hohe Wellen sind die einzigen Konturen in unserer Wasserwelt, unsere einzige Landschaft. Diese Wellen hier waren die höchsten, die ich je gesehen hatte. Sie schulterten uns hinauf in schwindelnde Höhen. Von dort konnte ich nicht nur alle Wellen um uns herum sehen, sondern bis zum Horizont blicken. Wenn wir dann wieder hinabschossen, verschwand die weite Welt wieder, denn jede Welle stellte sich uns wie eine Wand in den Weg und verschloss die Aussicht.

Ich nahm all meine Kraft zusammen und setzte zu einer weiteren Wende an. Nach einigen Versuchen gelang es mir, den Bug durch den Wind zu drehen, dabei beeilte ich mich, die Schoten dichtzuholen, damit sich die Segel nicht kaputt schlugen. Eine dreiviertel Stunde, nachdem ich mich an die Wende gemacht hatte, war die AVIVA endlich wieder auf Kurs. Frierend und erschöpft kauerte ich am Fuß des Niedergangs. Die Muskeln in meinen Armen brannten. Als ich mich aus meinem Ölzeug schälte, sah ich, dass ich klitschnass war. Es war eine Mischung aus Salzwasser und Schweiß. Die vor mir liegende Nacht würde entsetzlich lang werden. Wie lange würde der Sturm wohl noch andauern?

Sehr viel länger als gedacht! Nach Anbruch des Tages flaute der Wind auf 30 Knoten ab und gönnte mir eine kleine Verschnaufpause, bevor eine weitere Sturmfront uns traf. Der Windmesser zeigte unaufhörlich ansteigende Windstärken, die bald schon wieder 45 Knoten erreicht hatten, dabei war ich doch gerade erst in das Südpolarmeer eingelaufen. Vor mir lagen noch weitere 12 000 Seemeilen bis zum Kap der Guten Hoffnung. Die Stürme, mit denen ich bis jetzt auf dieser Fahrt zu kämpfen hatte, waren bereits sehr viel härter gewesen als die bei der Global Challenge im letzten Jahr. Ich war müde und zerschlagen vom wilden Ritt in den Wellen. Zwar waren einige Tage dieser Woche hier unten wunderschön gewesen, mit Momenten reinsten Glücks, doch schon jetzt begann ich auszurechnen, wie lange es wohl dauern würde, bis ich den Stress und die Abgeschiedenheit wieder hinter mir lassen konnte. Die vor mir liegenden Wochen würden mein seelisches Durchhaltevermögen und meine innere Stärke ebenso auf den Prüfstand stellen wie meine physische Härte.

Auch am Boot begannen sich Abnutzungsspuren zu zeigen. Beim Kontrollieren des Riggs entdeckte ich an der Rollreffleine des Vorsegels weitere Scheuerstellen. Sie durfte auf gar keinen Fall reißen, denn das Drama meines ersten Solotages auf See wollte ich gewiss nicht wiederholen. Also würde ich sie entweder abnehmen und umgekehrt wieder einscheren müssen oder gegen die im November gespleißte austauschen, sobald es die Umstände erlaubten. Dann fand ich ein kleines Loch im Stagsegel, das geflickt werden musste. Dafür aber müsste ich es vollständig herunterholen, was besseres Wetter voraussetzte, denn es war weder eine einfache noch schnell durchzuführende Arbeit. Bis dahin würde ich das Segel eben im Auge behalten müssen und darauf achten, dass es nicht schlug. Vielleicht würde ich es auch früher einrollen müssen und stattdessen das Yankee setzen, falls der Wind aufbriste. Schließlich konnten wir kaum baren Hauptes gegen den Wind ansegeln, die Aviva brauchte vorne unbedingt etwas Tuch, das sie weiter durch die Wellen vorantrieb.

Das Loch verwunderte mich. Ich hatte keine Ahnung, wodurch es entstanden sein könnte. Genaueres würde ich erst wissen, nachdem ich es heruntergeholt und untersucht hatte. In Gedanken ging ich bereits mehrere Reparaturmöglichkeiten durch. Aus Erfahrung wusste ich, dass ein Dacronflicken auf salzigem, feuchtem Tuch nicht hält. Zwar könnte ich versuchen, das Segel zu trocknen, aber wie immer ich es auch anstellte, der Flicken würde sich lösen, noch bevor das Segel wieder ganz oben wäre. Dann wäre die ganze Mühe umsonst gewesen, und die Prozedur mit dem Bergen und Setzen würde wieder von vorne losgehen. Die einzige sichere Möglichkeit war, das Segel mit der Hand zu flicken. Das hieß: lederne Segelnähhandschuhe überziehen und die Nadel durch das schwere, 9 oz dicke Segeltuch rammen. Ein Geduldsjob, für den ich nicht nur viel Kraft brauchte, sondern ebenfalls günstiges Wetter, denn diese Reparatur konnte ich nur auf dem Vordeck durchführen. Also würde auch dieser Job noch etwas warten müssen. In den Südlichen Ozeanen jagt ein Sturm den nächsten, deshalb muss man alle anfallenden Arbeiten immer sofort dann erledigen, wenn das Wetter es erlaubt, und meine Aufgabe war es, dafür zu sorgen, dass die Aviva immer stark genug war, mich beim nächsten Sturm zu beschützen. Doch für den Augenblick blieb mir leider nichts anderes übrig, als durchzuhalten und die nächste Flaute abzuwarten.

Mitten in diesem schrecklichen Sturm versuchte ich ein wenig Schlaf zu bekommen. Aber erst nachdem ich die Segel gerefft hatte und sicher war, dass Segel und Rigg gut auf die nächste Wetterfront vorbereitet waren, durfte ich mich auf mich selbst konzentrieren. Ich musste unbedingt ausruhen, um für eventuell auftretende Probleme gewappnet zu sein. Nur im ausgeruhten Zustand konnte ich unmittelbar nach dem Sturm erneut die Segel setzen, um das Südpolarmeer schnell hinter mich zu bringen. Das Schwierigste am Segeln in diesen Breiten ist nicht das rechtzeitige Reffen, sondern mutig genug zu sein, so schnell wie möglich wieder die Segel hochzuziehen. Eine effektive Segelkonfiguration nach dem Sturm bringt Meilen, und ich wollte unbedingt fit sein, um unsere Geschwindigkeit zu puschen.

So weit zur Theorie. Die Realität macht es oft unmöglich, im Sturm zu schlafen. Diesmal wurde das Abreiten für mich zu einer mentalen Prüfung, einem Kampf zwischen meinem Willen und der Natur. Ich hatte mich daran gewöhnt, am Kartentisch zu sitzen und auf die Zahlen der Instrumente zu starren, während der Wind immer weiter anstieg. Ich war besessen von dem Gedanken, dass ich die Zahlen zum Stoppen bringen könnte, wenn ich mich nur richtig konzentrierte. Ich wusste, wie unsinnig das war, aber wenn es nichts anderes zu tun gab, konnte ich mich davon nicht abhalten. Dieses »Spiel« hatte mich voll in seinen Griff gezogen, doch jedes Mal musste ich irgendwann aufgeben. Dann legte ich mich hin, schloss die Augen und versuchte meinem Körper vergebens einzureden, dass ich schliefe.

Die große Ödnis

Ich brauchte geschlagene eineinhalb Stunden, um das winzige Loch im Stagsegel zu reparieren. Am Abend, als der Wind sich gelegt hatte, kam die Sonne hinter den Wolken hervor. Ich setzte mich auf das Vordeck, drehte die Musik auf volle Lautstärke und sang aus voller Kehle mit, während ich das Segel flickte. Diese Schinderei verlangte wahrhaft viel Geduld. Mit einer Zange zwängte ich die Nadel durch den schweren Stoff, dabei fluchte ich heftig, als ich mich in die Hand stach. Leider lagen die beiden Stoffteile nicht exakt aufeinander, deshalb musste ich das Segel umdrehen und auf der anderen Seite einen weiteren Flicken aufbringen. So ermüdend die Arbeit auch war, sie musste getan werden, wenn das Segel nicht weiter beschädigt werden sollte. Dann endlich war ich fertig und betrachtete mein Werk voller Stolz, schoss einige Fotos und schickte sie an mein Shore Team und an die Segelmacher in den Vereinigten Staaten.

Inzwischen war es spät geworden. Das Licht der untergehenden Sonne strich sanft über die See. Trotz der bitteren Kälte war es trocken an Deck, so konnte ich mich warm halten. Was für ein Glück ich doch mit dem Wetter hatte! Ich schaute hinauf zum Himmel und bedankte mich dafür. Ich war nie ein religiöser Mensch gewesen, aber wenn man sich in den Südlichen Ozeanen aufhält, sucht man überall nach Beistand.

Die erholsame Wetterpause war leider nur sehr kurz. Kaum hatte ich die Reparatur des Segels beendet, als der Wind schon wieder aufbriste und der Tanz von Neuem begann. Erneut stampften wir krachend gegen den Wind voran, Aviva legte sich in einem Winkel von 33 Grad zur Seite, und ich verkeilte mich in den Ecken, damit ich nicht hin und her geworfen wurde. Bei solch harten Wetterbedingungen wird jede noch so kleine Arbeit des täglichen Lebens ungeheuer anstrengend. Wir fuhren Achterbahn, wobei das Boot manchmal im freien Flug von einer Welle herunterfiel und im dahinterliegenden Tal hart aufschlug.

Wie vertraut mir das doch bald war! Einen Augenblick lang hingen wir immer wieder in der Luft und warteten auf den heftigen Aufprall, der das ganze Boot von der Mastspitze bis zum Heck erzittern ließ. Dann kam das Donnern der Welle, die über uns brach. Während des Fluges spannt man die Muskeln heftig an. Dann taucht das Boot in die Welle ein. Dabei durchläuft es ein heftiges Zittern, das auch den eigenen Körper erfasst. Sogar das Hirn scheint im Kopf hin und her zu schlackern. So fühlt es sich jedenfalls an. Jeder Aufprall ist so heftig, dass man meint, es sei etwas Schreckliches passiert. Man schaut hastig um sich und überprüft, ob auch wirklich noch alles sicher verstaut ist und sich nichts losgemacht hat. Man hofft, dass an Deck nichts beschädigt ist oder gar am Schiffskörper, was noch schlimmer wäre, weil man es nicht gleich sehen kann. Bei schwerem Wetter waren dieser Stresszustand und diese Sorge absolut normal für mich. Es blieb mir ohnehin nichts anderes übrig, als damit zurechtzukommen.

Langsam entfernten wir uns in diesem unbarmherzigen Wetter von der Landmasse. Im Januar, eine Woche vor meinem Geburtstag, kamen wir in die Nähe von Point Nemo, dem Ort auf unserem Planeten, der am weitesten von jeder Zivilisation entfernt ist. Point Nemo liegt etwa 2000 Seemeilen draußen im Meer, das nächste menschliche Wesen zu mir war der russische Kosmonaut auf der Mir, die hoch oben im All ihre Kreise zog. In einer scherzhaften E-Mail wurde mir mitgeteilt, dass man den Kosmonauten schneller retten könne als mich. Das führte mir deutlich vor Augen, wie wild und isoliert diese Ozeanstrecke tatsächlich ist, und dass ich unbedingt auf Nummer sicher gehen musste. Stieße mir hier etwas Übles zu, wäre ich absolut verlassen. Ich fühlte mich niedergeschlagen und ausgebrannt. Mein Tagebucheintrag lautet:

Bin heute ziemlich down. Hatte zweieinhalb Tage 30–40 Knoten und schwere See. Bin müde. Das ewige donnernde Auf und Ab macht mich fertig. Für Donnerstag ist ein weiteres Tief angesagt. Habe heute viel geweint. Kann mich zu nichts aufraffen. Hänge herum und versuche zu schlafen. Tränen wegen meiner Nachrichten, also öffnete ich eine freundliche Postkarte und heulte wieder. Muss aus dieser Stimmung raus. Bin aber so niedergeschlagen. Die Strecke vor mir ist noch so endlos weit. Habe gerade diese scheußliche Wetterfront hinter mir und eine weitere mit mehr als 50 Knoten vor mir. Brauche eine Pause!

Meine Gedanken liefen ungeordnet wild durcheinander. Ich wusste, dass ich unter schwerem Schlafmangel litt, dieses Wissen aber half mir nicht dabei, die Auswirkungen in den Griff zu bekommen. Wenn ich müde war, wurde ich von meinen Stimmungen heftig hin und her gerissen. Immer wieder brach ich in Tränen aus, ob aus Frust über das Wetter oder weil irgendetwas getan werden musste. All das hatte mich früher nie berührt. Das unaufhörliche Einschlagen der Wellen auf die Aviva und der Lärm des Windes machten mich fertig. Bei wirklich schwerem Wetter schien mir der Lärm immer extrem laut und angsteinflößend. Unaufhörlich kreischte der Wind im Rigg. Das Boot stöhnte unter den eindreschenden Wellen. Bei schwerem Wetter irritierten mich sogar die normalsten, gewohntesten Geräusche: das dumpfe Donnern der über dem Vordeck zusammenbrechenden Wellen, das gurgelnde Saugen des an Deck entlanglaufenden Wassers. Diese Geräusche lösten in mir die Befürchtung aus, Wasser dringe irgendwo ins Boot ein. Also schlich ich herum, hob alle Bodenbretter hoch und überprüfte die Bilgenräume.

Sogar bei wirklich schwerem Wetter segelte ich das Boot noch immer so hart am Limit wie irgend möglich, und mit der Zeit gelang es mir immer besser, mich den schwierigen Bedingungen anzupassen. Eigenartigerweise sind es die plötzlichen Veränderungen, die einem besonders zu schaffen machen, an gleichbleibende Wetterbedingungen gewöhnt man sich sehr schnell. Auch Schwierigkeiten werden irgendwie zur Normalität. Das beste Beispiel dafür ist der Gang zur Toilette. Auf der Aviva lagen die beiden Bordtoiletten vor dem Mast, wo die Stampfbewegungen stärker waren. Hier waren der freie Fall und der Aufprall, also die Schwerelosigkeit und das Aufschlagen, besonders stark zu spüren. Für den Gang zur Toilette waren demzufolge erhebliche akrobatische Anstrengungen erforderlich, denn ich musste mich vom Salon durch den Mittelgang nach vorne durchhangeln. Für gewöhnlich wurde ich dabei so sehr hin und her geworfen, dass ich schließlich ganz den Halt verlor. Vor der Toilette musste ich mich richtiggehend verkeilen. In dieser Position versuchte ich mich dann aus den diversen Kleidungslagen herauszuschälen. Meist aber ging ich direkt nach vorne und setzte mich in die Segellast, denn dort war ohnehin der sicherste Ort, um mich auf den nächsten Schritt vorzubereiten.

Wenn ich dann endlich bis zur letzten Kleidungsschicht vorgedrungen war, spürte ich, wie bitterkalt es war. Das lag an der Rationierung des Treibstoffs, der um den gesamten Globus reichen musste, weshalb ich die Heizung immer nur für begrenzte Zeit anwarf. Aus Gründen der Bequemlichkeit nahm ich stets die »untere« Toilette und hoffte, dass alles erledigt sein würde, bevor AVIVA eine weitere Crashlandung machte. Der Spülvorgang einer Bootstoilette ist nämlich ziemlich kompliziert. Dafür muss man Ventile öffnen, Wasser einpumpen, Ventile schließen, Wasser herauspumpen und dann den ganzen Prozess nochmal wiederholen. Abkürzungen bringen nichts, denn es gibt kaum etwas Ekligeres, als eine verstopfte Toilette zu reparieren. Hatte ich dann das Notwendige beendet, musste ich mich wieder aus der Toilette herausmanövrieren, nach oben in die Segellast klettern und mich in alle Kleiderschichten zurückwurzteln. Das kostete viel Zeit, in der ich nur hoffen konnte, dass an Deck nichts passierte, was mein Eingreifen verlangte. Deshalb schob ich den Gang zur Toilette jedes Mal so lange wie irgend möglich auf. Mum schien zu Hause zu spüren, wie müde und abgeschlagen ich war, denn sie schickte mir eine Nachricht, die ich nie vergessen werde:

> *Ich bin unglaublich stolz auf dich. So viele Menschen begleiten dich mit aufmunternden Worten auf jedem Zentimeter deiner Reise. Ich weiß, sie ist wirklich lang. Bewahre dir dankbar den Schatz der Erinnerung an die vergangenen Tage, breite die Arme aus und versuche mit beiden Händen das Kommende zu packen. Du machst das großartig ...*

Diese E-Mail berührte mich so tief, dass ich einen völlig anderen Blick auf meine Welt bekam. Wieder einmal hatte Mum genau das Richtige zum richtigen Zeitpunkt gesagt. So belastend das alles im Augenblick auch war, diese Erfahrung war einzigartig und etwas ganz Besonderes. Ich musste sie wachen Auges durchleben und in der Zukunft in mir tragen. Ich lächelte, diesmal gab es keine Tränen. Von nun an wuchs mit jedem Tag meine Konzentration auf das, was ich tat und warum ich es tat. Meinen 33. Geburtstag feierte ich wenige Seemeilen von Point Nemo entfernt. Ich war zwar der einsamste Mensch auf diesem Planeten in diesem Gebiet, das man gut mit dem Weltraum vergleichen kann, doch gleichzeitig befand ich mich inmitten einer vor Leben berstenden Umwelt. Dieser Ozean um mich herum war ein ganz besonderer, von Menschen unberührter Ort. Hier gab es keine Umweltverschmutzung, im Wasser unter mir wimmelte es nur so von Leben. Noch vor den härtesten Wetterfronten fischten die Vögel, ich hatte das ganze Schauspiel für mich alleine, und meine Stimmung stieg noch weiter, als ich erfuhr, dass ich diesen Tag mit weitaus mehr Leuten feierte als je zuvor. Die Welle der Zustimmung und Unterstützung für die Aviva und mich übertraf all meine Erwartungen und Hoffnungen. Überall auf der Welt verfolgten Menschen mein Abenteuer mit und schickten mir Geburtstagsgrüße. Es war der wahrscheinlich originellste Geburtstag meines Lebens.

Unter meinen eingelagerten Geschenken war auch ein kleiner Geburtstagskuchen, den ich genüsslich verspeiste. Ich war glücklich und vergnügt. In einem verrückten Moment schien es mir sogar, als vergehe die Reise ziemlich schnell, und ich überlegte, wie es mir wohl gefühlsmäßig erginge, wenn sie zu Ende ging. Es war, als würde sich in den Südlichen Ozeanen alles schnell wandeln – sogar meine Stimmungen.

Eine Woche später konnte ich schon wieder feiern. Auf Anweisung von Sir Chay Blyth waren eine Extramahlzeit, Musik, Gedichte und ein ganz besonderes Kleidungsstück an Bord gestaut worden, denn Chay feierte immer die »Burns Night« – ein schottisches Fest im Gedenken an den Dichter John Burns – und wollte, dass auch ich mitfeiern konnte. Meine Partybox enthielt einen Tam O'Shanter, einen karierten Schlips, einen Gedichtband von Robbie Burns und einige schottische Liedtexte zum Mitsingen. Zu essen gab es das traditionelle Mahl dieser Burns-Nacht, das aus Kartoffeln und Steckrüben, Haggis, Käse und Keksen, Reispudding und einem Schluck schottischen Whiskys besteht. Ob ich den Haggis mögen würde, wusste ich nicht so genau, aber ebenso wenig hatte ich vorher versucht allein zu segeln. Also musste ich ihn zumindest kosten. Vorsichtig machte ich mich daran – zugegeben, den großen Rest teilte ich mit den Fischen. Dann versuchte ich einige Gedichte mit schottischem Akzent zu rezitieren und lachte laut auf. Wie gut, dass Chay mich nicht hörte, er hätte sich bestimmt geschüttelt. Der Abend war so schön. Er wich von der Routine ab, denn ich hatte etwas, worüber ich mich freuen konnte. Auch die Abwechslung im Essen kam genau zur rechten Zeit. Wieder einmal fiel mir auf, wie sehr mir qualitätvolles Essen fehlte. Ich hatte einen echten Heißhunger auf frisches Obst, insbesondere auf knackige Äpfel oder saftige Orangen. Und was hätte ich nicht alles für eine Diät-Cola gegeben …

Das Wetter wollte nicht besser werden. Sechs Tage hintereinander segelten wir in einer Windstärke von mehr als 30 Knoten. Auch die Vorhersage ließ keine Hoffnung auf Besserung zu, das Leben an Bord war hart und monoton. Die Aviva fuhr mit drei Reffs im Groß, Yankee und Stagsegel waren zum Teil eingerollt, denn Seegang und

Windstärke bestimmten, ob ich mehr Vorsegel ausrollen konnte oder nicht. Meine Entscheidung, wie viel Schub mein Boot bekam, hing allein davon ab, wie hoch die augenblicklichen und die zu erwartenden Winde und Wellen ausfielen. Inzwischen waren wir schon so lange im Sturm unterwegs, dass mir der Zustand ganz normal vorkam, obwohl das Segeln wieder einmal reichlich unbequem war. Ich konnte mich kaum noch an anderes erinnern, so hatte ich mich an das Südpolarmeer mit seinen einheitlichen Grautönen und dem verhangenen Himmel bereits gewöhnt. Einer der Global-Challenge-Skipper hatte einmal angemerkt, dass er hier jede mögliche Schattierung der Farbe Grau gesehen hatte. Wie richtig das doch war, es schien, als sei dieser Teil der Erde weit vor der Entstehung der Farben erschaffen worden und als gäbe es nur die unterschiedlichsten Töne von Schwarz und Weiß. Die Welt um mich herum sah so ausgewaschen und verblichen aus, und obwohl ich mich bemühte, es positiv zu sehen, sehnte ich mich nach Abwechslung und wenigstens einer kleinen Lücke in den Wolken.

Inzwischen hatte ich den Punkt erreicht, an dem es kein Zurück mehr gab, denn jetzt waren wir näher an Neuseeland als an Chile. Doch bis Neuseeland war es noch ein ordentliches Stück, und was die Gesamtstrecke anbelangte, befand ich mich noch ziemlich weit von der Hälfte entfernt – so ganz genau wollte ich das gar nicht wissen. Für mich war die internationale Datumslinie die Hälfte der Strecke, und darauf konzentrierte ich mich. Wenn man »in falscher Richtung« um die Erde segelt, muss man für den günstigsten Kurs vor den anrollenden Schlechtwetterzonen äußerst viele Extrameilen auf Gegenwindkurs fahren. Es ist eine wirklich heftige Zickzackroute um die untere Hälfte der Erdkugel, und dieses Kreuzen ist die eigentliche Herausforderung bei der Route. Ich musste kreuzen, das hieß für mich, sehr viel Zeit damit zu verbringen, von dort wegzusegeln, wo ich eigentlich hinwollte. Das konnte meine Stimmung ziemlich in den Keller fahren, weshalb ich mich bemühte, die gesegelten Extrameilen konsequent zu ignorieren.

Die Tiefdruckgebiete rauschten immer von Westen an. Alle drei bis vier Tage bildete sich ein neues. Im Prinzip war das Schema immer gleich: Je näher die Tiefdruckfront kam, desto mehr stieg die Windgeschwindigkeit. Sobald uns die Front erreicht hatte, was manchmal an der klaren Wolkengrenze direkt über uns zu erkennen war, drehte der Wind. Um nicht allzu viele Extrameilen zu kassieren, musste ich den günstigsten Wendekurs wählen, also meistens leicht nach Nordwest. Deshalb war das Timing der Wende vor der

Wetterfront enorm wichtig. Während die Wetterfront heranzog, segelte ich meist hart am Wind in südwestliche Richtung. Sobald sie uns dann erreicht hatte, und der Wind rückdrehte, leitete ich die Wende ein und drehte den Bug langsam nach Nordwest. Diesen Kurs hielten wir dann solange, bis ein neues Tief anrollte, vor dem wir dann wiederum in Richtung Südwesten wendeten und so weiter und so fort. So weit zum allgemeinen Schema der Tiefdruckgebiete in den Südlichen Ozeanen.

Tatsächlich aber glich kein Tief dem anderen, weshalb auf dieses Schema nicht unbedingt Verlass war. Immer gab es Abweichungen. Die größte betraf die sogenannten sekundären Tiefs, die sich aus den vorherigen Tiefdruckgebieten entwickeln. Diese verharmlosend bezeichneten Phänomene begann ich wirklich zu fürchten, denn bei einem sekundären Tief handelt es sich um ein neues, kleineres Tiefdruckgebiet, das unmittelbar hinter einem großen, älteren System heranreitet, und ich sollte schon sehr schnell erfahren, dass es viel mehr Biss hat als seine Vorläufer. Die sekundären Tiefs waren die eigentliche Gefahr auf unserem Weg. Ihnen galt es zu entwischen. Ich musste daher den Kurs sehr sorgfältig wählen, damit wir nicht in ihre gemeinsten Winde gerieten.

Der gefährlichste Quadrant eines sekundären Tiefs liegt für gewöhnlich nordwestlich des Zentrums. Dort toben zuweilen Winde von mehr als 70 Knoten. Bereits zweimal war ich in solch heftige Winde geraten, eine Erfahrung, die ich nicht so schnell wiederholen wollte. Zu Hause in Großbritannien hielt Mike Broughton ständig scharf Ausschau nach Anzeichen, ob sich ein solches neues Tief bildete, denn meist entstehen sie blitzschnell. Also schickte er mir jeden Tag die Wettervorhersagen mit den geschätzten Zeiten der Windwechsel und gab mir auch die bestmögliche Route durch. Das heißt, er schlug mir immer den besten Kompromiss zwischen der kürzesten Strecke und dem sichersten Kurs vor. Nur zu gern war ich bereit, weitere Extrameilen in Kauf zu nehmen, wenn ich dadurch unterhalb des Zentrums und des Nordwestquadranten des sekundären Tiefs durchschlüpfen konnte. Leider war die Aviva, verglichen mit der Geschwindigkeit, mit der die Tiefs über das Südpolarmeer heranpreschen, nicht sehr schnell. Ihnen aus dem Weg zu gehen war also auch immer ein Rennen gegen die Zeit.

So grau das Südpolarmeer bei Tag aussah, bei Nacht konnte ich ein- oder zweimal herrlichste Spektrallichter sehen. Eines Abends, als die Wolken sich verzogen hatten, leuchtete der Himmel voller tanzender Lichterscheinungen, die wie von Geisterhand geführt wurden. Es war die Aurora australis oder auch Südlicht genannt, und ihr Anblick war von hypnotisierender Schönheit. Der Himmel war satt mit Sternen gefüllt, darüber glitten breite Streifen bunten Lichts. Mich packte das Gefühl, dass ein Sinn dahinterstecken müsse, denn mir war, im wahrsten Sinn des Wortes, als sähe ich das Licht am Ende des Tunnels.

Und weiter kämpften wir uns gegen die hohen Windgeschwindigkeiten voran, die niemals nachzulassen schienen. Jeder Tag brachte 30 Knoten, manchmal auch ein bisschen mehr, selten jedoch viel weniger. Eines Morgens erreichte mich eine E-Mail von Mike, die eine Kaltfront ankündigte, mit der geschätzten Zeitangabe für ihr Eintreffen. Die Front würde zwar zusätzlichen Wind mit sich bringen, schrieb er, aber der würde nicht lange anhalten. Diese Ankündigung beunruhigte mich nicht weiter. Doch als ich weiterlas, sah ich, dass Mike noch eine Warnung für das Wetter angefügt hatte, das einige Tage später zu erwarten war. Mir blieb fast die Luft weg vor Schreck, als ich noch einmal alles durchlas: Ich segelte geradewegs in einen weiteren tropischen Sturm hinein.

Wie konnte das möglich sein? Ein tropischer Sturm auf 45 °S? Unmöglich! Was war denn an diesem Breitengrad hier tropisch? Draußen war es beißend kalt, und doch rückte der Tropensturm mit großer Geschwindigkeit näher und war so schnell, dass ich ihm wahrscheinlich nicht ausweichen konnte. Irgendwie hatte ich das Gefühl, als hätte ich das schon einmal erlebt. Mike blieb am Ball und verfolgte die Bahn des Sturms, den er Chatham getauft hatte, nach dem nächstliegenden Stück Land. Ihm war dabei entgangen, welche schlechten Erinnerungen dieser Name bei mir hervorrief, mir allerdings war die darin liegende Ironie durchaus bewusst, denn schon wieder würde ich einen Härtetest nicht weit von diesen felsigen Inseln entfernt bestehen müssen, wo wir die Rettungsaktion für John Masters durchgeführt hatten.

Mike schickte mir ein QuikSCAT File, das in Echtzeit die Winde über diesem Teil der Erde vom Satelliten aus gesehen zeigte. Es war eindeutig ein Wirbel sichtbar, mit Windgeschwindigkeiten von mehr als 70 Knoten. Wahrscheinlich würde mich Chatham mit derselben Gewalt angreifen wie der tropische Sturm im Atlantik. Vielleicht sogar noch brutaler! Mein Posteingang füllte sich mit Nachrichten von Mike, denn ein tropischer Sturm ist sehr schwer vorherzusagen, weil sich Bahn und Windstärke schnell ändern können. So sehr sich Mike auch Mühe gab, das vor mir liegende Wetter zu analysieren, genau wussten wir nicht, was auf mich zukam. Das würde sich erst herausstellen, wenn die Aviva und ich schon in der Falle saßen. Sicher wussten wir nur, dass es mich erwischen würde. Aus Mikes Nachrichten konnte ich seine Besorgnis herauslesen. Bis jetzt war er davon ausgegangen, dass ich mit Winden in Orkanstärke umgehen konnte, auch wenn ich sie nicht mochte. Aber ich spürte, dass er meinte, der anrollende Sturm sei ein anderes Kaliber.

Um dieses System schien es keinen Weg herum zu geben. Zuerst suchte Mike nach einem Ausweg nach Süden, damit ich das Sturmzentrum auf seiner Unterseite durchqueren könnte und dem Schlimmsten ausweichen. Nach einigem Nachdenken aber schrieb er, es würde möglicherweise doch nicht so schlimm, und vielleicht sei es am sichersten, ich würde den Sturm nah am Zentrum durchqueren, wodurch ich ihn nicht so lange ertragen müsste. Er ermutigte mich, die Schoten ein wenig aufzufieren und etwas abzufallen. Die Aviva liebte raumen Wind, und als ich diese wenigen Grade vom Wind abgefallen war, beschleunigte sie eifrig. So zogen wir denn los – geradewegs unserem Schicksal entgegen.

Der Plan sah vor, dass ich direkt in das Auge des Tiefs segeln und dort gleich eine Wende fahren sollte, sodass ich die gegenüberliegende Seite des Wirbels raumschots durchsegeln könnte. Nach der Wende würde mich der Raumschotkurs so sehr beschleunigen, dass ich hoffentlich schnellstens aus den schlimmsten Winden und Wellen herauskommen konnte. Der Nachteil dieser Strategie war, dass das schnelle Hineinsegeln in einen Sturm immer besondere Gefahren birgt. Die Aviva konnte dabei Schaden erleiden, denn die zu erwartende Gewalt des Sturms würde sie zwar kürzer, aber umso härter treffen.

Ich überprüfte das Rigg mit äußerster Sorgfalt. Die Segel mussten in Ordnung, alles musste an seinem Platz sein, die Leinen ordentlich und sicher belegt. Ich bereitete mich für den schlimmsten Fall vor, band alle Reffs fest im Großsegel ein, damit Wind und Sturzsee es nicht zerfetzen konnten, und dabei schüttelte ich das Wasser aus den Falten heraus, denn zusätzliches Gewicht kann ein Segel beschädigen oder den Baum belasten.

Als ich alles, was nur irgend an Deck getan werden musste, erledigt hatte, blieb mir nur noch, mich selbst vorzubereiten und auf das zu warten, was kommen würde. Ich aß etwas, um mir Energie zuzuführen, und stopfte mir noch einige Müsliriegel und andere Kleinigkeiten, die ich später essen wollte, in die Taschen. Dann füllte ich eine Thermoskanne mit heißem Wasser, damit ich den Kocher nicht bei schwerer See anwerfen müsste. Diesen Fehler hatte ich nämlich in den vorhergehenden Stürmen begangen, weshalb ich nicht nur lange Zeit durstig gewesen war, sondern auch fror. Und wenn man dehydriert ist, fühlt man die Kälte viel stärker. Daran konnte ich mich nur zu gut erinnern, also machte ich mir meine in den langen Wochen im Südpolarmeer hart erworbenen Erfahrungen zunutze. Mit jedem Tag auf See lernt man etwas Neues, auch auf dieser Reise hatte mir fast jeder Tag neues Wissen gebracht, egal wie hart die zugrunde liegende Lektion auch war.

Als wir beide vorbereitet waren, begann langsam die Angst in mir hochzusteigen. Ich wurde das Gefühl nicht los, dass etwas Schreckliches auf uns zukam. Also ging ich auf dem Deck auf und ab. Zum wiederholten Male überprüfte ich das Rigg. Erfolglos versuchte ich mich etwas auszuruhen. Wie sehr ich mich auch bemühte, nicht daran zu denken, meine Gedanken wollten einfach nicht aufhören, um den anrückenden Sturm zu kreisen. Zu deutlich war noch die Erinnerung an den letzten Tropensturm: gischtgeschwängerte Luft, abgrundtiefe Wellentäler, ohrenbetäubendes Jaulen des Windes und das überwältigende Gefühl, winzig klein und unbedeutend zu sein inmitten dieser entfesselten, rohen Gewalt der Natur. Ich wusste nicht, wie schlimm es diesmal kommen würde, hatte aber das fatalistische Gefühl, dass dieser Sturm es auf mich abgesehen hatte. Eigentlich war es absurd. In den unglaublichen Weiten dieses Ozeans war meine 72 Fuß kleine Welt nichts weiter als ein winziger Stecknadelkopf. Die kleinste Abweichung des Sturms von seinem Kurs, sogar um nur ein oder zwei Grad, würde bedeuten, dass er an uns vorüberzöge. Würde er uns wirklich frontal erwischen?

Dann fiel das Barometer sehr schnell. Ich saß am Kartentisch und verfolgte, wie der Wind stetig anstieg. Ich war vollkommen machtlos, konnte nichts tun. Wann der Sturm uns voll treffen würde und wie stark er wäre, wusste ich nicht. Plötzlich änderte sich etwas an unseren Bewegungen. Er kam näher, die Wellen wurden immer größer und begannen, mit der Aviva Ball zu spielen. Schließlich schlugen Brecher über uns zusammen.

Total erschöpft

Auf seinem Höhepunkt knüppelte der Tropensturm mit Winden von 68 Knoten in Hurrikanstärke auf uns ein. Als wir durch die Wellen krachten und donnerten, saß ich voll angezogen in meinem Schlechtwetterölzeug und Gummistiefeln unter Deck, bereit im Falle eines Problems an Deck zu kriechen. Den Gefahren dort oben wollte ich mich so wenig wie möglich aussetzen. Wenn ich dann doch hinauf musste, sah ich die Natur in vollem Aufruhr. Die Brecher waren gewaltig, auf ihnen türmten sich weiße Schaumkämme, die in Fetzen vom Sturm abgerissen wurden, die ganze Wasserlandschaft war graugrün und mit wild dahintreibenden weißen Schaumstreifen durchzogen.

Ich ging regelmäßig auch deshalb nach oben, um alles zu überprüfen. Aber jedes Mal, wenn ich aus dem Luk kletterte und mich umschaute, stockte mir fast der Atem vor der Gewalt des Sturms. Ich glaube, niemand kann sich an solch einen Anblick gewöhnen, ganz egal wie oft er ihm auch schon ausgesetzt war. Diese Welt war so unglaublich feindlich, nichts schien sich ihr widersetzen zu können, und die Wellen waren derart gigantisch und massiv, dass es aussah, als würden sie alles in ihrem Weg zermalmen. Ich war extrem angespannt und um meine Sicherheit besorgt, deshalb hielt ich mich sorgfältig fest und bewegte mich so vorsichtig und umsichtig, wie ich nur konnte. Ich wusste, dass ich der Schwachpunkt in der ganzen Unternehmung war. Mein Vertrauen in die AVIVA aber war unbegrenzt, sie würde es durchstehen. Wacker und unbeirrt segelte sie voran, diese Haltung gab mir Kraft. Ich hatte in keinem Augenblick Angst oder glaubte, dass die Situation außer Kontrolle sei. Ein Segler, der Angst hat, ist entweder am falschen Ort oder im falschen Boot, das ist meine Meinung.

Welle für Welle brachte die AVIVA hinter sich, ich blieb weiterhin äußerst wachsam und besorgt. Trotz der Erschöpfung wollte es mir einfach nicht gelingen zu schlafen. Der Lärm war zu nervenaufreibend. Wasser für eine Mahlzeit heiß zu machen war unmöglich, also blieb ich eben hungrig. Zum Glück hatte ich das heiße Wasser aus der Thermoskanne, mit dem ich mir regelmäßig etwas zum Trinken gönnen konnte.

Endlich begann der Wind abzuflauen. Zwar waren die Zahlen auf dem Windmessgerät schon einige Male nach unten gerutscht, aber die Bewegungen des Bootes hatten sich kaum geändert. Ich wusste, dass ein tropischer Sturm so schnell vorüberzieht, wie er gekommen ist, und dass er eine heftig aufgewühlte See hinterlässt. Je weiter sich das Wettersystem entfernte, desto mehr ließ auch mein Gefühl der Gefahr nach, Müdigkeit brach über mich herein.

Wie dankbar war ich, dass die Aviva alles gut bewältigt hatte und wir ohne Schaden durchgekommen waren. Doch es schien, als würde ein weiterer Sturm unmittelbar auf uns warten und uns keine Zeit zum Ausruhen gönnen, obwohl die neueste E-Mail von Mike Broughton erstmals die leichte Hoffnung auf eine Lücke zwischen zwei Wettersystemen andeutete. Ich würde mich also ein wenig erholen können. Brach dann noch zusätzlich ein kleiner Sonnenstrahl durch die Wolken, wäre das Balsam für meine Seele.

Einen Tag später flaute der Wind endgültig ab, und die einzige Erinnerung an den tropischen Sturm waren die aufgewühlte See und einige winzige Flecken Blau, die sich zwischen den dicken grauen Wolken zeigten. Schließlich übermannte mich doch für ganze eineinhalb Stunden der Schlaf, und ich nahm nichts mehr um mich herum wahr. Als ich wieder erwachte, strahlte der Himmel in hellem Blau, in meine schwarz-weiße Welt war die Farbe zurückgekehrt. Ich band das letzte Reff aus dem Groß und trimmte die Segel für das neue Wetter. Dann wanderte ich auf dem Deck entlang und überprüfte Rigg und Decksausrüstung genauestens, kontrollierte alles, was ich aus Sicherheitsgründen gerefft und festgelascht hatte. Zu meiner großen Erleichterung stellte ich fest, dass keine wichtigen Wartungsarbeiten anlagen.

Unter Deck überprüfte ich alle Bilgenräume. Es war etwas Wasser eingedrungen, das ich mit einem Schwamm herauswischte. Die Aviva hatte mich in den letzten Wochen so wunderbar beschützt, jetzt war es an mir, für sie zu sorgen. Also räumte ich auf, wusch und scheuerte sie von innen und außen. Dann trocknete ich sie ab. Jetzt sah sie wieder blitzblank und proper aus, und auch ich fühlte mich viel besser. Während sie im freundlichen Sonnenschein auf dem wieder ruhigeren Wasser dahinzog, saß ich an Deck und genoss jede Minute des flachen Seegangs. Aus dem blauen Himmel wehte eine konstante Brise – wie unglaublich schnell man doch Schlimmes vergisst.

Inzwischen waren einige sehr genaue synoptische Wetterkarten von Neuseeland auf meinem PC eingetroffen. Es war ein wirklich beruhigendes Gefühl, dass ich sie mit den Vorhersagen von Mike vergleichen konnte. Alle Informationen wiesen darauf hin, dass der Wind auf Nordost drehen würde. Der nachfolgende Wind würde unsere Fahrt beschleunigen, die Stoß- und Stampfbewegungen würden endlich nachlassen. Was für eine Erleichterung! Als Vorbereitung zerrte ich schon einmal das Code-Zero-Vorsegel aus der Last und schleppte es an Deck. Damit könnte ich das angekündigte Wetter am besten nutzen. Tatsächlich begann der Wind langsam nachzulassen und drehte rück. Wir waren zurück im Rennen. Wieder machte ich mich daran, das Segel zu heißen. Bereits nach wenigen Stunden hatte ich das Vorsegel eingerollt und mein hellblaues Code Zero gesetzt – Kurs Südspitze Neuseelands.

Die nächsten beiden Tage waren einfach wunderbar. Der Wind hielt, die AVIVA segelte auf direktem Pfad nach Neuseeland und ließ eine tanzende Hecksee hinter sich. Welch herrliche Unterbrechung für uns beide, nach den Schlägen, die wir in dem schweren Wetter eingesteckt hatten! Das Boot hatte sich wieder aufgerichtet, was das Herumgehen sehr vereinfachte. Kein eiskaltes Wasser mehr, das übers Deck schlug. Es war warm und trocken, also konnte ich einige Kleidung und Ausrüstungsteile zum Trocknen hochbringen. Sogar als der Wind verebbte und ich die AVIVA durch eine kleine Zone wechselnder Winde hin und her manövrieren musste, konnte ich noch lächeln.

Am 10. Februar überquerten wir dann die Internationale Datumsgrenze. Jetzt war ich einmal um die halbe Welt gesegelt – jedenfalls geographisch gesehen, wenn auch nicht hinsichtlich der noch zurückzulegenden Strecke. Ebenso wichtig war für mich die Zeitumstellung. Bis dato war ich immer von zu Hause weg gesegelt. Pro 15 Grad Länge war ich eine Stunde hinter der GMT zurückgefallen, jetzt plötzlich war ich zwölf Stunden voraus, und mit jedem Grad rückte unsere Zeit näher zusammen. Ich segelte nicht mehr von England weg, sondern war auf dem Weg nach Hause. Ein Gedanke, der mich richtig glücklich machte.

Und da war noch etwas, worauf ich mich freuen konnte: Nach langer Zeit würde ich zum ersten Mal endlich wieder ein menschliches Gesicht sehen. Ich hatte nämlich mit meinem Shore Team ausgemacht, dass auf der Höhe von South Island, Neuseeland, ein Helikopter herauskommen, meine Videobänder abholen und einige Fotos schießen sollte. Eine Art Beglaubigung meiner Reise, denn ich hatte seit meiner Abfahrt im November niemanden gesehen, und niemand hatte mich gesehen. Der einzige menschliche Kontakt waren die Menschen gewesen, denen ich vor Kap Hoorn zugewinkt, und der Funker, mit dem ich mich über UKW unterhalten hatte.

Die Vorbereitungen für das Treffen erinnerten mich leider unangenehm an die Rettungsaktion für John im letzten Jahr. Diesmal war ich immerhin schon etwas näher und noch dazu in derselben Zeitzone mit meinen Besuchern. Damals, bei der Planung der Notaktion hatte ich noch mit zwei verschiedenen Tagen jonglieren müssen: unserer Zeitrechnung an Bord und der in Neuseeland. Ich wollte nicht zu nah an Neuseeland heran, da die Küste immer Gefahren mit sich bringen kann. Der Helikopter konnte mich auch weiter draußen finden, dort die Fotos schießen und meine Videobänder in einem wasserdichten Behälter übernehmen.

Alles war sorgfältig geplant. Am festgesetzten Tag startete der Helikopter von South Island aus und ortete mich über Radar. Man funkte mich an und gab durch, dass der Hubschrauber in etwa fünf Minuten bei mir sei. Ich setzte mich an Deck und wartete. Während ich noch ganz aufgeregt den Himmel absuchte, meldete sich das Funkgerät erneut. Diesmal ertönte eine mir sehr bekannte Stimme: »Dee, warum brauchst du eigentlich immer Hubschrauberunterstützung, wenn du in die Nähe Neuseelands kommst?«

Ich jubelte vor Freude: Es war Rescue Dave. Dave Greenberg, der Mann an der Winde des Hubschraubers, mit dem John Masters gerettet worden war, und der dann dessen Platz an Bord bis Sydney übernommen hatte. Lachend antwortete ich ihm, und wir plauderten noch einige Minuten. Neuigkeiten und Klatsch wechselten hin und her. Dann kam der Helikopter in Sicht, näherte sich dem Boot und blieb über uns. Dave schaute heraus und winkte. Eine irgendwie unwirkliche Situation. Es war die vielleicht eigenartigste menschliche Begegnung meines Lebens. Wir waren nur 100 Fuß voneinander entfernt, vielleicht sogar weniger, und obwohl wir einander ins Gesicht sehen konnten, mussten wir uns über Funk unterhalten. Es ist ein unbeschreibliches Gefühl, nach 85 Tagen der Einsamkeit in ein bekanntes Gesicht zu blicken.

Ich verstaute die Videobänder in einer wasserdichten Box und warf sie über Bord. Mir war klar, dass diese Aufsammelaktion für Dave und die anderen ein Kinderspiel sein würde, denn ich hatte mit eigenen Augen gesehen, wie Dave mit der Wurfleine das Deck einer im tobenden Sturm bockenden Yacht auf 100 Fuß Entfernung treffen konnte. Dies hier war nur eine Fingerübung – und so lief es denn auch ab. Sie fischten die Box von der Wasseroberfläche auf, drehten noch einige Runden über uns, wünschten mir viel Glück und flogen heftig aus der offenen Tür winkend weg. Von oben muss ich wie ein winziger Fleck im Ozean ausgesehen haben, der wie verrückt winkte.

Doch ich konnte sie einfach nicht so ziehen lassen, rannte nach unten und meldete mich noch einmal über UKW. Während ich Dave und der Crew für die ganze Mühe dankte, war ich so aufgewühlt, dass meine Stimme zitterte, und als sie versagte, blieb nur die Stille zurück. Dann wünschte mir die Helikoptercrew kurz und sachlich eine sichere Weiterfahrt und sagte good bye. Jetzt war ich wieder völlig allein. Wieder gab es nur noch die Aviva und mich. Über die gesamte Strecke der zweiten Globushälfte würde sich niemand mehr aus solcher Nähe mit mir unterhalten, ich würde kein lächelndes Gesicht mehr sehen, und keiner wäre da, um mir Gesellschaft zu leisten. Ich fühlte mich vollkommen verlassen. Das Gefühl der Isolation packte mich ungeheuer intensiv. Gestern noch war ich eins mit meiner Welt gewesen, hatte mich gefreut, und heute war all diese Zufriedenheit ins Nichts zerstoben. Was zum Teufel hatte ich hier draußen zu suchen?

Einige Stunden badete ich in Selbstmitleid, und ich hätte bestimmt noch lange so weitergemacht, wenn sich das Wetter nicht eingeschaltet hätte. Das plante nämlich Abwechslung für mich. Zwei Stunden, nachdem ich mich von Dave und seiner Crew verabschiedet hatte, war der Wind schon wieder auf Sturmstärke gestiegen, und mehr als 40 Knoten peitschten über das Deck. Plötzlich wurde es nass, wild, windig und unangenehm. Ich war zu sehr damit beschäftigt, das Groß zu reffen und meinen Kurs zu überprüfen, als dass ich trüben Gedanken hätte nachhängen können. Der neue Wind kam von Westen. Also musste ich den bestmöglichen Kurs gegen den Wind finden, um so weit wie möglich nach Süden zu kommen, weil ich die Steward Islands runden wollte. Es ist kaum zu glauben, wie viel Stress die Landnähe mit sich bringt. Ich war so sehr an die offene See gewöhnt, dass mich die hier lauernden Gefahren schon fast paranoid machten. Landnähe ist deshalb am gefährlichsten, weil bereits der kleinste Kalkulationsfehler in einer Katastrophe enden kann, und abgesehen von der unguten Kombination aus Flachwasser, starken Strömungen, erhöhtem Schiffsverkehr und Navigationsproblemen hat die Landmasse ihre eigenen, oft nicht vorhersagbaren Auswirkungen auf das Wetter.

Wir segelten hoch am Wind, machten Lage und fuhren wieder richtige Wenden. Doch schließlich ließ der Wind ein wenig nach. Ich wusste jedoch, dass dies nur eine kurze Pause bedeutete, denn die nächste lebhafte Kaltfront war bereits im Anmarsch und würde mit mehr als 40 Knoten in der Nacht über uns hinwegziehen. Wind ist nie gleichbleibend. Fast immer ist er zu stark, manchmal auch zu schwach. Letzteres ist eine der größten Frustquellen und Herausforderungen beim Segeln. Wind in Sturmstärke ist schon schlimm genug, doch die schwachen Winde machten mir am meisten zu schaffen. Es ging mir auf die Nerven, wenn die AVIVA langsam vor sich hin dümpelte. Am schlimmsten aber war, in die falsche Richtung zu zockeln, während bereits die nächste Front mit 40 Knoten uns entgegenrückte. Ich wünschte, ich hätte mich damit zufriedengeben können, sicher um die Welt zu kommen und mich nicht aufzuregen, wenn unsere Fahrt voraus nicht so zügig verlief. Aber ich konnte einfach nicht anders: Je mehr ich versuchte mich aufzumuntern, desto niedergeschlagener fühlte ich mich.

Am Valentinstag feierte ich ziemlich bedrückt den vierten Jahrestag meines Zusammenseins mit Harry. Ich stand kurz vor einem physischen Zusammenbruch. Das Wetter war ziemlich wechselhaft gewesen, was das Segeln sehr erschwerte. Mir schien, als sei es alle fünf Minuten umgesprungen, und jedes Mal, wenn ich meinte, das Wetter würde jetzt lange genug stabil bleiben, um ein wenig ausruhen zu können, musste ich wieder die Segel wechseln. War ich gerade damit fertig, drehte der Wind erneut. Meist wartete ich noch ein wenig in der Hoffnung, er würde es sich noch einmal überlegen. Letztlich gab ich dann doch nach und reffte oder setzte mehr Tuch. Diese ermüdende Prozedur hatte 48 Stunden gedauert, in denen ich das Groß 14-mal reffte oder setzte. Ich war am Ende meiner Leistungsfähigkeit angelangt.

Am Tag danach bekam ich fürchterliche Magenkrämpfe. Vielleicht lag es ja an der Erschöpfung, vielleicht aber auch am Essen, wie ich später meinte. Es tat unglaublich weh. Ich war erschrocken und hatte Angst. Zwar hatte ich mich mit Dr. Spike Briggs über alle möglichen Krankheiten und Verletzungen gründlich beraten, aber wenn dann tatsächlich etwas passiert, hat man keine Ahnung, was los ist und wie schlimm es werden wird. Die Schmerzen plagten mich ziemlich, meine Eingeweide brannten. Dazu litt ich an rasenden Kopfschmerzen, die nur dadurch auszuhalten waren, dass ich meinen Kopf in einer Lücke am Kartentisch verkeilte und die Augen ganz fest schloss. Licht konnte ich überhaupt nicht ertragen, und dort, wo der Haargummi saß, schmerzte sogar die Kopfhaut.

Die Symptome waren so unspezifisch, dass ich nicht wusste, was ich tun sollte. Ohnehin fehlte mir die Energie zur Selbstdiagnose. Ich lag zusammengekrümmt hinter dem Kartentisch und hoffte, dass der Wind sich nicht ändern möge. Weder konnte ich mich konzentrieren noch bequemer hinlegen. In der wärmeren Kleidung, die ich mir übergezogen hatte, hing ich schlapp herum und bemitleidete mich selbst. So schlecht war es mir schon lange nicht mehr gegangen, jede Bewegung war äußerst schmerzhaft. Ich versuchte, so viel wie möglich zu trinken, mehr ging nicht.

Der Tag verstrich, der Wind blieb konstant, und die Aviva zog eigenständig und ohne meine Hilfe munter voran. Ich bin sicher, dass sie auf diese Weise für meine baldige Besserung sorgen wollte. Beim Anbruch der Dunkelheit begannen die Magenkrämpfe langsam nachzulassen, und solange ich mich nicht bewegte, war es schon nicht mehr so schlimm. Jetzt rief ich Harry an, um ihm zu sagen, dass es mir gesundheitlich schlechtging. Auf seine Frage, ob ich Spike schon angerufen hätte, musste ich zugeben, dass meine Kraft nicht ausreichte, um mich zum Satellitentelefon hinten im Boot zu schleppen und dass er mein erster Kontaktversuch sei.

Danach kontaktierte ich Alistair, der wiederum Spike Briggs informierte. In den nächsten Stunden wechselten medizinische Fragen via E-Mail hin und her. Spike versuchte, das Problem zu diagnostizieren. Mein Unwohlsein dauerte noch weitere 24 Stunden, dann verflog es spurlos. Ich war sicher, dass es mit dem Essen zusammenhing. Vielleicht hatte ich es mit zu wenig Wasser angerührt? Spike hielt das zwar auch für möglich, neigte aber eher zu der Annahme, dass der eigentliche Grund extreme Erschöpfung gewesen sei.

Am nächsten Tag hatte sich mein Unwohlsein herumgesprochen, sofort erhielt ich eine Unmenge aufmunternde Wünsche zur guten Besserung. Tatsächlich ging es mir ja auch schon besser, und damit setzte auch die Erleichterung ein. Die hinter mir liegende Erfahrung hatte mich ziemlich erschreckt und mir erneut vor Augen geführt, dass ich auf dieser Reise unbedingt gesund bleiben musste und mich nicht verletzen durfte, sonst konnte ich hier draußen in ernsthafte Schwierigkeiten geraten. Eine weitere Erkenntnis war, dass mich der konstant hohe Adrenalinspiegel, der mich bisher durch manche Situationen gebracht hatte, wahrscheinlich schwächte. Es ist unglaublich kräftezehrend, wenn man jeden Tag 24 Stunden lang ohne Unterbrechung für ein Boot verantwortlich ist und das tagein, tagaus. Außer der Tatsache, dass man ständig wach und auf dem Sprung ist, darf man die physischen Anforderungen nicht vergessen. Das Trimmen, der Segelwechsel, die Navigation, die Wartung der mechanischen Systeme und die vielen Reparaturen sind eine nicht zu vernachlässigende Größe. Es gibt einfach immer was zu tun. Man kann nicht einen einzigen Augenblick völlig abschalten, sondern muss immer auf Unerwartetes gefasst sein.

Mittlerweile war meine Sehnsucht nach Hilfe so sehr gewachsen, dass es mir manchmal so vorkam, als sei außer mir noch jemand an Bord. Das passierte mir meist dann, wenn ich halb im Schlaf und noch benommen vor Müdigkeit war. Wenn nur jemand da wäre, der mir wenigstens eine Tasse Tee machen oder der Wache schieben würde. Ein typischer Fall von Wunschtraum. Könnte ich nur loslassen und abschalten! Doch dazu musste ich erst einmal am Ziel meiner Reise angekommen sein. Als ich mir endlich eingestanden hatte, dass ich an Erschöpfung litt, überfiel mich eine bleierne Müdigkeit. Doch leider war mir keine Ruhe vergönnt, denn in dieser Nacht fuhren wir direkt in ein riesiges Gewitter hinein.

Es rollte mit grollenden Donnerschlägen heran, die den Himmel erbeben ließen. Das gleißende Licht der sich gabelnden Blitze zerfetzte die Wolken. Krachend fuhren sie in die See. Schon als Kind hatte ich Angst vor Gewittern gehabt, das grelle Licht der Blitze konnte ich kaum ertragen, und immer zog ich eiligst die Vorhänge zu, als ob ich sie damit bannen könnte. Auf einem Boot ist ein Gewitter noch viel schlimmer, weil man sich nirgends verstecken kann. Man ist ihm völlig ausgeliefert. Ich befürchtete das Schlimmste und sah immer wieder zum Mast hoch in der Hoffnung, dass er nicht getroffen würde. Was aber wäre wenn? Ich hatte keine Ahnung, was dann passieren könnte, also passte ich scharf auf, während das Gewitter über uns hinwegzog. Einmal hörte ich einen Riesenknall und fühlte, wie ein Zittern das Boot durchlief. Aber es gab keine Anzeichen dafür, dass wir getroffen worden waren. AVIVA stampfte ungerührt weiter voran.

Das Gewitter brachte zusätzlichen Wind mit sich, der genau wie der Donner aus den Wolken zu kommen schien. Wieder fuhren wir gegen den Wind, der schon bald auf 35 Knoten anstieg. Wenn man müde ist, wird alles so schwierig. An Deck war es nass, die Fahrt war rau. Unter Deck war es so schlimm, dass ich Probleme hatte, auch einfachste Dinge zu erledigen. Was tun? Also reffte ich die Segel und versuchte, mich auszuruhen, was mir inzwischen immer besser gelang. Mein Körper gab langsam nach, mittlerweile konnte ich schon zu allen Zeiten 20 bis 30 Minuten schlafen.

Als ich wieder erwachte, war das Gewitter vorbeigezogen, aber die Fremdheit dieser trostlosen Gegend südlich Australiens blieb. Hier, so nah am magnetischen Südpol, traten plötzlich sonderbare Abweichungen auf den Instrumenten auf. Der Kompass wurde träge und ungenau, außerdem reagierten die Windmessgeräte eigenartig sprunghaft. Zuerst dachte ich, dass das ebenfalls mit dem magnetischen Pol zusammenhing, dann kam mir die Idee, dass wir doch von einem Blitz getroffen worden waren. Dies hätte zumindest die intermittierenden Winddaten erklärt, und je mehr ich darüber nachdachte, desto logischer schien es mir. Ich besprach meinen Verdacht mit dem Team. Andrew und den anderen war diese Situation durchaus nicht neu. Es wiesen tatsächlich alle Informationen darauf hin, dass der Blitz in den Mast oder direkt daneben eingeschlagen war und dass dieser elektrische Strom eine Anemometerplatine, die ganz oben an der Mastspitze angebracht ist, verschmort hatte.

Das roch nach einem echten Problem für mich. Solange ich die Aviva wie ein Dingi segelte, brauchte ich keine Informationen über Windstärke und -richtung. Das konnte ich alles spüren. Ich wusste genau, wann sie zu viel Tuch hatte, konnte sie nach Gefühl segeln und trimmen. Das war Segeln, wie es eigentlich ist, einfach und direkt. Ich stellte mich dabei völlig auf das Boot ein und freute mich über unsere Harmonie. Die Gefahr lag darin, dass ich jetzt keine Informationen über kleinste Windveränderungen mehr erhielt, insbesondere wenn ich unter Deck war oder schlief. In diesem Fall konnte es sein, dass ich länger als nötig auf dem falschen Bug blieb, wodurch sich natürlich meine Segelstrecke verlängern würde.

Ein weiteres Problem war, dass ich den Autopiloten nicht auf einen vorgegebenen Winkel zum Wind einstellen konnte, denn Autopiloten erhalten ihre Daten aus vielen Quellen, aber mir war der Windmodus am liebsten. Damit würde das Boot immer am Wind bleiben, auch dann, wenn schwere Seen es vom Kurs abzudrängen versuchten. Es gab zwar noch die Möglichkeit, auf den Kompassmodus auszuweichen, aber das hatte sich für die Aviva nicht bewährt. Außerdem kostete es zu viel Strom aus den Batterien.

Als der Autopilot den Dienst völlig einstellte, brach meine Zuversicht in sich zusammen. Monatelang hatte er mich mit seinen Alarmen gequält. Sein lautes Kreischen, wenn er ausfiel, hatte mich unweigerlich aus dem Schlaf gerissen, falls mir denn überhaupt einer vergönnt gewesen war. Immer wenn die Änderung der Windrichtung eine bestimmte Gradzahl überschritten hatte, legten die Alarme los. Anfangs hatte mich der Lärm nur fertiggemacht, aber im Laufe der Zeit bedeutete er so etwas wie Sicherheit für mich. Stille hieß: Alles ist in Ordnung, du kannst die Augen schließen. Ohne Autopiloten würde ich nicht mehr ausruhen können.

Es gab keine andere Lösung, als nach oben in den Mast zu klettern, sobald es die Wetterbedingungen erlaubten, und das Panel auszutauschen. Dieses Ding ist so klein wie eine Streichholzschachtel und kostet etwa £ 200. An jeder anderen Stelle an Bord wäre das eine Kleinigkeit gewesen, die ich in Minutenschnelle hätte erledigen könne, nur nicht an der Mastspitze – in 28 Meter Höhe. Dort oben spürt man jede Bewegung sehr viel stärker. Vorsorglich begann ich schon einmal das Ganze mental durchzugehen.

Dann endlich wurde das Wetter besser. Jetzt konnten wir wieder nach Nordwesten segeln, und die Schaukelbewegungen der AVIVA ließen nach. Ich nahm eine heiße Dusche, zog frische Kleidung an und fühlte mich gleich deutlich besser. Leider war schon wieder ein neues Tiefdruckgebiet im Anmarsch. Zwar wollte ich vorher versuchen, noch ein wenig Strecke Richtung Norden zu machen, um ihm auszuweichen, gleichzeitig aber hatte ich während dieser Flaute noch meine Liste abzuarbeiten und die Windinstrumente zu reparieren.

Wenn man den Mast hochklettern will, sieht das aus, als würde man in den Kampf ziehen: Zuerst schlüpfte ich in einige Lagen Thermowäsche, danach zog ich das Ölzeug über. Besteigt man auf See einen Mast, weiß man auch nie, wie lange man dort oben bleiben wird. Deshalb muss man von vornherein vermeiden, dass man friert, denn nach dem anstrengenden Hochklettern kühlt man ziemlich schnell aus, und zu frieren macht das Leben im Mast ziemlich schwierig.

Sicherheitshalber zog ich auch die Stiefel an. Es ist so leicht, am Mast abzurutschen, sich zu verfangen, den Fuß einzuklemmen oder zu zerschrammen, und eine Verletzung war das Letzte, was ich brauchen konnte. Um meinen Körper vor den dort oben erwarteten harten Schlägen zu schützen, zog ich auch noch meinen Gewebeharnisch über. Steve Gush, eines meiner abenteuerlustigen Crewmitglieder auf der Global Challenge, der wohl ziemlich oft von seinem Mountainbike fällt, hatte ihn mir empfohlen, denn dieser besondere Körperschutz bewahrt alle schlag- und verletzungsgefährdeten Bereiche, wie Oberkörper und Rippen, Schultern und Ellbogen, vor größerem Schaden.

Um in den Mast aufzuentern, legte ich sowohl einen Spinlock-Decksgurt als auch einen Spinlock-Mastgurt an. Im Grunde genommen ist der Mastgurt eigentlich nichts anderes als ein Klettergeschirr, das man für den Einsatz auf Booten angepasst hat. Es wurde mit rostfreien Schnallen und breiteren Beingurten ausgerüstet, damit wir Segler länger darin sitzen können. Ich schloss ihn an Hüfte und Oberschenkeln und machte mich bereit zum Hochklettern. Dazu brauchte ich weiteres Bergsteigerklettergerät: eine Petzl-Ascension-Seilklemme mit Bandschlinge zum Hinaufklettern und ein Petzl-Grigri, um wieder herunterzukommen. Außerdem führte ich noch einen Petzl-Shunt an einer langen Leine mit: als zweite Seilklemme zur Rücksicherung der Abseilfahrt. Verlor ich den Halt oder versagte etwa das Klettergerät, fiel ich nur bis zu dieser Seilklemme, nicht tiefer, eine für mich eine äußerst beruhigende Vorstellung, da ich mich noch nie wohl gefühlt hatte, wenn ich auf den Mast musste.

Der Decksgurt ist ein einfacher Sicherheitsgurt mit integrierter Rettungsweste, daran befestigte ich die Petzl-Croll-Steigklemme, die am Seil mit nach oben rutscht und nach unten blockiert. Durch sie könnte ich auf dem Weg nach oben eine kleine Pause einlegen, um wieder etwas Kraft in Arme und Beine zu bekommen. Diese Ausrüstung erhöhte mein Vertrauen, dass ich nicht abstürzte. Der Herunterweg würde wahrscheinlich etwas schwieriger werden, weil ich dann von der Steigklemme zum Grigri, dem selbstbremsenden Abseil- und Sicherungsgerät, überwechseln musste. Ich musste mich also aus der Petzl-Croll-Steigklemme ausbinden und zum Grigri überwechseln, um mich vom Mast abzuseilen. Trat dabei irgendwo ein Problem auf, würde dieses Gerät verhindern, dass ich abstürzte.

Als Letztes setzte ich mir noch den Gecko-Kletterhelm auf, befestigte eine Werkzeugtasche an meinem Geschirr und holte tief Luft. Der Wind hatte nachgelassen, ich fuhr mit nur einem Reff im Groß. Es war Nachmittag, mir blieben gerade noch vier Stunden Tageslicht. Ganz hinten am Horizont drohte bereits ein weiteres Wolkenband, aber ich war sicher, dass ich nicht sehr lange dort oben bleiben würde.

Ich hasse Höhen. Jedesmal muss ich meine Angst überwinden, wenn ich einen Mast aufentere, und diesmal war es noch viel schlimmer. Es ist etwas ganz anderes, wenn man aus einer Höhe von fast 30 Metern auf eine Crew hinunterschaut, die das Boot segelt und auf einen achtet. Ein leeres, allein vor sich hin segelndes Boot ist irgendwie unheimlich. Ich hatte zwar die kleine drahtlose Fernbedienung für den Autopiloten dabei, aber es brauchte doch eine gewisse mentale Stärke, mein Vertrauen in dieses kleine Gerät zu setzen, das Deck zu verlassen und nach oben zu klettern.

Bei meinem langsamen Aufstieg wurde ich einige Male gegen das Rigg geschleudert. 20 Knoten Wind waren an sich nichts Besonderes mehr für mich, an Deck hatte sich der Wind sogar eher schwach angefühlt, doch hier oben waren die Bewegungen des Boots viel stärker zu spüren. Durch das Festhalten am Seil und das Hochziehen waren meine Hände schon ganz wund. Neigte sich der Bug, klammerte ich mich wie ein Koalabär an den Mast. Manchmal aber war ich nicht stark genug, schwang nach vorne und landete wieder mit einem dumpfen Aufprall am Mast, und die Schaukelbewegungen wurden mit jedem gekletterten Meter stärker, sie schleuderten mich wie eine Stoffpuppe herum, und jeder Aufprall presste mir die Luft aus der Brust.

Nach eineinhalb Stunden, als ich in etwa 21 Meter Höhe war – gerade über der zweiten Saling –, musste ich mir eingestehen, dass diese Kletterei weder sicher noch eine gute Idee gewesen war. Ich hielt es für klüger, mich abzuseilen und es an einem günstigeren Tag erneut zu versuchen. Sobald ich diese Entscheidung getroffen hatte, fühlte ich mich richtig erleichtert und wusste: Sie war richtig. Mit meinen klammen Händen versuchte ich, die Steigklemme zu lösen und vom Kletter- zum Abseilgerät überzuwechseln. Aber irgendwie hakte sie. Meine Hände waren von der Kälte so steif, dass ich nichts mehr spürte. Ich versuchte es wieder und wieder, bis schließlich die Muskeln in meinen Unterarmen vor Schmerzen brannten. Sie wollte sich einfach nicht rühren. Ich schaute erst auf das menschenleere Deck hinunter und dann nach vorne, auf den sich verdunkelnden Horizont, an dem sich ein weiteres Band wind- und regengefüllter Wolken zeigte. Die Angst stieg in mir hoch.

»Jetzt nur keine Panik und keine Tränen! Du bist die Einzige, die dich aus dieser Situation befreien kann. Lass dich bloß nicht gehen«, befahl ich mir und versuchte, mit beiden Händen den blockierten Hebel zu lösen. Aber ich schwang so heftig im Rigg herum, dass ich doch wieder loslassen und mich am Mast festhalten musste. Was nun? Ich zwängte einen Fuß zwischen den Mast und das Groß im vergeblichen Versuch, mich im Rigg zu verkeilen. Doch es reichte nicht, um das Klettergeschirr vollständig zu entlasten und das Seil aus der Steigklemme zu lösen. Mich hochzuschieben hatte ich aber auch nicht mehr genug Kraft, zudem war ich zu weit über der zweiten Saling, als dass ich mich darauf hätte setzen oder stellen können. Hier oben aufzugeben wäre Selbstaufgabe, wenn niemand mir helfen konnte.

Ich kämpfte eineinhalb Stunden, zog und zerrte an der Steigklemme herum und versuchte erneut, mich hochzuschieben, während ich hilflos im Rigg herumschwang. Einige Male flog ein Albatros um das Boot herum. Er schien das Ganze komisch zu finden. Langsam schwand das Licht des Nachmittags, und auch die Kraft in meinen Händen begann nachzulassen, aber mein Selbsterhaltungstrieb war ungebrochen. Noch ein Versuch! Ich klammerte mich mit Händen und Füßen in Mastkeep und Großrutscher, schob meinen Körper so nach oben, dass kein Gewicht mehr auf der Croll-Ascender-Steigklemme lastete. Damit musste ich sie doch endlich von der Leine loskriegen und zum Grigri-Abseilgerät überwechseln können. Geschafft! Prompt flog ich wieder in weitem Bogen über die See hinaus und klatschte mit dem Gesicht voll in das Groß. Egal, endlich war ich am Grigri. Ich klammerte mich mit letzter Kraft an der Leine fest und begann mich am Mast herunterzulassen.

Als meine Füße das Deck berührten, gaben mir die Beine nach. Zitternd schleppte ich mich ins Cockpit und legte das Klettergeschirr ab. Dann trimmte ich die AVIVA für ihren Kurs und den jetzt herankommenden Wind nach, schleppte mich in den Salon hinunter und brach in Tränen der Erleichterung aus. In meinem linken Arm klopften die Schmerzen, und als ich meine Jacke auszog, erschrak ich über den großen schwarz-roten Bluterguss, der sich von der Schulter bis zum Ellbogen über die ganze Innenseite meines Arms zog. Jede Faser meines Körpers tat weh. Das war ein Riesenfehler gewesen, ich hatte mich an den Rand einer wirklichen Katastrophe gebracht – und die Windmessgeräte funktionierten trotzdem nicht.

Durchbruch

Mein Ego war mindestens so angeschlagen wie mein Arm. Aber immerhin hatte ich eine Lehre daraus gezogen: In den Mast zu klettern war ein zu großes Risiko. Die Reparatur konnte warten – musste warten. Weniger als eine Stunde, nachdem ich an Deck zurückgekommen war, erreichten uns die Wolken, die ich am Horizont gesehen hatte, der Wind stieg auf 30 Knoten an, das Tageslicht verschwand, und die Aviva pflügte in der Dunkelheit weiter durch die Wellen.

Langsam ließ ich Tasmanien hinter mir und nahm Kurs auf Südaustralien. Meine Route wurde von den drei »Großen Kaps« bestimmt: Kap Hoorn, Kap Leeuwin an der Südwestkante Australiens und Kap der Guten Hoffnung. Mein nächster großer Meilenstein war Kap Leeuwin. Erst wenn man versucht, parallel zu Australien zu segeln, merkt man, wie riesig dieser Kontinent ist. Tag für Tag knabberten mein Boot und ich ein weiteres kleines Stück von unserem Weg in den Südindischen Ozean ab. In meinem Hinterkopf lauerte die Befürchtung, dass der Indische Ozean der schlimmste Teil der Fahrt werden könnte. In meiner Erinnerung war er grauer und stürmischer als der Pazifik – erbarmungsloser. Aber ich klammerte mich an den Gedanken, dass wir den Anfang vom Ende unserer Fahrt hier erreichten. Anders als den Pazifik konnte ich die Durchquerung des Indischen Ozeans in drei Etappen einteilen: von Kap Leeuwin zu den Kerguelen, dann zu den Crozetinseln und schließlich in die wärmeren Gewässer des Agulhasstroms. Diese Untergliederung nahm den Schrecken aus den 6000 Seemeilen, die noch vor uns lagen. Außerdem zeigte der neue Nordwestkurs zum Kap der Guten Hoffnung schon fast ein wenig in Richtung Heimat.

Meinen hundertsten Tag auf See verbrachte ich in dem zufriedenen Gefühl, dass ich wieder zu meiner alten Routine zurückgefunden hatte. Meine eigene kleine Welt war zwar endlos weit von der wirklichen entfernt, aber es war auszuhalten. Ich war glücklich und zufrieden. Manchmal schlug das Wetter wieder zu und machte das Leben an und unter Deck unangenehm. Doch die Aviva und ich kamen zurecht.

Mein Körper schmerzte noch immer von der fehlgeschlagenen

Mastkletterei. Ich fühlte mich ein wenig schwach, deshalb sank mir auch der Mut, als Mike mir eine neue Wettervorhersage schickte, die eine harte Woche ankündigte. Auf meinem Kurs war ein Tiefdruckgebiet zu erwarten, gleichzeitig entwickelte sich dahinter ein noch schlimmeres sekundäres Tief, der Nordwestquadrant des Hauptsystems enthielt Windgeschwindigkeiten von etwa 60 Knoten, der Druck des sekundären Tiefs fiel noch immer, und es sah so aus, als ob es das Hauptsystem noch übertreffen würde.

Na prima, dachte ich. Schon geht's wieder los. Die Seedünung hatte bereits zugelegt. Sie kam in langen Wellen und wurde von Kreuzseen überlagert, die uns das Leben ziemlich unbequem machten – nichts als ein harmloser Vorgeschmack auf das, was kommen sollte.

Mike und ich tauschten diverse E-Mails über das zu erwartende furchtbare Wetter aus, und kamen beide zu dem Schluss, dass ich nicht rechtzeitig weit genug nach Norden gelangen konnte, um dem unberechenbaren Nordwestquadranten des zweiten Tiefs zu entgehen. Satellitenaufnahmen zeigten darin bereits Windstärken von 70 Knoten. Wir mussten uns eine Alternative ausdenken. Also beschlossen wir, dass ich Richtung Südwesten segeln sollte. Dabei würden die nachfolgenden Winde des Haupttiefdruckgebiets uns so weit wie möglich vom sekundären Tief wegkatapultieren.

Mir war nicht ganz wohl dabei. Einerseits wollte ich nicht schon wieder geprügelt werden, andererseits ärgerte es mich, dass wir durch das Abweichen von unserem eigentlichen Kurs unnötig Meilen verlieren würden. Was aber noch schlimmer war, wir gerieten dadurch tief ins Südpolarmeer hinein. Obwohl ich alles Negative möglichst tief in mir vergraben hatte – jetzt kam es wieder hoch. Ich würde direkt in ein 6000 Seemeilen großes, gottverlassenes Stück Ozean getrieben werden, das sich in der Geschichte als weit gefährlicher erwiesen hatte als der Südpazifik. Ganz gleich, welchen Weltumsegler auf der ganzen Welt man fragt, welchen Ozean er oder sie am meisten fürchtet, die Antwort wird immer lauten: den Südlichen Ozean. Hier im Südindischen Ozean öffnet die Natur ihren Sack und lässt die schrecklichsten Wettervarianten heraus.

Dennoch, wenn ich den Sturm vermeiden wollte, blieb mir nichts anderes übrig, als wieder nach Süden zu fahren. Aber als ich auffierte und auf Raumschotkurs ging, hatte ich ein ungutes Gefühl. Mein Instinkt sagte mir, dass irgendwo dort Ärger auf mich wartete. Es war durchaus möglich, dass die AVIVA Ermüdungserscheinungen zeigte, wenn ich sie bei solchen Wetterbedingungen weiter so beanspruchte. Das Risiko, lebenswichtige Ausrüstung zu beschädigen, war dabei extrem hoch. Eine der härtesten Lektionen beim Segeln ist, dass aus einem kleinen Problem ganz leicht viele größere werden können, bis man schließlich ein ausgewachsenes Riesenproblem an der Backe hat. Noch nie zuvor war ich so angespannt und misstrauisch gewesen wie jetzt. Ich wusste nicht genau warum, aber ich spürte, dass dieses endlose Stampfen gegen den Wind am Boot nicht spurlos vorübergehen konnte.

Gewissenhaft setzte ich meine Kontrollrunden an Deck wie gewohnt fort, ganz gleich wie gut oder schlecht das Wetter war. Jeden Tag absolvierte ich zwei Inspektionsrunden vor dem Sonnenuntergang, eine auf und eine unter Deck. Einmal pro Woche überprüfte ich die Schlüsselelektronik und die Hydraulik. Vor Kap Hoorn hatte ich jede Winsch gewartet. Jetzt, an der Pforte zum Südatlantik, wollte ich sie alle noch einmal auseinandernehmen und überholen. Ich schmierte die Ruderanlage, führte Generatorchecks durch, trug alles genauestens ins Logbuch ein und hoffte, dass ich durch mein systematisches Vorgehen jedes Problem schnell in den Griff bekommen würde, bevor es sich auswachsen konnte. Bis jetzt hatte ich Glück gehabt. Hoffentlich blieb es dabei.

Das erste Tief fetzte über uns hinweg. Manchmal, wenn die Windinstrumente zum Leben erwachten, zeigten sie eine mittlere Spitzengeschwindigkeit von 57 Knoten an. Diese Art von Orkan hatte ich jetzt schon so oft erlebt, dass mir der Seegang fast normal vorkam. Erst wenn ich an Deck stand und die Wasserungeheuer mit ihren Schaumkämmen um uns herumtoben sah, wurde mir klar, wie schlimm der Sturm wirklich war. In solch einer garstigen Nacht, wenn Gischt und Schaumfetzen durch die Luft fegen, sehen die sich hoch auftürmenden Wellenberge noch erschreckender aus.

Ich hockte zusammengekauert im Cockpit, leuchtete mit meiner Taschenlampe um mich herum und überprüfte alles. Plötzlich sah ich, dass das Ende einer Schot von der Winsch herunter über Bord hing und hinter uns her geschleppt wurde. Also kroch ich vorsichtig nach achtern, um es wieder hereinzuholen. Natürlich pickte ich mich sorgfältig ein, als ich die schützende Plicht verließ, doch in diesem Augenblick brach eine riesige Welle über dem Bug zusammen und rauschte das Seitendeck entlang. Eine gurgelnde Masse weißen Wassers begrub mich unter sich, raubte mir den Boden unter den Füßen und riss mich mit sich, bis meine Sicherungsleine stramm zog. Festgeklammert am Achterschiff hing ich über der See, die Nase an eine Relingsstütze gequetscht, das untere Stück der Rettungslei-

Ich und meine Crew auf der IMAGINE IT. DONE bei zunehmendem Wind 2004 im Solent während der ersten Etappe der Global Challenge Round the World.

Am Steuerrad der IMAGINE IT. DONE im Südpolarmeer auf der Etappe nach Wellington, Neuseeland. Wir waren fast auf 60 °S. Es war eiskalt. An Deck lag Schnee.

20

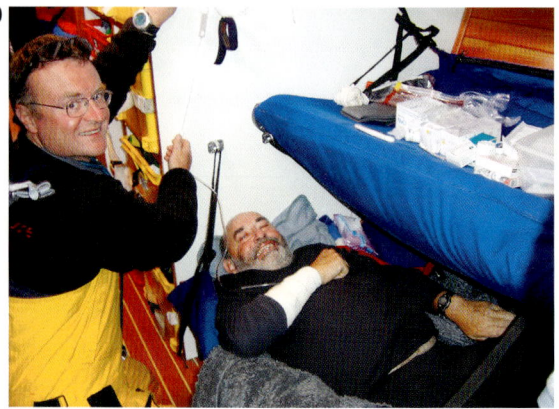

21

20 Unser Arzt an Bord, David Roche, beim Wechseln des Tropfs für John Masters, einem Crewmitglied der IMAGINE IT. DONE. John hatte sich im Südpolarmeer eine schwere Verletzung zugezogen.

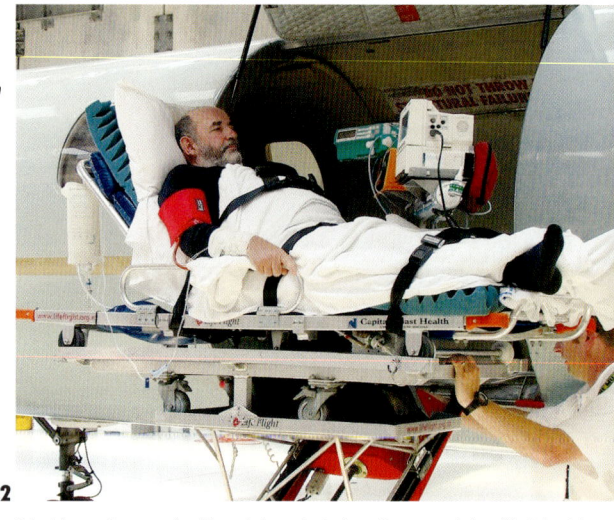

22

21 Ich am Steuerrad während der schwierigen Rettungsaktion für John Maste[r] Der Westpac-Helikopter schwebt über uns. Gleich wird John Masters mit d[er] Seilwinde hochgeholt und auf die Chatham Islands geflogen werden, von [wo] er zur medizinischen Behandlung nach Neuseeland transportiert wird.

22 John Masters wird ins Flugzeug gebracht und zur Behandlung ins Krankenhaus geflogen. Vorläufige Diagnose: Blinddarmentzündung.

23 Probesegeln auf der AVIVA vor Plymouth im Spätherbst 2005 als Vorbereitung zu meiner Soloweltumseglung.

24 Ich mit dem AVIVA Challenge Shore Team. Von links: Andrew Roberts, der Projekleiter; Mike Broughton, mein Wetterrouter; und Harry Spedding.

25

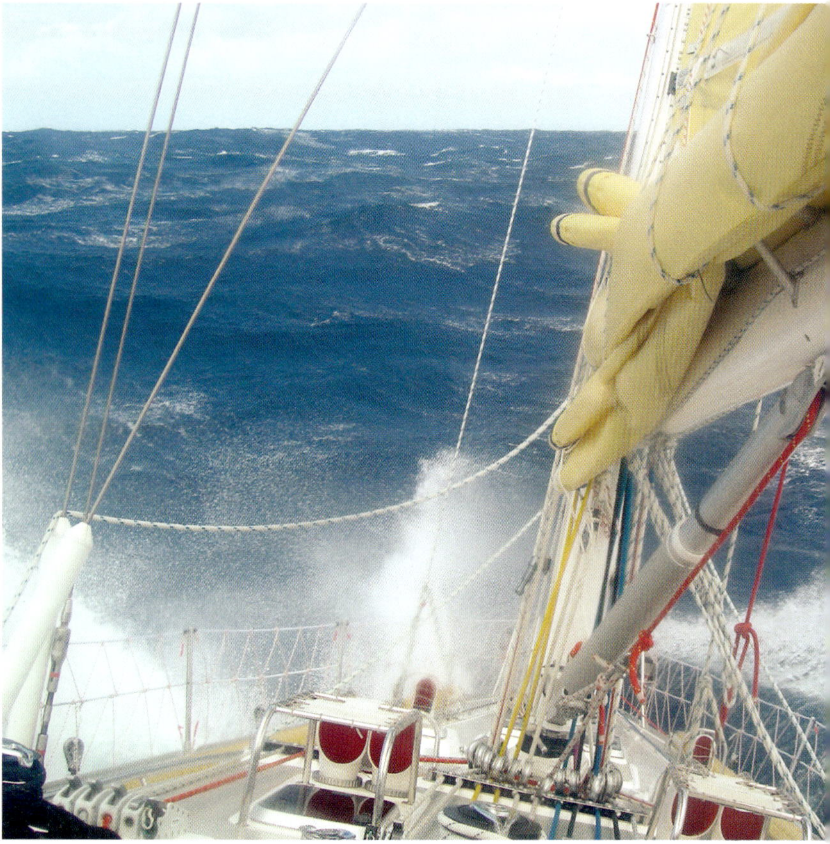

26

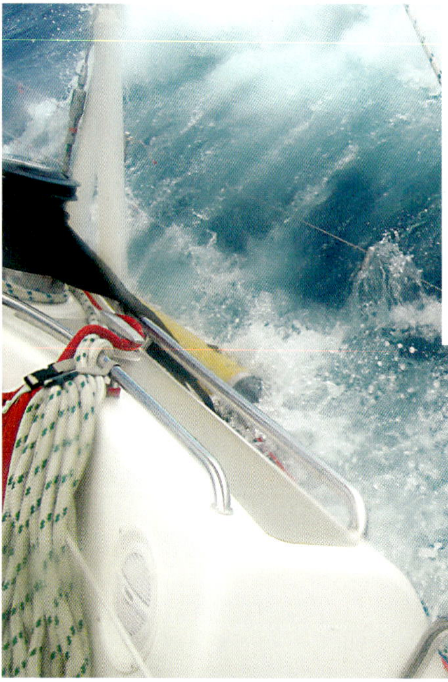

27

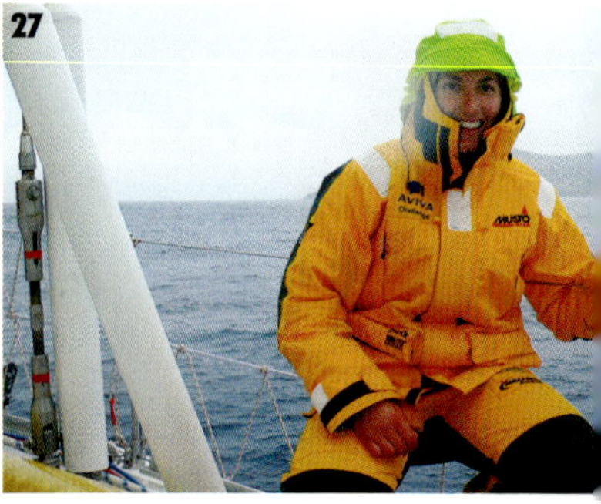

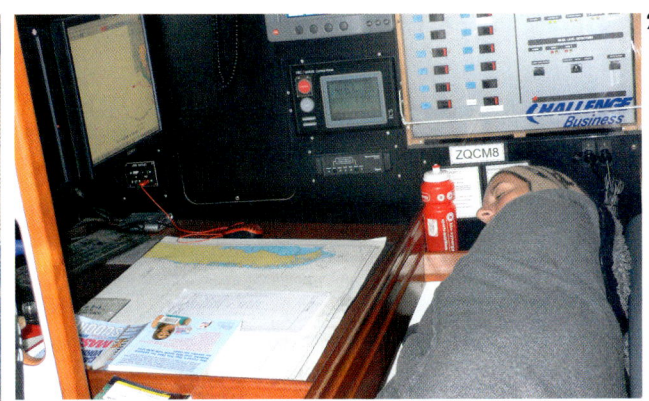

28

29

30

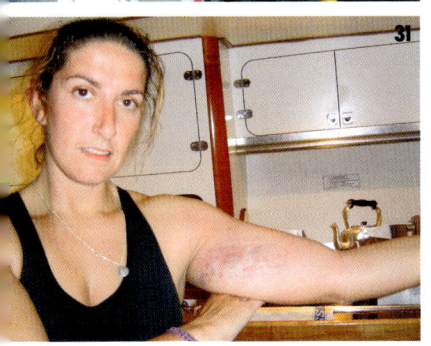

31

25 AVIVA unter Reffs in schwerem Wetter im Südatlantik, als sie gerade eine Crashlandung in einem tiefen Wellental hinlegt.

26 Die AVIVA heftig gekrängt bei schwerem Wetter im Südpolarmeer. Die Seitendecks sind ganz unter Wasser.

27 Ein grauer, aber aufregender Tag. Ich habe gerade das Problem mit dem Autopiloten gelöst und endlich Kap Hoorn gerundet. Jetzt nehme ich Kurs auf die Südlichen Ozeane.

28 Bei einem Nickerchen hinter dem Kartentisch der AVIVA, meinem bevorzugten Ruheplatz, weil er so nah an allem Wichtigen war. Die Koje habe ich auf der ganzen Fahrt nur selten benutzt.

29 So viele Geschenke! Weihnachten allein an Bord der AVIVA. Ich versuche ein tapferes Gesicht und das Beste aus dem Tag zu machen.

30 Zurück an Deck. Erschöpft, weinend und geschafft nach einer ebenso schrecklichen wie ergebnislosen Klettertour in den Mast.

31 Schlimme, sehr schmerzhafte Blutergüsse am Arm nach dem Ausflug in den Mast.

32 Ein riesiger Eisberg im Südindischen Ozean. Für mich ein aufregender und furchterregender Anblick.

33 Das grüne Vordeck: Der dicke Algenteppich bildete sich in den Wochen durch die Südlichen Ozeane, als das Deck der AVIVA unter den fast ständig hereinbrechenden Wassermassen zu leiden hatte.

34 Überwältigt von Gefühlen entzünde ich die Fackel, als ich am 18. Mai 2006 um 17.55 Uhr GMT am Ende meiner Weltumseglung die Ziellinie bei Lizard Point in Cornwall überquere. Damit bin ich die erste Frau, welche die Welt einhand gegen vorherrschende Winde und Strömungen umsegelte.

35 Jubel brandet auf, als die AVIVA und ich in der Ocean Village Marina in Southampton ankommen.

36 Vor der Menschenmenge in Southampton
nach sechs Monaten allein auf See.

ne so stramm wie den Draht eines Käseschneiders quer über meinem Gesicht.

Ich nahm all meine Kraft zusammen und zog mich ins Cockpit zurück. Dann holte ich die Leine wieder an Bord, leuchtete mit der Taschenlampe über die anderen Winschen, überprüfte die Segel und den Mast. Alles war in Ordnung. Gebückt kroch ich wieder den Niedergang hinunter und verkeilte mich hinter meinem Kartentisch, wo es relativ friedlich war. Mike hatte eine weitere Wetternachricht geschickt. Die gegenwärtige Position und der neue Kurs würden uns nichts nützen, um dem sekundären Tief zu entgehen. Mike schlug vor, ich solle auf südlicheren Kurs gehen. Meine einzige Chance lag darin, schneller zu werden. Nur dadurch konnte ich seiner Einschätzung nach dem schlimmsten Teil des anrollenden sekundären Systems entfliehen.

Was mein Boot anbelangte, war ich zuversichtlich, doch ich selbst würde noch schlimmeres Wetter nicht durchstehen. Also arbeitete ich einen neuen Kurs aus, ging an Deck zurück und fierte die Schoten. Bei 55 Knoten Wind waren die Schoten der Vorsegel so stramm wie Draht, und als ich sie aus der Klemme der selbstholenden Winsch löste und Lose gab, entlud sich die Spannung mit einem Knall wie aus einem Gewehr. Durch diesen günstigeren Anstellwinkel begannen wir loszusprinten. AVIVA stampfte und rollte noch schneller durch die See, und nach nicht einmal zwölf Stunden hatten wir dieses Tiefdruckgebiet durch die Hintertür verlassen.

Jetzt saßen wir mitten in einer Flaute. Gerade noch hatten wir uns durch eine Windstärke von 50 Knoten gequält, und nun torkelten wir stampfend und rollend auf den Wellen. Unsere Bewegungen waren so heftig, dass das bisschen Wind, das die AVIVA mit ihren Segeln erhaschen konnte, immer sofort wieder herausfiel. Es war richtig unheimlich, doch ich hatte mittlerweile genug aus den Erfahrungen der Vergangenheit gelernt, um nicht sofort wieder Segel zu setzen. Also ging ich nach unten und betrachtete die neueste Wetterkarte. Das Barometer blieb zwar konstant, aber der Wind änderte ständig seine Richtung. Ich plottete meine Position auf der Wetterkarte, dann überprüfte ich sie erneut. Kaum zu glauben, es war mir weder gelungen dem Orkan durch die Hintertür noch über die Notrutsche zu entkommen, ich befand mich jetzt genau im Auge des sekundären Tiefs.

Eigenartig. Hier saß ich wie in einer sicheren Glaskugel, während überall um mich herum die wilde See tobte. Doch aus dem Auge heraus gab es keinen anderen Weg, ich musste wieder in den tosenden Orkan zurück. Immerhin, den Winden im nördlichen Sektor war ich um Haaresbreite entgangen, das machte mich doch ein wenig froh, denn jetzt brauchte ich nur noch abzuwarten. Falls der Wind anstieg, käme er aus der anderen Richtung. Dann könnte ich eine Wende fahren und hinten aus dem Sturm heraus.

Und tatsächlich, bald frischte der Wind wieder auf, und wir begannen erneut Fahrt zu machen. Ich reffte und kämpfte mich wacker voran – wie immer. Wie Mike schon vorhergesagt hatte, drehte der Wind rück, und ich machte mich an die mühsame Arbeit zu wenden. Als wir wieder nach Westen unterwegs waren, begann der Wind langsam nachzulassen, und das Barometer stieg. Wie oft hatte ich mich schon an die Vorgaben gehalten, und dennoch war es schiefgegangen, weil die See leider die schlechte Angewohnheit hat, nicht immer nach den Regeln zu spielen. Zum Glück war diesmal alles nach Plan verlaufen.

Ungefähr zu diesem Zeitpunkt begann ich mir Gedanken über Eis zu machen. Ich kann nicht genau sagen, ob ich irgendeine Befürchtung hatte, aber irgendwie wollte es mir nicht aus dem Kopf. Der Gedanke geisterte ständig in mir herum. Mir war, als hätte ich Eis am Horizont gesehen, aber hatte ich das nicht nur geträumt? Halluzinierte ich vielleicht, oder lag es an dem Buch, das ich gerade las? Ich hatte das Werk von Peter Sefton »Sir Peter Blake: An Amazing Life« (dt.: »Sir Peter Blake – Das letzte Abenteuer«) schon teilweise durch und war an der Stelle, wo er beim Whitbread Round the World Race das Südpolarmeer durchquert. Das Whitbread ist ein hartes Rennen durch den Tiefen Süden, bei dem er seinen Kurs ohne Wegepunkte durch die Südlichen Ozeane nach Norden, aus der Eisbergzone heraus, finden musste. Sir Peter beschreibt in einer Mischung aus Furcht und Ehrfurcht, wie die großen Maxi-Yachten manchmal vor dem Wind, mit Eisbergen auf beiden Seiten, vorwärtspreschten.

Die Vorstellung, dass mir Gleiches passieren könnte, setzte sich immer mehr fest. Obwohl ich die Radaralarmzone auf fünf und zehn Meilen eingestellt hatte und nichts auf dem Schirm zu sehen war, blieb das starke Gefühl, dass irgendetwas nicht stimmte. Aviva segelte weiter klaglos vor sich hin, als mein sechster Sinn mich eines Tages hastig in mein Ölzeug schickte und schnellstmöglich an Deck klettern ließ. Kaum war ich oben und schaute in die Runde, schnappte ich vor Entzücken und Horror nach Luft. Ein Eisberg war ganz in der Nähe. Was für ein Anblick, magisch und furchterregend! Ich erschrak, wie wenig mich meine Vorahnung getrogen hatte. Es war, als wäre der Brocken meinen Gedanken entsprungen und Realität geworden.

Ich überprüfte die Wassertemperatur am Echolot, es zeigte 6,4 °C. Bis dahin war ich davon ausgegangen, dass ich mich erst in der Nähe der antarktischen Konvergenzzone um Eis sorgen müsste – mit dem ersten Warnzeichen einer Wassertemperatur von 5 °C. Wie sehr man sich doch irren kann! Wenigstens segelte ich auf Steuerbordbug nach Nordwesten, also eigentlich in Richtung der wärmeren Gewässer. Als aber das Tageslicht schwand, begann ich doch sehr nervös zu werden. Ich starrte in die Dämmerung hinaus und versuchte, den Horizont zu erkennen, denn ein Eisberg kommt selten allein.

Am nächsten Tag, dem 3. März, stand ich an Deck und zählte sechs Eisberge. Zwei davon waren direkt auf unserem Kurs, die anderen lagen querein hinter uns. Ich schaute auf den Radarschirm. Zu meiner Erleichterung konnte ich all die Eisberge, die ich mit bloßem Auge gesehen hatte, auch darauf erkennen. Das ist bei Eisbergen nicht immer der Fall, weshalb sie besonders bei Nacht so gefährlich sind.

Was man über Eisberge sagt, trifft wirklich zu. Sie sind wunderschön anzusehen, so strahlend weiß und scheinbar unbeweglich. Ihr Anblick im offenen Ozean ist majestätisch und furchteinflößend zugleich. Wie eine Fata Morgana treiben sie dahin, doch sind sie reine, unnachgiebige Materie und schlitzen eine Stahlyacht auf wie ein Dosenöffner. 1921 hatten die besten Ingenieure der Welt ein Schiff gebaut, von dem sie glaubten, es sei unsinkbar. Der Untergang der TITANIC widerlegte diese Annahme endgültig.

Eine weitere Eigenheit der kalten Riesen ist, dass man nur ein Neuntel ihres Volumens über Wasser zu sehen bekommt. Dadurch sind sogar wirklich große nur sehr schwer auszumachen. Eisberge sind eine lauernde Gefahr. Damit mir auch wirklich keiner entging, stellte ich eine Alarmzone auf dem Radar ein, die sofort melden würde, sobald ein Feind darin auftauchte. Ich fotografierte alle Eisberge, die ich sah, und schickte die Bilder an das Shore Team. Mittlerweile hatte sich Andrew daheim in Großbritannien darangemacht herauszufinden, ob irgendjemand etwas über die aktuelle Verbreitung und Ausdehnung des Eises in dieser Gegend wusste und warum es hier war. Verglichen mit dem Nordatlantik gibt es sehr wenige Informationen über Eis im Südpolarmeer, weil hier kaum Schiffe unterwegs sind und somit keine kommerzielle Notwendigkeit für eine Satellitenüberwachung besteht. Soweit wir wussten, gab es weder genaue Vorhersagen noch detaillierte Beobachtungen für den Bereich, in dem ich gerade segelte.

Wir waren ziemlich zuversichtlich, dass das Radar alle Eisberge mit einer Wasserlinie von zehn Metern und darüber aufpicken würde. Die größte Gefahr aber drohte von den Growlern, auch Eishümpel genannt, das sind kleinere Eisberge, die kaum aus dem Wasser herausragen und die das Radar kaum erfasst. So klein sie auch sind, wenn wir auf einen stießen, wäre es so, als kollidierte die Aviva mit einem Felsen.

Ich begann mich auf den schlimmsten Fall vorzubereiten. Zuerst schloss ich die schweren, wasserdichten Schotte und drückte die Hebel fest nach unten. So würde nur der Bereich dazwischen geflutet werden, falls wir uns ein Leck einfangen sollten. Und obwohl angeschlagen, würde Aviva doch schwimmen. Dann begann ich Taschen mit Notausrüstung vorzubereiten, die ich mit einem Griff schnappen konnte, falls ich wirklich das Boot verlassen musste. Ich packte ein kleines, tragbares UKW-Funkgerät hinein, Ersatzbatterien, einige Nahrungsmittel, Wasser, ein Erste-Hilfe-Set, Signalspiegel, ein kleines GPS und noch andere zum Überleben absolut notwendige Dinge. Diese Vorsichtsmaßnahme schien zwar ein wenig drastisch, aber ich wusste, dass ich im äußersten Notfall die Aviva verlassen müsste und das Risiko eingehen, in das Rettungsfloß umzusteigen, um zu überleben. Mein Boot zu verlassen, hier in diesem absolut entlegenen Teil der Erde, wo das Wetter so extrem ist, wäre wirklich der allerletzte Ausweg. Falls ich also tatsächlich von Bord gehen müsste, hinge mein Leben von den getroffenen Vorbereitungen ab. In diesen tiefen Breiten gab es so wenig Schiffsverkehr, dass eine Rettungsaktion schon allein eine Woche brauchen würde, um mich überhaupt zu erreichen.

Der Anblick der Notfalltaschen im Salon war ernüchternd und suggerierte, als würden sie irgendwie das Unglück anziehen, deshalb blieb ich lieber weiter an Deck und hielt besorgt Ausschau. Immer wieder meinte ich, Eisberge in der Ferne ausgemacht zu haben. Ständig hastete ich zwischen Deck und Kartentisch hin und her, um mich auf dem Radar noch einmal zu vergewissern. Sicher war sicher. Je weiter der Tag voranschritt, desto müder und unglücklicher wurde ich. Noch immer war Andrew dabei, mehr über das Eis herauszufinden, dann schickte er mir eine Nachricht, in der stand, dass der Weltumsegler und Antarktisforscher Skip Novak behauptet habe, Eisberge würden sich bei Nacht durch einen Lichtsaum zeigen. Er schrieb, es sei, als würden sie im Dunkeln leuchten. Als ich das las, lachte ich ungläubig auf. Wie konnte man nur so etwas Dummes behaupten? Diese Theorie war gut und schön an Land, aber wie sollte mir dieses Märchen bei der Bewältigung der realen Gefahr helfen?

Je mehr wir in die Dunkelheit eintauchten, desto mehr wuchs in mir das Gefühl, von Gefahr umringt zu sein. Als sich meine Augen daran gewöhnt hatten, setzte ich meine rastlose Wache an Deck fort. Und tatsächlich, schon bald sah ich etwas Ungewöhnliches am Horizont. Ein eigenartig fahles Glimmen, zart wie ein Nebelgespinst. Ich schaute durch mein Fernglas. Es war wirklich und wahrhaftig ein Eisberg. Also stimmte es doch, Eisberge leuchten in der Dunkelheit. Der milchige Umriss gegen die Schwärze der Nacht war wie eine Geistererscheinung und so unheimlich, dass ich mich dabei ertappte, die Kommentare ehrfurchtsvoll zu flüstern, nachdem ich die Videokamera von unten geholt hatte und Aufnahmen machte. Keine Ahnung, wen ich nicht stören wollte. Aber irgendwie schien mir lautes Sprechen fehl am Platz.

Mit dem Verschwinden des Mondes vergingen auch die geisterhaften Umrisse, was mich nicht erstaunte, denn nun war ja kein Restlicht mehr vorhanden. Wie sehr ich jetzt auch meine Augen anstrengte, ich konnte keinerlei Anzeichen eines Eisbergs mehr sehen. Wieder ging ich hinunter und setzte mich hinter den Kartentisch, wo es wärmer war und ich den ganzen 360-Grad-Bereich des Radarstrahls im Blick behalten konnte. Ununterbrochen starrte ich auf den Radarschirm, ab und zu sah ich einen weiteren Punkt auf dem Schirm aufleuchten. Dann wartete ich angespannt, bis der Strahl die Runde vollendet hatte und das, was ich zu sehen geglaubt hatte, auch wirklich bestätigte. Inzwischen war ich so erschöpft, dass ich sogar den eigenen Augen nicht mehr traute. Dann dachte ich an meinen Versuch, den Mast zu erklettern, und an die Stürme, die hinterher gekommen waren. Dabei wurde mir klar, dass ich in den letzten neun Tagen lediglich acht Stunden geschlafen hatte.

Auch jetzt konnte ich nicht darauf hoffen, ein Auge zu schließen. Die Situation war viel zu gefährlich und stressig. Vollkommen erschöpft hing ich hinter dem Kartentisch und zählte jede einzelne Minute bis zum Erscheinen des ersten Tageslichts. Der Orkan begann nachzulassen, aber ich war zu geschafft, die Reffs auszuschütten und unsere Geschwindigkeit zu erhöhen. Erst musste ich wissen, ob der Kurs vor uns frei war. Ich musste es mit eigenen Augen sehen können.

Als endlich der Tag anbrach, war der Wind abgeflaut, und wir trieben kraftlos in einem Eisfeld herum. Ich brach in Tränen der Verzweiflung aus und wollte schnellstmöglich aus diesem Gebiet verschwinden, aber wir machten so wenig Fahrt, dass wir kaum noch steuerfähig waren. Es war wirklich zum Verrücktwerden. Wir kamen einfach nicht voran. Auch die Wassertemperatur blieb unverändert. Nichts wies darauf hin, dass wir uns vom Eis entfernten. Ich fürchtete, dass wir unabsichtlich noch tiefer hineingerieten, und konnte kreuzen, wie ich wollte, ich hatte den kürzesten Kurs verloren. Eine Wende brachte uns ein wenig in Richtung Nordost, die andere nach Südwest. Das bedeutete Stillstand. Kurz, wir saßen in der Falle. Der Tag schritt voran, und wir passierten Eisberg um Eisberg. Kaum waren wir an einem vorbei, schon tauchte vor oder seitlich von uns ein weiterer auf. Wir schlichen so langsam voran, dass es mir vorkam, als würden die Eisberge auf uns zudriften. Eine äußerst irritierende Situation. Im Laufe des Nachmittags stieg meine Angst, noch eine Nacht damit zubringen zu müssen, Eisbergen auszuweichen. Aber es war nicht zu ändern.

Beim Anbruch der Dämmerung briste es etwas auf, und eine E-Mail von Andrew traf ein. Er war das ganze Wochenende damit beschäftigt gewesen, jemanden zu finden, der Informationen über das Eisfeld hatte. Dabei hatte er mit der Commonwealth Scientific and Industrial Research Organisation in Hobart gesprochen, die hatte Zugang zu einigen Satellitenbildern, welche zeigten, dass ein riesiger Eisbrocken, 20 auf 25 Kilometer groß, vom Antarktisschelf abgebrochen war und jetzt nach Norden in die wärmeren Gewässer driftete. Hier brach er in kleinere Eisberge auseinander, die Bruchstücke verteilten sich auf ein Gebiet von 90 Quadratmeilen, genau hier, wo wir uns aufhielten. Als die Satellitenaufnahmen gemacht wurden, war dieser Bereich mit tiefen Wolken verhangen gewesen. Daher war es nicht so einfach, das genaue Ausmaß des Eisfeldes festzustellen. Der Ratschlag aber lautete, Richtung Nordwesten zu segeln, um der Gefahr aus dem Weg zu gehen. Nordwesten: Dahin versuchte ich ja gerade verzweifelt zu kommen. Aber es ging nicht.

Erstaunlich, dass die Antarktis einen solchen Riesenbrocken gekalbt hatte. Wahrscheinlich war ich ganz unmittelbar von der Erderwärmung bedroht. Trotzdem, irgendwie erleichterte mich das Wissen, warum die Eisberge hier waren und dass irgendwo vor mir keine mehr wären.

Doch die Erleichterung sollte nur von kurzer Dauer sein. Am Nachmittag überprüfte ich erneut die Wassertemperatur, sie hatte sich nicht verändert. Also wieder dieselbe Prozedur: Notfalltaschen bereitstellen, wasserdichte Schotttüren schließen und den Radarschirm nicht aus den Augen lassen. Der Leuchtstrahl drehte seine Runden und ließ neue Punkte aufleuchten. Noch immer gab es Eis vor uns. Weitere 24 Stunden ohne Schlaf. Die Müdigkeit machte mich ganz benommen, und ich war so ausgebrannt, dass mir meine Lage gleichgültig war. Ich fühlte nichts mehr. Ob an Deck oder am Kartentisch, meine Emotionen waren völlig abgespalten. Mir war egal, was mit mir passierte. Nichts war mehr von Bedeutung. So schlimm war es mir fast noch nie zuvor ergangen. Ich setzte mich hin, um dem Shore Team zu schreiben, dass es aus und vorbei wäre. Ich konnte nicht mehr.

Es war früher Morgen in Großbritannien, als ich die E-Mail abschickte, in der ich meine Verzweiflung schilderte.

Datum: Samstag, 4. März 2006
Betreff: Gedanken an Selbstmord

Ich muss etwas loswerden, weil ich so absolut frustriert bin. Aber ihr alle schlaft ja. Deshalb wollte ich Harry nicht wecken, um mich wie üblich bei ihm auszuheulen. Also schreibe ich. Vielleicht werde ich es so los.

Heute ist das erste Mal, dass ich mir gesagt habe: Ich kann nicht mehr. Nach allem, was ich bis jetzt durchgemacht habe, heute hätte ich aufgeben mögen. Ich habe nicht, aber mir war danach. Ich bin von diesen verdammten Eisbergen umzingelt. Jetzt gerade kann ich sechs davon sehen. In den letzten 12 Stunden hatten wir eine Brise von so eben 4 Knoten. Wir kommen nicht voran. Also werde ich noch eine weitere Nacht um sie herumgondeln müssen. Wir könnten nach Südsüdwest in Richtung Eis segeln oder nach Nordost, was eigentlich rückwärts bedeuten würde.

Wegen des schlechten Wetters anfangs der Woche habe ich die ganze Zeit nur einige Stunden schlafen können. Jetzt spiele ich hier unten TITANIC.

Ich bin so müde. Keine Ahnung, wie lange ich noch durchhalte.

Kaum zu glauben, dass ich noch vor zwei Tagen der Meinung war, ich hätte die Welt herausgefordert und gewonnen! Ich wusste doch, dass noch 11 000 Meilen vor mir liegen, und fühlte mich zum ersten Mal so gut wie seit Langem nicht mehr. Jetzt bin ich wieder in dieser Hölle der Verzweiflung.

Dee

Gewiss, es war impulsiv und egoistisch von mir, aber ich musste diese Post einfach loswerden. Das Shore Team würde sich wahrscheinlich zu Tode erschrecken, doch es gab keine andere Möglichkeit, diese furchtbare Erfahrung zu bewältigen. Noch nie hatte ich gesagt, wie elend, hoffnungslos und konfus ich mich fühlte. Zum ersten Mal war es mir nicht gelungen, mich selber in eine andere Stimmung zu bringen. Ich brauchte Menschen, denen ich mich anvertrauen konnte, also schrieb ich alles, was mich bedrückte, in die Mail hinein. Und eigenartig: Sobald ich auf »Senden« gedrückt hatte, fiel die Last von mir ab. Es war, als hätte ich vor der Erlösung meine Niederlage eingestehen müssen. Das Schreiben war eine Art Beichte. Kaum hatte ich sie abgelegt, keimte wieder ein Funken der Entschlossenheit in mir.

An diesem Tag war Harry früh aufgewacht. Für gewöhnlich stand er immer um 02.00 Uhr nachts auf, um nachzusehen, wie weit ich gekommen war. Das Wort »Selbstmord« traf ihn wie ein Schlag in die Magengrube. Wie die meisten Segler hatte Harry zwar Stürme und schlechtes Wetter erlebt, aber keinerlei Erfahrung mit Eis. Zum ersten Mal konnte er weder meine Situation nachvollziehen noch meine Gefühlslage. Als Erstes schickte er mir eine E-Mail und bot mir sein freundliches Ohr an. Als keine Antwort kam, hielt er es nicht länger aus und rief mich an. Beim Wählen der Nummer war ihm ganz mulmig zumute. Er wusste ja nicht, in welchem Zustand er mich antreffen würde, doch ihm war klar, dass dies die größte Krise auf der gesamten Weltumseglung war.

Als ich mich meldete, fragte er ganz vorsichtig: »Wie geht es dir?«
»Fantastisch! Alles ist prima. Ich tue das, wovon ich schon immer geträumt habe.«

Harry war wie vor dem Kopf geschlagen. Dieses Unternehmen war bisher die reinste Achterbahn der Gefühle gewesen, aber so schlimm wie jetzt war es noch nie. Ich denke, dass er überlegte, ob ich ausgeflippt und verrückt geworden sei. Es war wie ein Wunder.

Nur einige Stunden nach meiner verzweifelten Nachricht hatte sich meine Stimmung radikal gewandelt. Gleich, nachdem ich sie abgeschickt hatte, war ich an Deck gegangen, am späten Nachmittag hatte der Wind etwas aufgebrist und die AVIVA wieder Fahrt aufgenommen. Es war wunderbar. Ihre Segel zogen uns voran, die Bugwelle glitzerte im schwachen Sonnenlicht. Mein Boot war voll in seinem Element. Als die Sonne unterging, leuchtete der Himmel in den unglaublichsten Farben. Wir fuhren gen Westen, direkt in ein Feuerwerk aus Orange, Rot, Purpur und Blau hinein. Der gestreifte Himmel spiegelte sich im Wasser vor uns und kleidete die AVIVA in die wärmsten Farben. Wir strebten einem Saum aus buntem Licht und einer strahlenden Zukunft entgegen.

Bewahre dir dankbar den Schatz der Erinnerung an die vergangenen Tage, breite die Arme aus und versuche mit beiden Händen das Kommende zu packen. Du machst das großartig …

Das war ein verzaubernder Augenblick. AVIVA strebte leichtfüßig voran, als wüsste sie, dass gerade etwas Besonderes passierte. Als ich zurückblickte, sah ich die letzten Eisberge hinter dem Horizont verschwinden. Vor uns war kein einziger mehr zu sehen. Ich setzte mich und schaute voraus, wie der glühende Sonnenball im Meer versank, und es glitt ein breites Lächeln über mein Gesicht. Jetzt wusste ich, dass ich an diesem Abend endlich etwas Schlaf und Essen bekommen würde. Währenddessen würde meine Gefährtin weitere Meilen hinter uns lassen.

Harry war, wie auch ich übrigens, von diesem Stimmungswechsel völlig überrascht. Ich versuchte ihm zu erklären, wie es gewesen war. Meine spirituelle Seite war der Meinung, ich sei einer Prüfung unterzogen worden. Ich war bis ans Ende meiner Kräfte gebracht worden, und als ich schließlich zugab, dass ich nicht mehr konnte, hatte ich Gnade erfahren, und mir war der Weg nach außen gewährt worden. Sei es, wie es mag, jetzt fuhren wir jedenfalls unter vollen Segeln in Richtung Westen, und die Wassertemperatur stieg bereits ein wenig an. Für mich war der Sonnenuntergang der Augenblick des Durchbruchs gewesen. AVIVA und ich waren der Hölle entronnen. Jetzt konnten wir alles, was noch auf uns wartete, bewältigen. Wir würden dieses Abenteuer erfolgreich beenden. Ich sagte mir: Egal wie hart es ist, du bist hier draußen, weil du das tust, wovon du dein ganzes Leben lang schon geträumt hast.

Goodbye, Süden

Am folgenden Tag sah ich zwar noch einige Eisberge um uns herum, aber die Wassertemperatur stieg auf ermutigende 7 °C an. Endlich Licht am Ende des Tunnels. Auch der Wind drehte, als ob er mich ermutigen wollte, einen bestimmten Kurs einzuschlagen, einen, der mich von dem Eisfeld wegbringen würde. Vorerst aber musste ich noch südwestlich bleiben, damit ich ein weiteres Tiefdruckgebiet umgehen konnte. Nach Sonnenuntergang war es immer sehr kalt. Ich schaltete das Radar nicht aus und bereitete mich auf weitere ruhelose Nächte vor.

Mit dem Erreichen der nächsten Wetterfront wurde ich wieder optimistischer. Nun hatte ich nur noch 10 000 Seemeilen vor mir, und nur zu gern war ich bereit, Fliegende Fische gegen Eisberge auszutauschen, doch die Tage wollten nur langsam vergehen. Zeit war hier ohne Bedeutung. Nach meinen Berechnungen würden wir bei dieser Geschwindigkeit bis zum Kap der Guten Hoffnung noch etwa drei Wochen brauchen, aber was kümmerte mich das? Unsere Welt bemaß sich Welle für Welle, Reff für Reff, Logbucheintrag für Logbucheintrag. Eine Woche, das sagte mir absolut nichts mehr.

Als die Front vorüber war, konnte ich endlich wieder in die günstigere Richtung nach Nordwesten wenden. Prompt holte der Wind zum Gegenschlag aus, indem er innerhalb weniger Stunden auf 55 Knoten stieg. Die See war eisig. Wilde Kreuzseen tobten um uns herum. Wellen brachen über dem Vordeck zusammen. Eiskaltes Wasser schoss das Cockpit hinunter und durchweichte mich in Sekundenschnelle, nachdem ich an Deck gegangen war. Das Wasser erwischte mich so heftig, dass es das Ölzeug fest gegen meine Haut presste, wodurch die warme Luftschicht zwischen den einzelnen Lagen meiner Thermokleidung entwich und der Isoliereffekt verpuffte. Ich bereitete mich vor zur Wende, drehte an der Winsch, löste die beiden spannbaren Backstage und holte die Großschot dicht. Dann entwirrte ich die Luvschot des Stagsegels und die des Yankees. Als ich sie auseinandersortiert hatte, führte ich die Leeschot des Stagsegels um die mit dem Coffee Grinder verbundene Winschtrommel herum. Damit zufrieden, drückte ich auf den Knopf des Autopiloten, um zu wenden.

Sobald der Bug ansetzte, durch den Wind zu gehen, löste ich die Yankeeschot und begann sie zur anderen Seite einzuholen – eine ziemlich lange Kurbelei bei diesem Winddruck. Das Segel flatterte in der Dunkelheit, ich legte mich ordentlich ins Zeug und kurbelte, was ich nur konnte. Langsam ging mir die Puste aus. Irgendetwas war hier nicht in Ordnung. Trotz der Schotlänge, die ich schon eingeholt hatte, hörte das Yankee nicht auf zu schlagen. Ich holte die starke Taschenlampe, die immer an Deck verstaut war, und leuchtete nach vorne. Als sie durch den Wind gehen wollte, war die AVIVA von einer Welle breitseits erwischt und wieder zurückgeschoben worden. Das Schothorn des Yankees schlug wild hin und her und mit ihm die 18 Millimeter dicke Schot. Die drohte jetzt alles, was ihr in den Weg kam, kaputt zu machen. Ich fuhr mit dem Strahl der Taschenlampe an der Schot entlang, von der Winsch bis zum hinteren Umlenkblock, und wieder zurück. Jetzt erkannte ich das Problem: Ein dicker Knoten in der Schot hatte sich in der Führung des Blocks verkeilt. Mit meinem Kurbeln hatte ich ihn nur noch fester hineingezogen.

Wenige Zentimeter vom Knoten entfernt, sah ich ein ausgefranstes Ende dort, wo die Schot abgerissen war. Wieder leuchtete ich mit der Lampe auf das Schothorn. Richtig, dort hing das ebenfalls ausgefranste andere Ende herunter. Die Luvschot hatte sich so lange um die Leeschot gewickelt, bis sie total verheddert und unter Druck gerissen war. Ich leuchtete am Seitendeck entlang und war entsetzt über den Schaden, den sie angerichtet hatte. Das Ende der abgerissenen Schot hatte sich um den oberen Relingsdraht gewickelt und so heftig daran gezerrt, dass nicht nur der Draht gerissen war, sondern auch vier der Relingsstützen verbogen waren. Ein schrecklicher Schaden. Mein Boot und ich hatten so viel gemeinsam durchgemacht und so sehr gegenseitig auf uns Acht gegeben. Jetzt hatte AVIVA während nur eines einzigen Wendevorgangs eine Narbe erhalten, die über das ganze Seitendeck lief.

Ich entschuldigte mich bei ihr und überlegte, was ich tun könnte, um zu verhindern, dass sich das Yankee selbst zerfetzte. Wenden musste ich noch immer, aber ich hatte nur die eine Schot am Vorsegel. Das war ein wirklich großes Problem. Mir blieb also nur, das Yankee einzurollen und mit alleiniger Hilfe des Vorsegels zu wenden. Den Rest des Problems würde ich dann bei Tageslicht in Angriff nehmen. Langsam, ganz langsam drehte die AVIVA durch den Wind. Als sie endlich so weit war, konnte ich Groß und Vorsegel trimmen und zum Anwärmen wieder nach unten gehen. Ich wollte die arme AVIVA so schnell wie möglich reparieren, schrieb eilig einen Schadensbericht und begann nach Ersatzrelingsstützen, einer Ersatzschot und etwas zu suchen, das ich anstelle des Relingsdrahts verwenden konnte.

Bei Tagesanbruch war der Schaden deutlich zu sehen. Ich war noch immer geschockt davon, wie leicht eine 18 Millimeter dicke Schot reißen kann. Ebenso beeindruckt war ich, wie gründlich sie ein aus 19 Einzeldrähten gedrehtes rostfreies Stahlseil beschädigen konnte. Solche Kräfte sind ungewöhnlich auf einer Yacht dieser Größe, ich jedenfalls hatte so etwas noch nie gesehen. Als ich mit einer ganzen Mannschaft gesegelt war, hatten wir auch schon verbogene und abgebrochene Relingsstützen gehabt, aber eine Schot oder ein Drahtseil war noch nie gerissen.

Der Wind hatte auf 35 Knoten nachgelassen. Immer noch zu viel, um das Yankee auszurollen und eine neue Schot einzuscheren. Also würde ich versuchen, wenigstens den Relingsdraht zu flicken. Ein nicht ganz ungefährlicher Job, denn der Schaden war auf der Leeseite des Bootes. Dadurch, dass die Relingsstützen verbogen waren und der Draht fehlte, war ich kaum davor geschützt, ins vorbeirauschende Wasser zu fallen. Im Gegenteil, der untere Relingsdraht in halber Unterschenkelhöhe war eine echte Stolperfalle. Um auf dem Seitendeck aufrecht zu gehen oder zu stehen, war ich zu nervös, also rutschte ich auf dem Hintern entlang und überprüfte, was repariert werden musste. Ich schüttelte den Kopf. Nein, immer noch zu viel Wind.

Als er am folgenden Tag noch weiter abnahm, versuchte ich es von Neuem. Die verbogenen Relingsstützen auszutauschen war der leichte Teil der Arbeit. Zuerst entfernte ich die beiden Relingsdrähte, dann löste ich die Stützen. Dabei achtete ich sorgfältig darauf, dass ich die winzigen 8-Millimeter-Schrauben nicht verlor. Dann setzte ich die Ersatzstützen ein, die ich an Bord hatte. Als sie im Sockel saßen und ausgerichtet waren, zog ich den unteren Draht durch und spannte ihn. Jetzt fühlte ich mich schon sicherer beim Herumgehen. Mehr Relingsdraht hatte ich aber nicht, also nahm ich eine extrastarke Spektraleine. Wenn man auf dem Deck entlanggeht, hält man sich unwillkürlich am Relingsdraht fest. Die Spektraleine musste also mehr als mein volles Gewicht aushalten, falls ich von einer Welle dagegengeschleudert würde. Mir war bewusst, dass ein Knoten der Schwachpunkt in einer Leine ist, also beschloss ich, sie an einem Stück durchzuführen und an den Enden zu spleißen. Das war besser, als sie am Bugkorb festzuknoten.

Als ich die Spektraleine durch die Relingsstützen durchgefädelt hatte, holte ich das Spleißwerkzeug, setzte mich auf das Vordeck und begann mit der Arbeit. Mittlerweile war der Wind schwächer geworden, aber wir stampften noch immer durch hohe Wellen. Während die AVIVA weiter voranbaggerte, erhielt ich eine volle Dusche, meine Hände waren steif vor Kälte, was die Arbeit nicht gerade erleichterte, aber ich musste sie unbedingt fertig kriegen. Dann war ich mit dem Spleißen durch, ging nach achtern und begann die neue Leine zu spannen. Das war zwar nicht so gut wie neu, aber trotzdem gute Arbeit. Ich war sehr zufrieden mit mir. Jetzt brauchte ich nur auf bessere Wetterbedingungen zu warten, dann konnte ich das Yankee ausrollen, herunterholen, eine neue Schot befestigen und das Segel wieder setzen.

Der nächste Tag brachte Sonnenschein, und ich hatte bereits die neue Schot zum Anbringen an das Segel vorbereitet. Leider war mir nicht klar gewesen, wie schwierig es sein würde, die gerissene Schot zu entfernen. Der Palstek, mit dem die Schot am Schothorn befestigt war, hatte die ganzen Südlichen Ozeane hindurch gehalten und war durch den ungeheuren Zug und das viele Salz steinhart geworden. Ich versuchte es mit einem Marlspieker, mit einer Zange, mit beiden Händen – nichts ging. Er wollte sich einfach nicht rühren. Also ging ich zum Werkzeugkasten, holte eine Säge und schnippelte den Knoten durch. Weil das Yankee nun schon einmal an Deck lag, nahm ich auch die andere Schot ab und schor sie umgekehrt ein, so würde sie an anderen Stellen scheuern. Als ich mit allem durch war, setzte ich das Segel erneut, trimmte es, und die AVIVA schoss nach vorne. Ich war ungeheuer stolz darauf, sie instand gesetzt zu haben. Es baut richtig auf, wenn man so eine Arbeit ganz allein erledigt hat.

Schon seit mehreren tausend Meilen hatte ich kein Segel mehr mit dem Fall bis ganz oben hochgekurbelt. Zu meiner Überraschung geriet ich dadurch gar nicht außer Atem. Obgleich ich krank gewesen war und erschöpft, war ich doch viel fitter und stärker als zu Beginn der Reise in Plymouth. Die Muskeln in meinen Schultern hatten zugelegt. So weit ich das sah, hatte ich auch nicht abgenommen. Ich aß gut und erhielt dadurch alle wichtigen Nährstoffe – obwohl ich mich mehr denn je nach einem knackigen Apfel oder einer saftigen Orange sehnte. Jetzt aber meinte ich, mir eine Belohnung verdient zu haben, durchsuchte alle Schapps und fand eine große Packung Rice Krispies. Eigentlich war das die Notration, falls mir Getreideflocken und Müsli ausgingen, aber ich war so glücklich über diesen knusprigen Fund, dass ich in die Pantry ging, Milchpulver anrührte, eine große Schüssel füllte und alles in mich hineinstopfte. In den folgenden Tagen sollten die Rice Krispies ziemlich viele meiner Trockenmahlzeiten ersetzen. Mir war egal, ob ich irgendwann später noch etwas haben würde oder nicht, ich brauchte sie jetzt. Es ist kaum zu glauben, wie sehr mir diese Getreideleckerei die letzten drei Wochen meiner Fahrt durch das Südpolarmeer verschönerte. Mit jeder Schale, die ich wegmümmelte, näherte ich mich dem Ende des Törns um einen weiteren Schritt.

Die Wassertemperatur stieg, und auch an Deck wurde es wärmer. Deshalb ging ich wieder häufiger nach oben und überprüfte das Rigg. 74 Tage lang waren wir im Südpolarmeer gewesen, und die Tage, an denen keine Wellen über das Deck brachen, waren an zwei Händen abzuzählen. Die Windinstrumente funktionierten noch immer nur mit Unterbrechung, aber es ließ sich aus der durchschnittlichen Windgeschwindigkeit, die wir unten im Süden überstanden hatten, schließen, dass wir nie aus der Sturmstärke herausgekommen waren. Ich wunderte mich darüber, wie sehr ich mich an diese Bedingungen gewöhnt hatte. Unglaublich, wie gut sich Körper und Psyche darauf einstellen können. Im normalen Leben käme man nie auf den Gedanken, bei Sturm aus dem Haus zu gehen, aber ich fand es schon fast bequem, wenn die Windstärke auf 35 Knoten nachließ – und 30 Knoten waren geradezu zahm.

Um alles aus der Nähe inspizieren zu können, kroch ich auf allen Vieren auf dem Deck herum. Vorne am Bug stutzte ich. Die Antirutschbeschichtung sah ganz grün aus. Der Bug war so lange dem Wasser ausgesetzt gewesen, dass sich ein grüner Algenpelz darauf breitgemacht hatte. Bereiche mit weniger Wasserkontakt waren zwar mit einer dünneren Schicht überzogen, doch insgesamt war der ganze vordere Bereich des Boots grün, jeder Zentimeter vor dem Mast war mit grünem Schleim bedeckt und sah aus wie die Innenseite einer Schleuse bei Niedrigwasser. Ich machte eine Aufnahme und schickte sie an das Shore Team, mal sehen, was die dazu sagen würden. In Anbetracht der Tatsache, dass die Aviva bereits die fünfzigste Yacht war, die Andrew und sein Team gegen Wind und vorherrschende Strömungen um die Welt geschickt hatte, freute es mich zu hören, dass auch sie so etwas noch nie gesehen hatten. Das belegte auf drastische Weise, wie lange und bei welch schlechtem Wetter wir durch die Südlichen Ozeane gepflügt waren.

Dieser Urschlamm ging nur unglaublich schwer ab. Der Versuch, ihn mit Wasser wegzuspritzen, misslang, also würde ich ihn mit einer Bürste abkratzen müssen. Eine langwierige und anstrengende Arbeit. Es stellte sich heraus, dass es am besten mit Milton Sterilizing Fluid ging – und natürlich ordentlicher Handarbeit. Und so schrubbte ich, bis der grüne Teppich verschwunden war. Wieder hatte ich meinen Teil des Pakts mit dem Boot erfüllt. Als ich fertig war, machte ich ihr ein Kompliment und sagte laut: »Jetzt siehst du wieder prima aus.«

Es mehrten sich die Zeichen, dass wir uns langsam aber sicher aus dieser eisigen und feindlichen Welt entfernten. Das Wasser wurde wärmer, und mit dem wärmeren Wasser kamen immer mehr Vögel, die über uns hinwegflogen, und ich sah Seegrasbänder, die aus den wärmeren Teilen des Ozeans angetrieben wurden. Der starke Agulhasstrom fließt von der Ostküste Afrikas in Richtung Süden, wo er vor Südafrika auf das kalte Wasser des Südpolarmeers trifft. Dort, wo die beiden unterschiedlichen Wassertemperaturen dieser riesigen Wassermassen kollidieren, birst der Ozean vor Leben – über und unter der Oberfläche.

Eine E-Mail von Mike, die eine Schlechtwetterpause ankündigte, verstärkte meinen Eindruck der Veränderungen noch mehr. Ich nahm mir vor, sie zu nutzen und uns auf den Atlantik vorzubereiten. Es war an der Zeit, denn ich stand vor der letzten Etappe nach Hause. In Richtung Norden würde ich das größere Vorsegel brauchen. Obwohl vor dem Kap der Guten Hoffnung sicher noch weitere Stürme auf uns warteten, war das der richtige Augenblick, den Austausch der Segel hinter mich zu bringen. Es gelang mir mit Leichtigkeit, das Yankee gegen das größere Vorsegel auszutauschen, und ich dachte mir, wie viel ich seit meiner Zeit im Atlantik doch dazugelernt hatte, denn inzwischen hatte ich den Umgang mit den Segeln voll im Griff: Ich holte das Yankee herunter und verstaute es im Sack. Dann schleppte ich es hinunter in die Segellast und räumte dort unten so um, dass der asymmetrische Spinnaker und das Code Zero oben lagen. Beide würde ich brauchen, sobald wir achterlichen Wind bekämen. Als das Vorsegel stand, sah es irgendwie eigenartig aus. So gelb. Ich brauchte eine Weile, um mich daran zu gewöhnen, außerdem konnte ich mich nicht mehr daran erinnern, bei welcher Windstärke ich anfangen musste, es einzurollen. Ohne die Hilfe der Windmessgeräte musste ich auf mein Gefühl zurückgreifen, aber die Aviva würde mir schon sagen, ob sie mehr oder weniger Segelfläche brauchte. Wieder ein Schritt in Richtung zum Ausgang des Südpolarmeers. Was für ein wunderbares Gefühl.

Ich fing wieder an, mehr über mein Leben nachzudenken. Nicht nur über die Zeit mit dem Boot, sondern auch über die Zeit davor und danach. Ich hatte mich so viele Jahre von großen Ereignissen leiten lassen, dass ich kaum über das Gesamtmuster nachdachte, jetzt hatte ich genug Muße dazu. In welche Richtung wollte ich mein Leben künftig lenken? Wollte ich so sein, wie man mich sieht? Welche Dinge wollte ich ändern? Welche Aspekte meines Lebens lagen außerhalb meiner Kontrolle? Das Leben von heute ist so hektisch, dass wir uns solche Fragen weder stellen noch beantworten. Die Zeit auf der Aviva streckte sich, also nutzte ich sie. Langsam gelang es mir, die Hochs und Tiefs meiner Stimmungen, die ich während dieser Fahrt erduldet hatte, zu sortieren. Ich begann zu erkennen, welche vom Schlafmangel hervorgerufen wurden und was echte Gefühle waren.

Das war ein wichtiger Schritt für mich. Die Welt der Einhandsegler ist rau und gefährlich, aber sie ist auch oft etwas unwirklich. Während ich die Aviva durch Sturm und Eis steuerte, waren mir in neun Tagen gerade einmal neun Stunden Schlaf vergönnt gewesen – ein kleines Wegnicken hier und da. In einer anderen Situation nennt man eine solche Anspannung und diesen extremen Schlafentzug Folter. Die meisten Solosegler, so auch ich, werden dadurch sehr emotional und neigen zu Tränen. Oft wollte ich weinen. Nicht weil etwas schief gelaufen war, sondern weil es mir danach besser ging. Ich glaube nicht, dass das nur für Frauen typisch ist. Meiner Meinung nach ist es nichts weiter als eine ganz natürliche menschliche Reaktion, wenn man einem so hohen Stresslevel ausgesetzt ist.

Leider begann das Südpolarmeer mich wieder am Ärmel zu zupfen, obwohl ich doch gerade dabei war, es zu verlassen. Im schlimmsten Fall ist das Südpolarmeer ein gnadenloser, gottverlassener Ort, aber es ist auch die reinste Naturgewalt, die es gibt. Niemand, der es durchquert hat, wird es je vergessen. Seine Wucht und Kraft ist beeindruckend. Es hat einen Zauber, den man nicht beschreiben kann, man muss das erleben. Um mich auch in späteren Jahren noch daran zu erinnern, setzte ich mich an den Kartentisch, nahm einen Stift und schrieb in mein Tagebuch:

Gedanken über die Südlichen Ozeane:

Es scheint schon eine Ewigkeit her zu sein, dass ich Kap Hoorn umrundet habe und in die Südlichen Ozeane einge- taucht bin. Seit dem 4. Januar habe ich Wetter jeder Art erlebt. Ich war in Flauten und in Stürmen von Orkanstär- ke. Letztere häufiger. Mir schien, als würde das Wetter nie

*nachlassen mit seinen Attacken auf uns. Mit jedem Tag
beeindruckte mich die AVIVA mehr, wie sie den Schlägen
standhielt, die ihr die Natur verpasste.*

*Das waren aufreibende 12 Wochen im entferntesten Teil
dieser Erde. Ich musste viel innere Stärke aufbringen, um
mich nach jedem Sturm und jeder Niederlage wieder auf-
zurichten. Es wurde im Laufe der Zeit von Mal zu Mal
schwerer. Manchmal war ich physisch und emotional völlig ausgelaugt. Dennoch hatte ich die einzigartige Gelegenheit wahrzunehmen, was für ein unglaublicher Lebensraum dies ist. Es ist ein Privileg, schon zweimal durch diese
endlose, wilde Weite gesegelt zu sein. Jeder Segler hat den
größten Respekt vor den Südlichen Ozeanen, und ich danke
dir, Neptun, dass du mich noch einmal ohne Schaden
durchgelassen hast.*

Wo enden die Südlichen Ozeane eigentlich genau? Die Frage ist
schwer zu beantworten. Eine genaue Grenze gibt es nicht, obwohl
man sich generell darauf geeinigt hat, dass sie bei 40 °S, den Brüllen-
den Vierzigern, beginnen und enden. Am Sonntag, dem 26. März,
am Muttertag, passierte ich diesen Breitengrad. Jetzt war ich so weit
nördlich wie seit Weihnachten nicht mehr. Das Wetter war sehr
warm, sodass ich zum ersten Mal Shorts anziehen konnte. Ein unglaublich gutes Gefühl. Ich rief Mum über Satellitentelefon an, um
ihr einen wunderschönen Tag zu wünschen. Ich wusste ja, wie
erleichtert sie hören würde, dass ich mich dem Kap der Guten Hoffnung näherte. Ab dort wurden die Risiken sehr viel geringer, denn
sichere Häfen und Rettungsmöglichkeiten waren im Notfall schneller erreichbar.

All das brachte das Gefühl mit sich, dass ich mich wieder der
menschlichen Gesellschaft näherte. Das Leben würde langsam
normal. Jetzt begann ich ungeduldig und reizbar zu werden, die
Monotonie des Segelalltags ging mir auf die Nerven. Jeder Tag, jede
Woche das Gleiche: Tagestank füllen, Generator anstellen, Entsalzungsanlage laufen lassen, Generator überprüfen, Boot segeln, Wetter überprüfen, mich auf die Navigation konzentrieren, etwas ins
Logbuch eintragen. Immer war ich mit Routinearbeiten beschäftigt.
Ich war Sklavin in einer Maschine. Kurz, seit ich keine Angst mehr
hatte und seit ich nicht mehr erschöpft war, langweilte ich mich nur
noch.

Ich drehte die Musik laut auf und schaute nach eingetroffenen E-Mails. Leider hatte mir das Shore Team nichts geschickt. Das machte üble Laune. Ich stapfte auf dem Boot hin und her und schmollte, dann rollte ich mich zusammen und tauchte eine Weile in einen guten Schlaf ab. Nach dem Erwachen kehrte ich wieder an Deck zurück, setzte mich in die Sonne und ließ meine Haut von ihren Strahlen wärmen. Jetzt durfte die Reise ihrem Ende zugehen, ich war bereit.

Schweiß und Mühen

Nach 86 Tagen Schweigen erwachte das UKW-Funkgerät zu neuem Leben. Es waren wieder menschliche Stimmen auf der AVIVA zu hören, die in den Lauf meiner Gedanken einbrachen. Cape Town Radio beantwortete Routineverkehrsfragen. Der Sea-Me Active Radar Transponder piepte und zeigte an, dass wir in den Radarbereich eines anderen Schiffes geraten waren. Ich hatte seit Kap Hoorn keinen einzigen Ton mehr von ihm gehört, und hier waren wir noch 169 Seemeilen vom Kap der Guten Hoffnung entfernt. Ich schaltete das Radar ein und sah einige Schiffe, wahrscheinlich Fischerboote. Es gab also tatsächlich Leben hier draußen auf dem Ozean. Wie eigenartig, wenn auch nicht unbedingt angenehm, wieder andere Boote in der Nähe zu wissen. Von nun an war erhöhte Wachsamkeit angebracht.

Das Kap der Guten Hoffnung kam immer näher. Wir segelten mit einer Geschwindigkeit von neun Knoten, gelegentlich surften wir sogar auf einer großen nachfolgenden See. Bei so idealen Raumschotbedingungen würde ich zum Ausweichen und Halsen eine ganze Weile brauchen, sicherheitshalber funkte ich deshalb jedes Schiff an, das auch nur im Entferntesten danach aussah, als würde es meinen Weg kreuzen. Die meisten waren zwar sehr weit weg, aber ich war inzwischen so wenig an Schiffsverkehr gewöhnt, dass ich mir nicht mehr so recht zutraute, die Geschwindigkeit und die Entfernung der anderen richtig einzuschätzen. Gleichzeitig tat es mir richtig gut, mit anderen Menschen zu sprechen.

Auf Höhe des Kaps der Guten Hoffnung war ein weiteres Rendezvous geplant, was in mir die Sorge schürte, ich könnte zu nah an Land geraten, wenn der Wind abflaute. Nur ungern erinnerte ich mich daran, wie wir hier letztes Jahr bei der Global Challenge in die Flaute geraten waren. Abergläubisch wie ich bin, fürchtete ich, dass sie mir in Landnähe wieder auflauerte. Zudem war ich ungeduldig und wollte das Rendezvous so schnell wie möglich hinter mich bringen und »um die Ecke biegen«, damit ich mich endlich auf den langen Heimweg machen konnte.

Am Montag, den 3. April 2006, um 16.00 Uhr GMT, rundete ich das Kap der Guten Hoffnung und war überglücklich, dieses Kapitel der Reise abschließen und endlich nach 88 harten Tagen die Südlichen Ozeane hinter mir lassen zu können. Ein Helikopter kam zur AVIVA und mir heraus und holte einige Videobänder von Bord. Dann flog er noch einige Male um uns herum und schoss Fotos. Wieder einmal war es wunderbar, Kontakt mit Menschen zu haben, aber sie blieben nicht lange, und ich kannte ohnehin keinen von ihnen persönlich. Deshalb fiel mir der Abschied nicht so schwer wie damals vor Neuseeland, als ich das Gesicht Dave Greenbergs im Helikopter verschwinden sah. Ich wollte nur noch weiter.

Während der letzten drei Monate war das Kap der Guten Hoffnung in meinem Kopf zu einem gigantisch wichtigen Meilenstein geworden, psychologisch gesehen wurde das Kap sogar zum Dreh- und Angelpunkt meiner gesamten Fahrt. Schaffte ich es bis dorthin, hatte ich den sicheren Weg nach Hause erreicht. Die Temperatur würde ansteigen, das Land wäre näher, und ich könnte endlich den Bug nach Norden, in Richtung Heimat, drehen. Seit ich angekommen war, sah ich die nächste Etappe der Fahrt nüchterner, nicht mehr ganz so rosig. Nach Hause waren es immerhin weitere 7000 Seemeilen, noch ein Drittel der Gesamtstrecke lag vor mir, und ich machte mir keine Illusionen: Es konnte noch alles Mögliche passieren. Der Atlantik kann ebenso tückisch sein wie die Südlichen Ozeane. Dennoch – ich hatte eine weitere Hürde erfolgreich hinter mich gebracht und fühlte mich so erleichtert, als sei gerade eine Zentnerlast von mir abgefallen.

Der Atlantik empfing uns mit offenen Armen. Trotz des starken Windes segelten wir in ruhiger See vor uns hin und schnitten durch das blaue Wasser. Die Sonne wärmte meinen Rücken, ich war wieder bester Stimmung, zum ersten Mal auf dieser Unternehmung ging die Sonne an Backbord unter und an Steuerbord auf. Meine Welt hatte sich gedreht. Diese kleinen Dinge waren für mich ungeheuer wichtig, denn sie bedeuteten, dass wir vorankamen. Genauso bedeutsam war, dass wir oft von Delfinen besucht wurden. Sie kamen heran und tanzten in der Bugwelle. Fliegende Fische schwirrten einige Zentimeter über der Wasseroberfläche entlang. Glücklich, zur früheren Morgenroutine zurückgefunden zu haben, schob ich die toten Fische mit der Handschaufel über Bord, bei Tag konnte ich die vielen Lagen Thermokleidung ablegen, und als mich Sonne und Luft erwärmten, schälte sich meine Haut wie eine Zwiebel. Auch das hatte für mich Bedeutung und kam mir so vor, als streifte ich damit die Last harter und entbehrungsreicher Monate ab.

Hier im Atlantik wollte ich die Aviva wieder stärker vorantreiben und Zeit aufholen. Außerdem musste ich mich durch eine lange Liste zu erledigender Dinge arbeiten. Wenn ich nicht aufpasste oder zu selbstzufrieden war, geriet ich möglicherweise schnell in Probleme. Einige der anstehenden Arbeiten waren nichts als Vorsorge, die schwierigeren Grundüberholungen mussten auf besseres Wetter warten. Ich machte mich an eine der einfacheren Arbeiten, nämlich die Wartung der schwer arbeitenden Winschen. Das waren nicht weniger als fünfzehn, und im Inneren ihrer Trommeln hatte sich eine dicke Schicht Salz angesammelt. So saß ich denn einige Tage an Deck, baute sorgfältig die Zahnräder aus und schmierte sie, dann ölte ich die Federn und ersetzte alle defekten. Eine schmutzige Arbeit. Als ich damit fertig war, wollte ich die Entsalzungsanlage anwerfen und duschen. Ich startete den Generator und drückte auf den Startknopf der Anlage, sie sprang an und bereitete einige Minuten lang das Salzwasser auf, dann stoppte sie. Da war bestimmt etwas faul. Das musste ja so kommen, bis jetzt war alles einfach zu gut gelaufen.

Ich überprüfte den Wasserstand in beiden Tanks und bekam einen Riesenschreck. Die Entsalzungsanlage hatte monatelang problemlos funktioniert, deswegen hatte ich es mit der Überprüfung des Wasserstands nicht so genau genommen. Jetzt hatte ich gerade noch so viel Süßwasser, dass es zum Trinken und zur Essenzubereitung bis Ende der Reise reichen würde, aber nur dann, wenn ich sparsam blieb. Hielt mich aber eine Flaute länger auf See, würde ich in ernsthafte Schwierigkeiten kommen. Gewiss, ich könnte den Vorrat ein klein wenig aufstocken und Regenwasser auffangen. Was aber, wenn es nicht regnete? Ich konnte es nicht fassen, dass ich so fahrlässig gewesen war. Nach allem, was wir bis jetzt durchgemacht hatten, konnte das ganze Unternehmen noch fehlschlagen, falls mir das Wasser ausging.

Ich schickte eine E-Mail ans Shore Team, dann machte ich mich daran, die Entsalzungsanlage zu überprüfen. Es war schon eigenartig, kaum waren wir im Atlantik, schon hatten wir wieder dieselben Probleme wie auf dem Hinweg. Wieder hockte ich im engen Ölzeugraum, die Werkzeuge lagen um mich herum, und ich rackerte mich mit einigen Teilen der Hochdruckpumpe ab und entleerte das System, wechselte die Filter und tauschte sogar die Sicherungen aus, die prompt erneut durchknallten. Das Problem schien in der Elektrik zu liegen, aber ich entdeckte auch ein Leck im Hochdruckteil.

Trotzdem arbeitete ich vergnügt vor mich hin, im Auseinandernehmen der Pumpe war ich ja durch das letzte Mal im Atlantik schon sehr geübt, bis ich an den Punkt kam, wo ich die Dichtungen austauschen sollte. Hier blieb ich stecken.

Das Shore Team hatte, um mir zu helfen, eine identische Aufbereitungsanlage bis zum selben Stand wie meine auseinandergenommen. Als sie so weit waren, riefen sie mich an, sagten mir, welche Dichtungen wohin gehörten, und gaben mir einige Tipps zum Austauschen derselben. Nach dem Auflegen machte ich mich mit Feuereifer an den vermeintlichen Fünf-Minuten-Job. Drei Stunden später war ich noch immer nicht weiter. Ich versuchte alles Mögliche, um die Zylinder wieder einzusetzen und die Dichtungsringe wieder an Ort und Stelle zu bugsieren, sie wollten einfach nicht passen. Irgendwann stand ich auf, ging nach oben und stapfte auf dem Deck hin und her, dabei schrie ich meinen Frust auf das Meer hinaus. Als ich mich davon befreit hatte, machte ich mich wieder an die Arbeit. Ich würde mich keinesfalls geschlagen geben.

Schließlich gab ich doch auf, rief wieder in Plymouth an und sprach mit Peter Pearce, der die ganze Prozedur noch einmal mit mir durchging. Irgendetwas war falsch gelaufen, und plötzlich dämmerte es Peter, woran es liegen könnte. War es möglich, dass ich versucht hatte, die Dichtungsringe falsch herum einzusetzen? Ich nahm eine dieser schwarzen Plastikdichtungen und drehte sie um, in meinen Augen sah sie auf beiden Seiten ziemlich gleich aus. Ich konnte es ja mal versuchen. Wieder legte ich den Hörer auf und machte mich an die Hochdruckpumpe. Innerhalb weniger Minuten hatte ich die Dichtungen richtig herum eingesetzt. Jawohl, so passten sie. Ich musste lachen. Es war, als hätte ich versucht, einen eckigen Pflock in ein rundes Loch zu stecken. Andersherum hätten sie nie hineingepasst, warum war mir das nicht selbst aufgefallen!

Zufrieden schraubte ich alles wieder zusammen und startete erneut die Entsalzungsanlage. Die Pumpe sprang jaulend an, lief einige Minuten, dann stoppte sie wieder. Totale Stille. War vielleicht schon wieder eine Sicherung durchgebrannt? Ich hatte keine Ahnung, aber mir reichte es für heute. Ich setzte mich hin und verfasste eine lange Nachricht an das Shore Team, in der ich alle meine Arbeitsschritte auflistete in der Hoffnung, dass sie sie nachvollziehen konnten.

Am folgenden Tag schickte mir Keith Baxter, der Elektriker, eine Anleitung, wie ich die Anlage neu verdrahten sollte. Auf diesem

Gebiet war ich völlig unbeleckt. Zwar kannte das Challenge Team jeden einzelnen Zentimeter dieses Boots in- und auswendig, und ich war sicher, dass es kein Problem gab, das es nicht lösen konnte. Die Frage war nur: Würden wir es auch gemeinsam schaffen? Die Verdrahtung verlangte nicht nur ein völlig anderes Verständnis, sondern auch Geduld und Vertrauen.

Als ich den Elektroverteilerkasten der Entsalzungsanlage öffnete, sank mir der Mut. Das Drahtgewirr sah so kompliziert aus, wie der Streckenplan der Londoner U-Bahn. In der Anleitung von Keith waren die Sicherungen, die ich überbrücken musste, und die Relais, die ich »redundant machen« sollte, genau angegeben. Zwar hatte ich keine Ahnung von den technischen Begriffen, aber doch eine ungefähre Vorstellung von dem, was gemeint sein könnte. Ich folgte der Anweisung Schritt für Schritt, schraubte die Abdeckung des Verteilerkastens wieder an und hoffte das Beste. Für den Fall, dass es funktionierte, hatte ich die strikte Anweisung, zwei der vier Tanks sofort mit Süßwasser zu füllen, um genug Wasser bis zum Ende im Vorrat zu haben.

Ich drückte auf den Schalter. Und tatsächlich, die Pumpe startete mit lautem Jaulen. Ich hielt den Atem an. Wasser wurde hereingepumpt, und als ich es probierte, schmeckte es entsalzt. Es sah ganz so aus, als könnte die Pumpe den Druck aufrechterhalten. In der nächsten Stunde blieb ich wie eine besorgte Mutter neben der Anlage sitzen und schaute zu, wie das Trinkwasser langsam in den Tanks stieg. Bald hatte ich wieder genug Vertrauen, um mich an Deck mit anderen Dingen zu befassen, aber immer wenn sich das Pumpengeräusch nur ein klein wenig änderte, stürzte ich auf das Schlimmste gefasst nach unten. Doch die Pumpe füllte unbeirrt die Tanks, und als zwei randvoll waren, schickte ich eine E-Mail nach Plymouth, um zu sagen, dass ihr Zauberspruch auch diesmal gewirkt habe. Danach gönnte ich mir etwas Gutes. Fünf Tage nach Beginn der Probleme mit der Entsalzungsanlage stieg ich unter die Dusche und wusch mir die Haare. Ich kann gar nicht sagen, wie herrlich sich das anfühlte!

Obwohl ich noch 1500 Seemeilen vom Äquator entfernt war, konnte ich ihn bereits spüren. Die E-Mails von Mike enthielten Wetterberichte und zeigten, dass die Kalmen auf der anderen Seite sehr ausgedehnt waren. Ich begann mich auf ein Schneckentempo nach Norden einzustellen. Irgendwie war ich innerlich hin und her gerissen, einerseits wollte ich schnellstmöglich nach Hause, denn ich konnte es kaum noch erwarten, frisches Essen zwischen die Zähne zu bekommen. Ich hatte diese dauernden Reparaturen ebenso satt, wie darauf zu warten, dass wieder etwas kaputtging. Ich wollte Menschen sehen und mit ihnen reden. Andererseits bedauerte ich, dass sich das Ende der Reise näherte. So sehr ich mich auch auf die Menschen freute, der Gedanke, dass hinter der Ziellinie andere an Bord kommen würden und dass ich meine Aviva dann mit ihnen teilen musste, bereitete mir großes Unbehagen. Sicher, sie würden mir helfen. Die Kehrseite der Medaille aber war, dass ich nicht mehr alles alleine in der Hand hatte. Ab dann würde ich mich wieder daran gewöhnen müssen, dass andere das Sagen hatten, ja dass sie vielleicht sogar Entscheidungen treffen würden, die mir nicht gefielen. Das wäre hart. Nun ja, man muss sich im Leben an alles Mögliche gewöhnen. Gerade im Augenblick musste ich mich damit abfinden, dass das Segeln langsamer wurde.

Mein ganzer Körper schien zu jucken. Auf dem Rücken hatte ich dort, wo ich mit der Sonnencreme nicht hingekommen war, einen Sonnenbrand. Dummerweise konnte ich mich jetzt, da er abheilte, an den Stellen nicht kratzen. Immer wieder hatten wir nur leichten Wind, und die Aviva zockelte gemütlich vor sich hin. Ich wurde immer frustrierter. Auch die Wassertemperatur stieg an. Vor einigen Wochen noch hatte ich unter der Kälte gelitten, und jetzt war es mehr als 36 °C heiß und erdrückend, denn der Stahlrumpf heizte sich über den Tag auf. Sobald der Wind nachließ, drang nicht der leiseste Hauch Frischluft durch die Luken, und unter Deck war es heiß wie in einer Sauna. Bei dieser Hitze konnte ich nicht schlafen. Ich war müde, dehydriert und unglaublich unruhig. Ich gab meinen Schlafplatz am Kartentisch auf und versuchte es fast zum ersten Mal mit meiner Koje im Salon. Bis jetzt hatte ich mich lieber in Nähe der Kontrollinstrumente zusammengerollt, obwohl ich mich auf der Bank nicht richtig ausstrecken konnte. Der Platz in der langen Koje, direkt unter einem Decksluk, war nun einer der wenigen Orte, den ein kühler Wind durchstrich. Hier fiel ich in einen unruhigen Schlaf.

Ostern ging ohne besondere Ereignisse vorüber. Ich hatte viel Zeit nachzudenken. In diesem Jahr fiel Ostern mit dem Todestag meines Vaters zusammen. Ich sprach mit ihm, erzählte, was ich bisher geschafft hatte, auch von meinen Hoffnungen und Plänen für die Zukunft. In der Zwischenzeit kamen wir dem Äquator immer näher. Abergläubisch wie die meisten Segler, wollte ich Neptun ein besonderes Opfer bringen. Auf dem Weg nach Süden hatte ich ihn mit Champagner und Schokolade besänftigt und darum gebeten, er möge uns sicher um die Südhalbkugel geleiten. Die Passage war äußerst schwierig gewesen, also schuldete ich Neptun diesmal eine ganz besondere Gabe als Dank dafür, dass er mich wieder nach Norden zurückkehren ließ. Zudem war dies meine vierte Äquatorquerung in zwei Jahren.

Im Sommer nach Dads Tod hatten wir seine Asche über dem Meer verstreut. Dad hatte immer davon geträumt, so weit nach Süden zu segeln, »bis die Butter schmilzt«. Manchmal hatte er im Scherz gesagt, er wolle als Rentner auf einer Yacht leben, und auf dem Meer fühlte ich mich ihm näher als anderswo. In all den schlimmen Zeiten, wenn die AVIVA auf einer glasigen See vor sich hin trieb oder von Wind und Wellen so sehr herumgeworfen wurde, dass ich mir wünschte, der Sturm würde aufhören, bat ich ihn darum, mir beizustehen. Ich hatte das Gefühl, er könnte mich sehen und alles beobachten, was ich tat. Wie Mum würde auch er sich um meine Sicherheit sorgen, und wenn ich jetzt also bald den Äquator überquerte, dann wollte ich etwas Besonderes tun, um ihm zu zeigen, dass unsere Familie wohlauf und erfolgreich war.

Ich fragte Mum, ob es ihr etwas ausmachen würde, wenn ich das Foto, das uns alle bei Dads letztem Geburtstag zeigte, der See übergäbe. Die Aufnahme war in der Nacht, bevor ich Portsmouth verließ, in der Pizzeria entstanden und hatte während der ganzen Fahrt um die Welt über dem Kartentisch gehangen und auf mich herabgeschaut. Mum antwortete, sie könnte sich keine bessere Opfergabe vorstellen. Als AVIVA und ich dann schließlich am 26. April wieder zur Nordhalbkugel überwechselten, gab ich Neptun noch einmal einen Schluck Champagner und ein Stück Schokolade, dann ließ ich das Foto ganz sacht ins Wasser gleiten. Während wir weiterzogen, sah ich es auf den Wellen auf und ab tanzen und dann verschwinden. Ich musste weinen, aber es waren gute Tränen.

Am nächsten Tag fiel meine Stimmung wieder auf null. Das Shore Team schickte mir eine E-Mail, in der stand, dass mein Ankunftstag um eine Woche nach hinten verschoben worden war. Die Gründe verstand ich nicht und wurde fuchsteufelswild. Was glaubten die eigentlich? Ich wollte das Ganze so schnell wie möglich zu Ende bringen, und wenn es so weit wäre, dann wollte ich ohne Zögern die Ziellinie überqueren. Wollten die vielleicht, dass ich dort draußen auf dem Meer blieb und ein wenig Urlaub machte, bis sie endlich mit den Vorbereitungen fertig waren? Seitdem ich das Kap der Guten Hoffnung gerundet hatte, war es immer wieder zu Gesprächen über das Arrangement für den Ziellauf gekommen. Irgendwie ärgerte mich das, denn es sah fast so aus, als ob die 7000 Seemeilen nur noch ein Klacks wären und als ob mein Erfolg schon feststünde. In Wirklichkeit hatte ich noch eine Strecke in der Länge von fast zwei Atlantiküberquerungen vor mir, auf der noch eine Menge schiefgehen konnte. Nicht zu fassen, da gab es doch tatsächlich Menschen an Land, die all die harte Arbeit, die noch vor mir lag, auf die leichte Schulter nahmen! Es war schlichtweg unmöglich, den Ankunftstag festzulegen und einzuhalten. So gut auch die Wettervorhersage sein mochte, niemand konnte einen Monat im Voraus sagen, wann ich ankommen würde. So etwas wollte ich mir nicht gefallen lassen!

Nach einigen Anrufen dämmerte mir, dass wir uns schon wieder missverstanden hatten – eine Wiederholung der Atlantikepisode. Als ich mich wieder beruhigte, wurde mir klar, dass das Shore Team durchaus wollte, dass ich die Ziellinie bei den Lizards so schnell wie möglich überquerte. Die Pläne betrafen lediglich die Ankunftszeremonie in Southampton. Sobald ich die Linie vor den Lizards überquert haben würde, käme eine Crew zu mir an Bord, die bei der Durchquerung des Englischen Kanals für unsere Sicherheit sorgen sollte. Währenddessen könnte ich ausruhen und mich etwas erholen.

Dieses Missverständnis erinnerte mich wieder einmal daran, wie sehr sich mein bisher so isoliertes Dasein ändern würde. Fünf Monate lang war ich allein für mein Leben und meine Sicherheit verantwortlich gewesen. Kein anderer hatte darüber bestimmt. Ich musste mich lediglich nach Wind und See richten. Jeder Kontakt mit der Außenwelt war über Telefon oder E-Mail zustande gekommen. Und obwohl ich dadurch mit der Welt in Verbindung geblieben war, war es doch etwas anderes, als mit Menschen in ein und demselben Raum zu sein, wo man den Gesichtern entnehmen konnte, was wirklich gemeint war und was Worte ausdrücken sollten.

Auf dieser Weltumseglung hatte ich zudem gelernt, wie problematisch E-Mails sein können. Ein Grund dafür war die Zeit, von der ich immer viel hatte, sogar zu viel. Dadurch las ich die Nachrichten wiederholt, denn ich wollte die Mut machenden Worte in mich einsaugen oder herausfinden, was möglicherweise zwischen den Zeilen stand. Manchmal wurde ich sauer. Meistens weil ich die Bedeutung missverstanden hatte. Ein- oder zweimal verwirrten oder ärgerten mich lustige Botschaften, die mich eigentlich nur aufmuntern sollten. Sehr schnell verstand ich, wie leicht schriftlich formulierte Ironie und Humor in den falschen Hals geraten können. Übermüdung und Schlafentzug machten mich zwar empfindlicher als sonst, aber diese Missverständnisse gab es auch im normalen Leben. Die moderne Technologie macht es uns so einfach, schnell eine E-Mail zu schreiben, die man besser vor dem Senden noch einmal durchgelesen und überdacht hätte. Eigentlich ist es am besten loszuziehen und direkt mit der betreffenden Person zu reden, doch dieser Luxus war mir auf der Aviva leider nicht vergönnt. Es wäre ein Riesenunterschied gewesen, hätte ich in die Gesichter der Absender sehen können. Ohne direkte Interaktion mit anderen ist es viel schwieriger, die Dinge so zu sehen, wie sie sind. Also beschloss ich, dass ich nichts mehr über die Vorbereitungen für unsere Ankunft wissen wollte, und bat darum, in Ruhe gelassen zu werden, um mich ganz auf das Segeln konzentrieren zu können.

Mittlerweile lagen wir völlig in der Flaute, die Kalmen hatten uns fest im Griff, wir kamen kein Stück voran. Langsam trieben wir nach nirgendwo. Die bedrückende Hitze war unerträglich und machte mich mürrisch und frustriert. In einem Sturm hat man ordentlich zu tun – das Wetter jetzt machte mich ratlos. Was immer ich auch anfasste, es brachte nichts. Wenn eine 46 Tonnen schwere Yacht einmal stoppt, ist es verteufelt schwer, sie wieder in Schwung zu bringen. Bewegt sich kein Wasser mehr am Ruderblatt vorbei, kann der Autopilot kaum steuern. Ich übernahm das Steuerrad und versuchte uns in Bewegung zu halten, gelegentlich laschte ich das Steuerrad fest und trimmte die Segel bis zum letzten Millimeter, um uns wenigstens ein Minimum an Vortrieb zu erhalten, aber das Boot hockte nur vollkommen leblos da mit schlaffen Segeln. Die heiße See, die noch in der vergangenen Woche vor Leben nur so gestrotzt hatte, war tot. Die gleißende Sonne über uns spiegelte sich im trägen Wasser, dessen Oberfläche so glatt wie Zellophan war.

Oft zogen Gewitter über uns hinweg, und wir wurden von kurzen, aber heftigen Böen mit Regenschauern durchgeschüttelt. Schon am Horizont konnte man sie an den dunklen Wolken identifizieren und heranrücken sehen. Bei diesem Anblick brach ich jedes Mal in Hektik aus, denn sie kamen immer im ungünstigsten Augenblick. Dann konnte der Wind leicht auf 45 Knoten auffrischen, weshalb ich sehr aufpassen musste, dass sie mich nicht erwischten, wenn ich den Spinnaker gesetzt hatte. Sobald die ersten Windstöße kamen, flitzte ich auf dem Deck umher und reffte und rollte ein, was das Zeug hielt. Dabei wusste ich nur zu genau, dass ich etwa 20 Minuten später schon wieder die Segel setzen und die Schoten, die ich jetzt auffierte, wieder dichtholen müsste. Mein einziger Trost war, dass ich dadurch immer in Bewegung blieb. War dann alles fest verzurrt, konnte ich mit meinem Duschgel an Deck gehen und die tropische Süßwasserdusche gratis genießen. Dabei vergaß ich meinen Frust, und alles war wieder im Lot – bis zum nächsten Mal.

Stop and go

Warum war ich nur so frustriert? Gewiss, wir kamen nur langsam voran, aber mit jedem Tag näherte ich mich doch meinem Erfolg um einen weiteren Schritt. Ich war so fertig, dass ich sowohl Probleme hatte, mit dem Shore Team zu telefonieren, als auch mich zu konzentrieren. Meine Aufmerksamkeitsspanne wurde erschreckend gering. Ich war gereizt und ungeduldig. Sprach ich mit Harry, gerieten wir oft aneinander. Ich war unglücklich, und er klang lahm und negativ, so stocherten wir uns durch ein Gespräch, das auch noch von den Verzögerungen der Satellitenübertragung und den langen Schweigepausen beeinträchtigt wurde. Dabei wurde ich immer gereizter, bis ich schließlich den Hörer hinknallte, was mir sofort wieder leid tat. Ich hatte das alles so satt.

Dann endlich gab es erste Anzeichen, dass AVIVA und ich uns aus den Kalmen herausbewegten. Tagsüber tauchten wuschelige Kumuli über dem klaren, blauen Meer auf. Eine Brise kam, zwar anfangs nur zögernd, aus Nordost und brachte Linderung in der brütenden Hitze. Langsam begannen sich die Segel erneut zu füllen, und mein Boot machte sich wieder an die Arbeit. Der Übergang geschah genau zur rechten Zeit, denn ich war vom Schlafmangel und dem ständigen Reffen und Segelsetzen völlig ausgelaugt, sehnte mich nach dem zuverlässigen Passat und ergriff die Möglichkeit, diesem sich stets ändernden Kalmengürtel zu entkommen, indem ich auf Nordkurs ging, so schnell uns der Wind trug. Das machte mich so glücklich, dass ich gleich Mum anrief. Was war sie froh! Dieser kurze Kontakt reichte aus, um mir zu zeigen, dass ich noch genug Kraft hatte, das Rennen bis zum Ende durchzustehen.

Der Mai brach an. Was auch geschehen mochte, er würde bestimmt mein letzter einsamer Monat auf See werden. Von nun an konnte ich die Tage zählen. Wie herrlich! Mit dem Einsetzen des Passats waren auch die Wassertemperaturen um einige Grade gesunken, und das Segeln war insgesamt viel angenehmer. Die AVIVA glitt mühelos über die lange Dünungssee, an Deck war es trocken genug, um einige Deckluks zu öffnen und frischen Wind in das Boot hineinzulassen. Wir kamen immer schneller voran und näherten uns dem Punkt, an dem wir unseren Kurs nach Süden kreuzen würden. Dann hatte ich, technisch gesehen, erneut die Welt umrundet. Wenn das nichts war, worauf ich mich freuen konnte!

Als wir die Nähe der Kapverdischen Inseln erreichten, zeigte das Radar erhöhten Schiffsverkehr an. Eines Morgens, ganz früh, erblickte ich das erste Schiff seit zwei Wochen. Ich konnte deutlich seine Positionslichter ausmachen, das ermahnte mich, dass ich meine Aufmerksamkeit noch weiter erhöhen musste, je mehr wir uns dem Golf von Biskaya näherten. Ein weiteres Zeichen dafür, dass wir uns dem Ende näherten, war der geschrumpfte Lebensmittelvorrat. Die Auswahl war nun ziemlich kläglich, denn alle Rice Krispies und das andere Körnerfutter, was ich so gerne mochte, hatte ich schon lange aufgegessen. Das Einzige, was ich noch reichlich hatte, war etwas, das ich überhaupt nicht mochte: Kartoffelbrei. Ich war es wirklich leid, mit einem Löffel eine Art Babybrei in mich hineinzuschieben, und konnte es kaum erwarten, wieder einen Teller vor mir zu haben und mit Messer und Gabel zu speisen. Dabei malte ich mir aus, was ich essen wollte, wenn ich wieder an Land war. Es war immer dasselbe: Diät-Cola, frisches Obst, Toast mit Marmite und Schokolade.

Auch die Snacks waren schon lange vertilgt. Ich fragte mich nun, ob mein Erschöpfungszustand und die Reizbarkeit nicht auch von meiner Ernährung herrühren könnten. Ich aß zwei Mahlzeiten pro Tag. Beide mit dem schrecklichen Kartoffelbrei. Es gab keine Abwechslung, und das einzige Nahrungsmittel an Bord, worauf ich mich ein wenig freute, war Hühnerfrikassee im Beutel. Ich zählte nach, wie viele ich davon noch hatte. Wenn das Wetter mitspielte und ich die AVIVA ordentlich vorantrieb, dann könnte ich mir bis genau zum Ende jeden zweiten Tag ein Frikassee leisten. Den letzten Beutel allerdings wollte ich mir für meinen letzten Tag auf See aufheben: mein eiserner Entschluss.

Meine Stimmungen fuhren weiter mit mir Achterbahn. Meistens aber war ich glücklich. Das Boot war in gutem Zustand, das Segeln lief prima, alle paar Tage erhielt ich ermutigende Nachrichten. Sie halfen mir dabei, meine Motivation aufrechtzuerhalten und das Ziel nicht aus den Augen zu verlieren. Ich strengte mich wirklich an, positiv eingestellt zu bleiben. Die innere Stärke, die das in mir mobilisierte, gefiel mir. Ich sagte mir, dass dies ein wahrhaft einmaliges Abenteuer im Leben sei und dass ich aus jedem einzelnen Augenblick das Meiste machen müsse. An manchen Tagen war ich himmelhoch jauchzend, an anderen hingegen aus unerfindlichen Gründen zu

Tode betrübt. Manchmal fühlte ich mich der Zeit entrückt, dann wiederum fragte ich mich, welche Bedeutung diese Unternehmung für mich hatte – das vielleicht aber nur, weil sie sich dem Ende näherte. Es war jetzt, als sei ich auf einer Überführungsfahrt nach Hause, die nicht viel anders war als die vielen anderen zuvor. Wenn ich daheim ankäme, dann wäre weder der AVIVA noch mir von außen anzusehen, was wir geleistet hatten und wo wir gewesen waren. Mein Tagebuch las sich wie von einer fremden Person geschrieben, als sei eine andere junge Frau um die Welt gesegelt. Die Geschichte war zwar aufregend, aber irgendwie schien sie nicht von mir zu handeln.

Am 6. Mai passierten wir die Kapverdischen Inseln, und genau um 02.17 Uhr GMT kreuzte ich meinen auslaufenden Kurs. In diesem Augenblick hatte ich zwei Weltumseglungen in zwei aufeinanderfolgenden Jahren auf demselben Boot bewältigt. Was für eine Leistung! Früh am nächsten Morgen erhielt ich einige wunderbare E-Mails vom Shore Team, in denen es der AVIVA und mir gratulierte, denn zum ersten Mal war eine Challenge-72-Yacht nonstop um die Welt gesegelt. Das war ein großartiger Erfolg für uns alle. Ich schrieb sofort zurück und gratulierte dem gesamten Team. Obwohl ich mit der AVIVA alleine unterwegs war, habe ich keinen Augenblick vergessen, dass ich das Shore Team immer hinter mir hatte. Ohne seine Rundumunterstützung und sein Vertrauen in mich hätte ich diese Leistung nie erbringen können. Ich hielt ein wenig inne und dachte über die 60 000 Seemeilen nach, die ich in den letzten zwei Jahren in mein Logbuch eingetragen hatte. Als ich vor sechs Jahren in die Welt der Profisegler einstieg, hätte ich mir nie träumen lassen, so viele Meilen hinter mich zu bringen – geschweige denn eine so extreme Einhandtour. Was wir getan hatten, übertraf bei Weitem alle Erwartungen, als ich den Lehrberuf an den Nagel hängte. Ich freute mich darüber, war aufgeregt und gleichzeitig auch ein wenig traurig – schon wieder ein Wechselbad der Gefühle.

Je weiter wir nach Norden vorankamen, desto mehr ließen die Passatwinde nach, und bald erreichte uns der Rand der Tiefdruckgebiete, die über England und Nordeuropa wegzogen. Zum ersten Mal seit unserem Auslaufen setzte ich den Bug nach Nordost, und es war, als ginge AVIVA in den Landeanflug. Der Wind briste auf, und wir waren wieder auf raumem Kurs, und wieder krachte und stampfte mein Boot durch die Wellen. Wasserkaskaden schossen von den Seiten über AVIVAS Bug. Unter diesen Wetterbedingungen krängte sie stärker, die Autopiloten begannen erneut alle paar Minuten Alarm zu schlagen.

Auf Rat des Shore Teams tauschte ich am protestierenden Autopiloten die Magnetspule aus, welche die Zufuhr des Hydrauliköls und damit die Schubstange lenkt, die für die Drehung des Ruders nach Back- und Steuerbord verantwortlich ist. Alles ging gut, und ich dachte schon, wir hätten das Problem gelöst. Doch einen Tag später, als wir gerade ordentlich Fahrt machten, riss plötzlich das Ruder herum, und wir drehten einen vollen Kreis von 360 Grad. Die Vorsegel schlugen back bis zu den Wanten, und AVIVA begann heftig zu krängen. Ich eilte zum Steuerrad zurück und schaltete den aktuellen Autopiloten aus. Aber die AVIVA ließ nicht ab, war völlig außer Kontrolle und würde bis zum Stillstand drehen.

Als ich durch die Gräting zum Quadranten hinunterschaute, sah ich, dass sich die Schubstange des steuernden Autopiloten oben am Ruderkopf fest an Backbord verhakt hatte. Das also war der Grund, weshalb wir ständig nach Steuerbord drehten! Also musste es mir gelingen, sie wieder loszuhaken.

Ich schrieb an das Shore Team, und alle vermuteten, es sei beim Austauschen der Magnetspule Luft in die Anlage geraten. Ich würde also die Magnetspule auch in diesem Autopiloten austauschen müssen. Jetzt aber hatte ich dazu keine Zeit. Als ich AVIVA wieder auf Kurs hatte, stürmte sie bei einer Windstärke von 30 Knoten voran und schraubte sich auf der Vorderseite der nachfolgenden Wellen mit einer Geschwindigkeit von 10 Knoten hinunter. Unter diesen Bedingungen konnte ich unmöglich schwierige Arbeiten am Heck des Boots verrichten, und auf die Autopiloten konnte ich mich auch nicht verlassen. Ein Fehler bei diesen Windstärken und der ernsthafte Schaden war vorprogrammiert, mit dem möglicherweise das Rigg in Gefahr geriet. Mir blieb also nur, mich selbst ans Ruder zu stellen, wo ich bis zur Ziellinie bleiben müsste oder wenigstens so lange, bis sich die Wetterbedingungen änderten, je nachdem was früher käme.

Beide Autopiloten waren jeweils nur maximal 15 Minuten einsetzbar, dann schrillte schon wieder der nächste Alarm, und ich musste sie neu einstellen oder das Steuerrad übernehmen. Glücklicherweise reichte die Zeit gerade so eben, dass ich rasch unter Deck gehen und eine zwei- bis dreizeilige Mail an das Shore Team absenden konnte. Dann versuchte ich noch schnell etwas Heißes zu trinken, bevor ich an Deck zurückhastete. Zuvor allerdings stopfte ich mir noch reichlich Essen in die Taschen. Auch der Gang zur Toilette wurde sorgfältig geplant, weil ich immer schnellstmöglich zurück musste. An Schlaf war überhaupt nicht zu denken.

Das war in der Tat ein großes Problem, denn je näher man dem Englischen Kanal kommt, desto dichter ist der Schiffsverkehr. Der Kanal ist einer der am dichtesten befahrenen Seewege der Welt, der kleinste Fehler aus Erschöpfung oder Fehleinschätzung wäre fatal. Nur – ich hatte keine Wahl, also versuchte ich mich damit zu beruhigen, dass ich schon Schlimmeres überstanden hatte und dass das Wichtigste war, überhaupt anzukommen. Sobald ich zu Hause war, konnte ich schlafen, so viel ich wollte. Ich stopfte mir also den Knopf des iPods in die Ohren und drehte so laut auf, dass die Musik gut gegen Wind und Regen ankam. Singend hielt ich mich wach und wachsam.

Die Ironie war, dass wir jetzt die besten Segelbedingungen seit Anfang an hatten. Wir segelten im Renntempo und preschten voran, als wären wir nicht mehr zu stoppen. Mich verließen dabei meine psychischen und physischen Kräfte immer schneller, am Steuerrad konnte ich mich nicht warm halten.

In einer schnellen Mail an das Shore Team schrieb ich: … *und es muss regnen! Trotzdem singe ich zu Robbie Williams noch so laut, dass meine Stimme den Regen übertönt.*

Jedes Mal, wenn ich eine Pause einlegen wollte, ging erneut der Alarm los. Dieses jaulende Geräusch alle paar Minuten machte mich verrückt. Der Autopilot hatte diese große Verdrängeryacht unablässig gegen die vorherrschenden Winde und Strömungen voransteuern müssen, vielleicht waren einige Komponenten ja nach 4000 Stunden erbarmungslosen Einsatzes am Ende? Kein anderes Teil der Ausrüstung hatte eine so schwere Arbeit leisten müssen. Dann erreichte mich eine E-Mail von Keith Baxter. Ich hatte schon fast die Hoffnung aufgegeben, dass wir je eine Lösung für das Problem finden würden, aber er meinte, der Autopilot könne repariert werden, und ich solle nicht aufgeben. Es waren extra einige Handventile eingebaut worden, die dabei von Nutzen sein könnten. Ich solle mich darauf beschränken, den Autopiloten Nr. 1 zu reparieren und Nr. 2 vergessen. Eine Warnung gab er mir dabei allerdings: Bei dem Vorschlag handelte es sich um eine Alles-oder-nichts-Lösung. Aber wenn sie gelang, konnte ich mich über einen funktionierenden Autopiloten freuen und damit ein Leben ohne jaulenden Alarm.

Ich folgte seinen Anweisungen und setzte den Autopiloten Nr. 1 so instand, dass er im Dauerbetrieb laufen würde. Das bedeutete leider, dass ich ihn nicht mehr auf Stand-by schalten konnte, wenn ich das Ruder selbst übernehmen wollte. Deshalb durfte ich nicht vergessen, den Piloten jedes Mal auszuschalten und den Ruderlagegeber mit der Hand herauszuziehen. Da das seine Zeit brauchte, musste ich vorher sicherstellen, dass an Deck alles in Ordnung war und dass nichts unversehens schiefgehen konnte.

Als ich die Reparatur beendet hatte, machte sich der Autopilot mit einem beruhigenden Brummen an die Arbeit. In diesem Augenblick hätte ich Keith fest drücken können. Ich trug unser Vorankommen auf der Karte ein, die endlich auch die Westansteuerung anzeigte, und es sah aus, als würden wir früher ankommen, als ich gedacht hatte. Dummerweise war diese Freude nur von kurzer Dauer, denn wie Mike es vorhersagte, flaute der Wind bald stark ab. Wir wurden immer langsamer, bis wir uns schließlich nur noch mit jämmerlichen drei Knoten voranschleppten. Wir waren quälend langsam, und je näher wir nach Hause kamen, desto größer waren die Auswirkungen der Flaute auf unsere geschätzte Ankunftszeit. Die verlorenen Stunden würden wir nie gutmachen können. Ich ertrug das langsame Dahintreiben kaum, also holte ich das Putzzeug heraus und machte mich daran, AVIVA auf Vordermann zu bringen. Sie sollte so schön wie möglich aussehen bei ihrem großen Empfang. Deshalb putzte und schrubbte ich sie so lange, bis sie glänzte.

Die Sonne ging in einem Farbentaumel unter. Fast schien es mir eine Belohnung für das Herausputzen zu sein, und wieder saß ich an Deck und staunte über die Wunder der Natur. Die See leuchtete in einem unglaublichen Farbenspektrum. Rote und orangefarbene Strahlen tanzten auf der dunklen Oberfläche des Wassers und bildeten Muster wie in einem Kaleidoskop. Die Sonnenauf- und -untergänge gehörten zu den schönsten Dingen, die ich auf dieser Reise gesehen hatte, und bald kam eine äußerst verspielte Gruppe Delfine längsseits und trug das Ihre zur Schönheit des Abends bei. Für mich waren Delfine schon immer ein Zeichen dafür, dass alles in Ordnung war oder dass alles gut würde. Sie schwammen neben uns her, wie Pfeile tauchten sie unter dem Boot durch, schnellten aus dem Wasser hoch und drehten Saltos in der Luft. Sie blieben einige Stunden bei uns, noch lange nachdem es bereits dunkel geworden war. Wahrscheinlich wussten sie, welch aufmerksames Publikum sie hatten. Ich sagte ihnen das auch und lachte. Ihre Bewegungen waren so atemberaubend elegant, und während sie in der Dunkelheit neben uns her schwammen, hinterließen sie funkelnde Spuren in der nachtblauen See. Es war der Zauber des Meeresleuchtens.

Kaum waren die Delfine verschwunden, setzte leichter Wind ein, der immer stärker wurde. Die AVIVA schien sich aus dem Schlaf zu schütteln, und bald waren wir wieder auf Fahrt. Wir hatten nur noch eine Woche vor uns, aber ich fühlte bereits, dass das eine besonders harte werden könnte.

Der nächste Morgen begann mit einem lauten Knall. Ich war gerade unten, und mein erster Gedanke war: O Gott, der Mast! Ich kletterte den Niedergang so schnell wie möglich hinauf und sprang an Deck. Als Erstes schaute ich zum Rigg. Das war in Ordnung. Dann inspizierte ich das Großsegel, auch das war in Ordnung. Langsam wanderte ich über das Deck und überprüfte alles ganz genau. Woher war das Geräusch nur gekommen? Irgendwo musste doch etwas sein. Und dann sah ich den Baum eigenartig schlackern und überprüfte den Baumniederholer. Er hatte eine 2:1-Talje, deren 18 Millimeter dicke Leine gerissen war. Daher also der Knall. Was war ich erleichtert, dass nur eine einfache Reparatur anlag. Ich sicherte den Baum und holte eine Ersatzleine, dann nahm ich einen Spieker und eine Zange. Den Spieker rammte ich in die vom Salz versteinerte Leine und stemmte sie am gerissenen Ende auf. Nicht nur das Salz, sondern auch der starke Druck, der mehrere tausend Seemeilen auf ihr lastete, hatten sie steinhart werden lassen. Als ich die Ersatzleine einschor, dachte ich, wie schnell doch etwas auf See schiefgehen kann.

Wieder wurden die Tage kälter. In weniger als zwei Monaten war ich durch alle Jahreszeiten gefahren. Die Kälte machte mir nichts aus, war sie doch ein Zeichen dafür, dass das Zuhause immer näher kam. Ich kramte also wieder meine Fleece- und Thermokleidung heraus und zog sie Schicht für Schicht übereinander, bis ich aussah wie ein Michelinmännchen. Ich hatte das Shore Team gebeten, mich mit den Einzelheiten meines Empfangs zu verschonen, jetzt aber wurde es Zeit, alles zu koordinieren. Eines der Arrangements betraf die Fregatte HMS Chatham, die gerade zu einem Einsatz aufgebrochen und auf dem Weg von Großbritannien in den Südatlantik war. An Bord waren Menschen, die sich soeben für sechs Monate von ihren Liebsten verabschiedet hatten, ich hingegen war nach demselben Zeitraum unterwegs in Richtung Heimat. Als die Fregatte in meine Nähe kam, schickten sie einen Lynx-Helikopter auf die Suche nach uns. Er umkreiste die Aviva, und ich sprach mit dem Piloten. Dabei stellte sich heraus, dass Russ – der Pilot – ein alter Freund meines Wetterrouters Mike Broughton war und dass wir tatsächlich einmal bei der Cowes Week zusammen gesegelt waren. Ich konnte es kaum fassen. Es ist zwar ein Klischee, aber die Welt ist tatsächlich klein, und sie wird immer kleiner. Das spürt man besonders deut-

lich, wenn man wie ich so lange Zeit in einem riesigen, gleichgülti-
gen Ozean verbracht hat.

Der Lynx-Helikopter gab meine genaue Position an die HMS
CHATHAM weiter, und bald schon kam sie in Sicht. Das Deck war voller Marinesoldaten, die zu mir herüberwinkten. Ich war ganz aufgeregt, so viele Gesichter zu sehen, und winkte heftig zurück. Wenn
sich eine junge Frau nach so langer Zeit auf einmal 200 Marinesoldaten gegenübersieht, dann muss sie einfach aufgeregt sein. Das
sagte ich auch dem Navigationsoffizier, Lt. Jim Edmunston, während die HMS CHATHAM sich hinter uns schob, um einige Fotos zu
schießen. Der aber wies mich rasch darauf hin, dass männliche und
weibliche Marinesoldaten an Bord seien. Das brachte mich zum
Lachen. Es war einfach super, sie alle zu treffen.

Sie boten mir an, frisch belegte, scharf gewürzte Schinkensand-
wiches und einige Dosen Bier herüberzuschicken. Schon bei der
Vorstellung lief mir das Wasser im Mund zusammen, doch ich lehnte das freundliche Angebot der Royal Navy dankend ab mit dem
Hinweis, dass es mir die strengen Regeln leider verboten, was auch
immer an Bord zu nehmen. Dann winkte ich wieder, und die HMS
CHATHAM drehte ab: Kurs Südatlantik. Ich meinte, dass die Zeit für
sie schnell verstreichen werde, sagte ihnen, dass sie immerhin das
große Glück hatten, miteinander reden zu können, und wünschte
ihnen, nie in die Verlegenheit zu kommen, mit Gegenständen reden
zu müssen.

Auch als die Fregatte verschwunden war, segelte ich fröhlich weiter. Dies war das erste Treffen mit Menschen gewesen, das mich nicht
unruhig oder traurig hinterließ. Endlich genoss ich jede Minute,
denn diese Zeit war kostbar und würde bald vorüber sein. Die folgenden Tage würden noch AVIVA und mir allein gehören, und ich
wollte mich, solange ich konnte, über unser Zusammensein freuen.

Heimkehr

Regen fegte quer über die AVIVA, der Himmel war mit dicken, schweren Wolken verhangen, die über uns hinwegrasten. Wir stoben mit gerefften Segeln vor dem Wind her. Fest verpackt in meinem Ölzeug duckte ich mich vor den Wellen, die über uns zusammenbrachen. Ich hatte gerade geduscht und die Kleidung gewechselt. Auf eine weitere Dusche legte ich wirklich keinen Wert.

Dies sollte meine letzte Nacht mit der AVIVA auf See werden. Wir hatten die Insel Ouessant vor Frankreich bereits gerundet und näherten uns der Westansteuerung. In gewisser Weise war dies der gefährlichste Teil der Reise, hier musste ich wirklich wach und wachsam bleiben. Ich war gerade dabei, alles noch einmal zu überprüfen, als mein Satellitentelefon achtern im Boot klingelte. Ich stürzte den Mittelgang entlang, dabei hielt ich mich ordentlich fest, denn das Boot bewegte sich heftig. Ich dachte, es sei jemand vom Shore Team und griff nach dem Hörer. Dann hörte ich eine fremde Stimme, die sich als Mike Sanderson vorstellte. Wir hatten uns zwar nie getroffen, doch über ihn wusste ich alles. Mike ist ein Segler aus Neuseeland, war Skipper auf ABN AMRO ONE, der Yacht, die zwei Volvo Ocean Races um die Welt angeführt hatte. Mike war mit seinem Boot ganz in der Nähe und lag bei der Etappe von New York nach Portsmouth an der Spitze.

Er beglückwünschte mich zu meiner Leistung, und wir unterhielten uns eine Weile. Durch seinen Platz an der Spitze würde Mike das Rennen nach Punkten gewinnen, wozu ich ihm meinerseits gratulierte. Er erzählte, dass sie eine sehr harte Etappe hinter sich hatten. Seit Verlassen der amerikanischen Küste hatten sie sich die ganze Woche gegen den Wind vorangekämpft, aber ich wisse ja bestimmt, wie das sei.

»Ja«, sagte ich. »Ich habe 70 Prozent der letzten 177 Tage damit zugebracht, gegen den Wind zu kreuzen.«

Kurzes Schweigen. Dann lachte Mike laut auf. Ich sei verrückt, habe aber eine ungeheure Leistung vollbracht, meinte er und übermittelte mir auch die Glückwünsche seiner ganzen Mannschaft. Das Lob von diesem Team ausgewählter Segler machte mich richtig stolz. Unsere Herausforderungen waren verschiedener Art, doch in diesem Stück Ozean hatten wir dieselben Probleme: Es war eine kalte, stürmische Nacht mit all dem Stress, den die Landnähe so mit sich brachte.

Nach Gesprächsende ging ich an Deck zurück und machte mich wieder daran, alles zu überprüfen und zu justieren. Kurz darauf ließ sich ein kleiner Vogel auf dem Heckkorbgeländer nieder. Als ich zu ihm ging, blieb er einfach sitzen und zog den Kopf ein. Ich schaute auf diesen kleinen, zitternden Ball aus Federn und sah, wie schwach und erschöpft er war. Noch befanden wir uns 140 Seemeilen vom Land entfernt. Ich konnte deutlich sehen, dass das kleine Tier keine Kraft mehr hatte und nicht länger gegen den Wind fliegen konnte, beugte mich hinüber und nahm es ganz vorsichtig in die Hände. Dann trug ich den Vogel zur Plicht. Oben am Niedergang setzte ich ihn im Schutz vor Wind und Wellen ab und ging nach unten, holte eine Tupperdose aus einem Schapp, polsterte sie mit Küchenkrepp aus, trug sie nach oben und bettete den Vogel hinein.

Die ganze Nacht sah ich immer wieder nach ihm. In meinem Innersten wusste ich aber, dass es seine letzte Nacht sein würde. Schon oft hatten sich müde Vögel bei meinen Touren über den Atlantik auf unserem Boot niedergelassen, daher war mir klar, dass sie nur dann nicht vor dem Menschen wegfliegen, wenn sie wirklich am Ende ihres Lebens angelangt sind. Mein kleiner Besucher schien ganz friedlich zu schlafen, aber als der Tag anbrach, sah ich, dass er gestorben war. Das machte mich richtig traurig. Eine Stunde später hatte ich bereits wieder Besuch, diesmal von drei Tauben, die uns umkreisten und sich dann mit einigem Abstand voneinander auf dem hinteren Bereich des Boots niederließen. Es schien fast, als wäre dies als kleiner Trost gedacht. Wie nah wir doch schon dem Land gekommen waren! So sehr ich mich über die Begleitung auch freute – ich hatte so hart daran gearbeitet, die AVIVA blitzsauber zu bekommen, dass ich keine Lust hatte, bei diesem rauen Wetter auch noch Vogelkot wegzuputzen.

Jetzt rührte sich zum ersten Mal auch das Echolot wieder, registrierte den Meeresgrund und meldete mir die Daten. Um uns herum befanden sich Fischerboote und Containerschiffe. Dieser Bereich war viel stärker befahren, ich hielt ein Auge auf den Radarschirm – keine Zeit zum Entspannen und selbstzufrieden zu sein. Ich hatte vor, den Eingang zum Englischen Kanal zu queren und bis zum Leuchtturm Wolf Rock vor Land's End zu halsen und auf der Landseite außerhalb des Verkehrstrennungsgebiets, entgegen der westlichen Fahrtrichtung, entlang der Küste bis zu den Lizards zu laufen.

Dort würde die HMS CUMBERLAND auf mich warten, die mir von Plymouth entgegenkommen sollte, um mich über die Ziellinie zu geleiten. Das Wetter war kalt und schmuddelig. Für jeden anderen, der gerade losgesegelt war, wäre das ein scheußlicher Tag gewesen. Ich aber war an Schlimmeres gewöhnt, fand es in Ordnung und genoss jede Minute.

Auf einmal schien alles schneller zu werden. Das Telefon klingelte sechsmal in drei Stunden, weil das Shore Team mir immer wieder Informationen über die Zielfahrt übermittelte. Seine Aufregung brachte mich zum Lachen. Ich sagte immer wieder, dass ich die Ziellinie nicht vor 17.00 Uhr erreichen würde, aber es schien keiner zuzuhören. Alle wollten mich nur informieren. Die Anrufe hörten nicht auf. Journalisten wollten mich interviewen. Andere Leute wollten Terminabsprachen bestätigen, und ein Teil von mir sehnte sich auf das Meer und in die Ruhe zurück. Als das GPS anzeigte, dass nur noch 88 Seemeilen vor mir lagen, rief ich Harry an und teilte ihm meine geschätzte Ankunftszeit mit. Sogar bei reduzierter Segelfläche machte die AVIVA noch zehn Knoten Fahrt. Mit Harry zu sprechen war richtig aufregend.

Zum Schluss sagte er noch: »Bis bald.«

Und diesmal bedeutete es sogar etwas. Schmetterlinge flatterten in meinem Magen.

Es schien unendlich lange zu dauern, bis ich aus der Küstenverkehrszone vor Wolf Rock heraus war, schließlich aber war ich nahe genug an der richtigen Position, um zum letzten Mal zu halsen. Noch immer trafen E-Mails ein, die ich durchlas, bevor ich an Deck ging. Eine fiel mir sofort auf, denn sie teilte mir mit, dass in dieser Nacht beim Volvo Ocean Race ein Crewmitglied von ABN AMRO TWO, dem Schwesterschiff von Mike Sanderson, über Bord gegangen war. Hans Horrevoets war ins Meer gespült worden und konnte trotz der sofortigen Rettungsaktion nicht mehr lebend geborgen werden. Wie jedem anderen auf See lief es mir ganz kalt den Rücken hinunter. Was für ein Glück hatte ich doch gehabt! Ich war so ungeheuer widrigen Umständen ausgesetzt gewesen und hatte überlebt. Trotzdem machte ich mir nichts vor. Ich hatte zwar überlebt, aber nicht alles gemeistert. Niemand meistert die See.

Der Wind stieg auf mehr als 35 Knoten an, und die Vorhersage lautete, dass er im Laufe des Tages noch stärker werden und vielleicht sogar 50 Knoten erreichen würde. Es konnte noch einmal ernst werden. Die Nachricht vom Tod Hans Horrevoets' hatte mir deutlich gemacht, wie schnell ein Unfall passieren konnte. Also pickte ich mich ein und machte mein Boot sorgfältig fertig zur Halse. Ich musste ziemlich lange kurbeln, bis ich die Großschot dichtgeholt und den Baum auf Mitte gebracht hatte. Das kostete mich einige Kraft. Dann legte ich vorsichtig weiter Ruder, und mit Schwung kam der Baum auf die andere Seite. Gleich holte ich die Vorschot dicht. Ich war aufgedreht, soeben hatte ich mein letztes Manöver gefahren. Wir waren auf dem Weg zur Ziellinie.

Ich hörte, wie der Name der Aviva über UKW gerufen wurde, und zwar von der HMS Cumberland, die meine Position, den gegenwärtigen Kurs und die Geschwindigkeit erfahren wollte. Die Jungs meinten, sie würden mich im Lauf der nächsten Stunde erreichen. Außerdem informierten sie mich darüber, dass sie beidrehen und auf Steuerbordseite hinter mir bleiben würden, bis die Ziellinie in Sicht käme. Dann wollten sie passieren und an der Linie Position beziehen. Ein Salutschuss würde in dem Augenblick ertönen, in dem ich die Ziellinie überquerte. Während des Gesprächs war die Dünung immer höher geworden, das sah nach unbequemer Fahrt aus.

Je weiter wir in das flachere Gewässer einfuhren, desto schlimmer wurde die See. Über kurz oder lang hatten wir acht Meter hohe Wellen. Riesige Schaumkämme schoben sich hinter dem Spiegel der Aviva hoch, und wir wurden von achtern mit groben Stößen vorwärts getrieben und ab und zu ordentlich geduscht. Der Wind näherte sich den 40 Knoten. Ich saß an Deck und schaute auf die tobende See. Irgendwo dort draußen war ich über die Schwelle gefahren, wo der Atlantik auf das flachere Gewässer des Englischen Kanals trifft, doch ich konnte noch immer kein Land ausmachen. Die Sicht war einfach zu schlecht. Die Wellen liefen kreuz und quer, weil das Wasser hier in eine Enge hineingedrückt wird. Da wurde mir plötzlich mit Erschrecken klar, dass ich seit dem Südpolarmeer keine so hohen Wellen mehr gesehen hatte. Die Wetterbedingungen waren wahrhaft angsterregend.

Dann kam die HMS Cumberland in Sicht. Wie ihr Kapitän bereits angekündigt hatte, nahm sie hinter uns Aufstellung und begleitete uns auf der letzten Strecke bis zum Ende unserer unglaublichen Wahnsinnsfahrt. Die Aviva surfte auf den steilen Wellen, wir rollten von einer Seite zur anderen, der Baum tauchte ins Wasser, dann rollte das Boot zurück, und er kam wieder heraus. Das Deck war glitschig nass. Als die Wellen über uns zusammenbrachen, schoss das Wasser ins Cockpit. Ich schaute zum Horizont vor mir und suchte vergeblich nach dem Leuchtturm von Lizard Point, dem südlichsten Punkt Englands.

Um 14.30 Uhr vibrierte es in meiner Tasche. Ich war wieder via Handy erreichbar. Obwohl ich das Handy in weiser Voraussicht in die Tasche meines Ölzeugs gesteckt hatte, war es ein eigenartiges Gefühl, das Ding nach 178 Tagen wieder zu benutzen. Andrew Roberts fragte nach unserer neuen Position. 20 Seemeilen lagen noch vor uns. Von achtern rasten dunkle, regen- und windgefüllte Wolken auf uns zu. Bald hatten sie uns erreicht. HMS CUMBERLAND funkte, dass sie jetzt voranfahren und an der Ziellinie Position einnehmen werde und schob sich vorbei. Schwerer Regen prasselte auf uns nieder. Die Sicht verschlechterte sich so, dass ich die HMS CUMBERLAND nicht mehr sehen konnte.

Ein Helikopter näherte sich und filmte uns, ich stand an Deck und winkte nach oben. Wieder klingelte das Telefon, und ich wurde gebeten, mich bei den Zeitnehmern des World Speed Sailing Record Council zu melden, die bei den Lizards auf mich warteten, um meine Zeit offiziell festzuhalten und einzutragen. Alles kam jetzt auf einen Schlag. Für mich wurden die Anfragen zur Last, die AVIVA aber preschte einfach weiter. Sie rollte die steilen Seen hinunter. Wieder holte uns uns eine Regenbö ein und das gerade in dem Augenblick, als wir auf die Ziellinie zurasten. Außer einem grauen Streifen an Backbord war vom Land nichts zu erkennen. Zum Glück war die HMS CUMBERLAND da und markierte das Ende meiner einsamen Fahrt.

Ich ging nach unten, um wie verlangt Zeit und Position festzuhalten. Deshalb sah ich auch nicht, wie die CUMBERLAND einen Kanonenschuss abfeuerte, als die AVIVA ihren Bug kreuzte. Ich wurde von der Fregatte aus und vom Zeitnehmer über UKW angefunkt. Sie bestätigten, dass wir die Ziellinie am Donnerstag, den 18. Mai 2006 um genau 17.55 Uhr GMT überquert hatten. Wir waren 178 Tage, 3 Stunden, 5 Minuten und 36 Sekunden unterwegs gewesen. Das trug ich ziemlich ungerührt in das Logbuch ein, denn ich war sehr besorgt wegen des Windes und der Nähe zum Land. Die Wetterbedingungen waren einfach zu schlecht, und hier war es gefährlich. Ich hatte zwar die Ziellinie überfahren, aber das Ende lag noch ein ganzes Stück voraus.

Wieder hastete ich an Deck. Hinter mir zog eine schwarze Front mit Regenböen auf. Ich musste unbedingt die Vorsegel einrollen, zuerst das Yankee, dann das Stagsegel. Mit dem Langsamerwerden stellte sich bei mir das erleichternde Gefühl ein, mein Boot besser unter Kontrolle zu haben. Wir setzten unsere Fahrt fort. Dann, nach etwa zehn Minuten, tauchte ein Schlauchboot auf. Die Wellen waren so hoch, dass es immer wieder völlig in den Tälern verschwand. Aber als es näher kam, konnte ich die Gesichter einiger Männer vom Shore Team erkennen. Die Jungs waren völlig durchnässt und grinsten von einem Ohr zum anderen. Ich winkte wie verrückt, aber die See war so wild, dass sie nicht näher kommen konnten. Die Regenböen waren jetzt direkt hinter uns, der Wind hatte noch einmal stark aufgefrischt.

Durch die Backbordhalse näherte ich mich immer mehr dem Land, noch immer machten wir allein mit dem gerefften Großsegel mehr als zehn Knoten Fahrt. Die Sicht war unglaublich schlecht, und der herunterprasselnde Regen machte alles noch schlimmer. Auf diesem Kurs zu bleiben wäre gefährlich, also setzte ich zu einer weiteren Halse an. Der Wind war so heftig, dass ich ordentlich kämpfen musste, um das Großsegel auf Mitte zu bringen. Endlich war es geschafft, und ich drehte das Heck ein letztes Mal durch den Wind. Die Jungs vom Shore Team hatten sich vor der Regenbö in Sicherheit gebracht, auch auf der HMS CUMBERLAND wartete man auf bessere Wetterbedingungen. Sobald die eintraten, wollte man ein Boot losschicken, um mir frisches Essen zu bringen. Die Hilfe war zwar nah, aber bis sie mich erreichte, würde ich weiter auf mich selbst gestellt bleiben.

Diese Zeit nutzte ich für einige Telefonanrufe. Ich stand im strömenden Regen an Deck, die Windmessgeräte zeigten 50 Knoten an. Wegen des starken Windes hatte ich das Handy unter meine Kapuze gesteckt. Als Erstes rief ich Sir Chay Blyth an. Er hatte die Neuigkeit bereits erfahren und eine Flasche Champagner geköpft, um meinen Erfolg zu feiern. Er klang sehr stolz. Tränen stiegen mir in die Augen. Als Zweites rief ich Patrick Snowball bei AVIVA an. Ich wollte die Erste sein, die es ihm erzählte. Auch er klang stolz. Dann rief ich Mum an. Wir mussten beide weinen und konnten nur wenig reden. Als ich Jane anrief, brach diese in Tränen aus.

Endlich war ich bereit, die Verantwortung für die AVIVA mit anderen zu teilen. Die Wetterbedingungen waren wirklich scheußlich, jetzt brauchte ich Hilfe. Das Satellitentelefon hörte nicht auf zu klingeln, aber ich konnte das Deck nicht verlassen, um die Anrufe anzunehmen. Also funkte ich das Shore Team mit meinem tragbaren UKW-Gerät an. Wo blieben sie denn, und wann würden sie zu mir herauskommen? Ich war nur noch wenige Meilen von der Küste Cornwalls entfernt und konnte sie schon deutlich querab sehen. Die

Schubstange des Autopiloten arbeitete hart. Es würde einige Zeit dauern, sie auszuklinken und das Ruder selbst in die Hand zu nehmen. Kurz davor in Panik auszubrechen, sah ich das Schlauchboot mit den breit grinsenden Männern wieder vor mir auftauchen.

Doch der Wellengang war so hoch, dass der Mann an der Motorpinne einige Anläufe brauchte, bis er es schaffte, längsseits zu gehen. Die Männer des Shore Teams mussten nacheinander springen, um an Bord zu kommen: Harry war der Erste. Er wurde so heftig nach oben geschubst, dass er auf allen Vieren an Deck landete. Während der harten Zeiten durch das Südpolarmeer hatte ich mir immer wieder vorgestellt, wie liebevoll wir uns begrüßen würden. Dazu aber war jetzt keine Zeit. Wir sahen uns an, und ich sagte ihm, er solle die Großschot packen und Fahrt herausnehmen. Erst als Alistair Hackett und Neil Gledhill an Bord geklettert waren, wurde mir richtig bewusst, dass ich jetzt Hilfe hatte. Endlich war ich nicht mehr allein. Wir fielen uns reihum in die Arme.

Harry, Alistair und Neil machten sich ohne viele Worte an die Arbeit und übernahmen die AVIVA. Ich setzte mich auf das Deck. Ganz überwältigt, konnte ich nicht aufhören zu lächeln. In unserer Nähe befand sich noch immer das letzte der Boote mit den Fotografen. Sie waren dabei, in Richtung Falmouth abzudrehen, und riefen mir etwas zu. Ich langte nach unten, griff nach der Fackel, die sie mir herüberreichten, und ging zum Vordeck.

Dort stand ich alleine im Bug, zog die Kappe von der Fackel ab und entzündete sie. Gleißend weißes Licht schoss hoch. Es erleuchtete das Vordeck vor dem Hintergrund der einbrechenden Dunkelheit an diesem Maiabend mit lausig schlechtem Wetter. Der Wind trieb den Rauch fort, die Wellen um uns herum schoben sich kanalaufwärts. Doch das Licht der Fackel leuchtete hell. Ich hielt sie wie der Träger des olympischen Lichts. Es war vorbei! Nach 29 227 einsamen Seemeilen um die ganze Welt waren die AVIVA und ich endlich zu Hause angekommen.

Epilog

Jedes Mal, wenn ich versuchte, die Aviva zu wenden, schob uns eine riesige Welle beiseite, und der Bug drehte wieder zurück. Die Brecher im Südpolarmeer waren so unglaublich hoch, dass wir nicht über sie hinwegkamen. Also rollte ich die Vorsegel ein und fiel vom Wind ab. Jetzt, da wir vor dem Wind segelten, holte uns die Wetterfront rasend schnell ein. Dann ließ plötzlich der scheinbare Wind nach, und es wurde ganz ruhig. Was für ein unglaublich großer Unterschied es doch war, ob man mit oder gegen den Wind fuhr! Dann fuhr ich eine Halse, brachte den Bug herum, und wieder nahmen wir unsere stampfende und rollende Fahrt gegen den Wind auf.

Bei einem dieser Manöver kam mir der Gedanke, wie schön es doch wäre, einmal mit den Elementen zusammenzuarbeiten und so schnell wie möglich zu segeln. Als ich das Kap der Guten Hoffnung erreicht hatte, war der Entschluss gereift, ich wollte noch einmal um die Welt segeln – diesmal aber in die richtige Richtung.

Während meines Rückwegs durch den Südatlantik sprach ich mit Harry darüber, und wir begannen zu überlegen, wie wir den Plan umsetzen könnten. Es gibt einige Rennen um die Welt und viele Möglichkeiten, mit den vorherrschenden Winden und Strömungen zu segeln. Das Härteste aber, der absolute Gipfel für Einhandsegler, ist die Vendée Globe. Sie findet alle vier Jahre statt, und sie beginnt und endet in Frankreich: einhand und nonstop – einige der weltbesten Segler nehmen daran teil. Mir war schon bewusst, dass dies ein großer Schritt für mich wäre, aber genau das wollte ich als Nächstes tun.

Im Mai 2006, als ich in Southampton von Bord ging, empfingen mich unglaubliche Menschenmassen am Kai. Ich hielt zwei Fackeln in Siegerpose in die Luft, so wie ich es bei anderen Seglern gesehen hatte. Dann kam Mum als Erste an Bord, in ihren Augen leuchteten Tränen des Stolzes und der Erleichterung. Sie drückte mich fest an sich. Dann kam Prinzessin Anne, und ich war ganz erschlagen von all der Aufmerksamkeit, die auf mich gerichtet wurde: die vielen Fernsehkameras, der Lärm und die Volksfeststimmung. Nach sechs Monaten der Einsamkeit war dies wahrhaft überwältigend. Vor allem aber war ich aufgeregt und vor Freude ganz aus dem Häuschen. Ich wollte alles genießen, was ich in den letzten sechs Monaten entbehrt hatte, und der Entschluss, wieder auf See zurückzugehen, trat in den Hintergrund.

Als sich die unglaubliche Euphorie nach meiner Rückkehr gelegt hatte, versuchte ich mich wieder in meinem Leben zurechtzufinden. Dabei stellte ich fest, dass es mir zwar einen Riesenspaß machte, Menschen zu treffen und mit ihnen zu reden, aber dass ich doch einige Zeit brauchte, mich daran zu gewöhnen. Ich hatte in den letzten sechs Monaten so ausschließlich über mein eigenes Leben bestimmt, dass ich mich nicht gerne nach den Plänen anderer Menschen richtete. Ich bat sie, Geduld mit mir zu haben und mir die Dinge zu erklären. Überraschenderweise hatte sich meine Fähigkeit, Informationen zu verarbeiten, auf meiner Reise verlangsamt. Das führte mir vor Augen, mit welch aberwitzigem Tempo wir alle in unserer modernen Welt funktionieren. Zwar hatte ich mich nach einigen Wochen wieder daran gewöhnt und entsprechend angepasst, aber ich vermisste die Muße zum Nachdenken, die ich auf der Aviva gehabt hatte. Außerdem fielen mir Dinge auf, die mir früher völlig entgangen waren. Fuhr ich nach London, störten mich die Umweltverschmutzung, der Lärm und die Menschenmengen. Ich fühlte mich beengt. Allein schon die Vorstellung, in eine U-Bahn eingesperrt zu sein, machte mir Angst.

Besonders problematisch aber war mein Schlafmuster. Vier Monate nach meiner Rückkehr schlief ich noch immer äußerst unruhig, denn mein Körper war daran gewöhnt, im Schnitt nur vier von 24 Stunden dem Schlaf zu widmen. Die längste Schlafpause, die ich auf See je gehabt hatte, dauerte eineinhalb Stunden. Wann und ob ich schlafen konnte, war bei Tag oder bei Nacht immer ausschließlich vom Wetter abhängig gewesen. So aufregend die Vorstellung, eine Nacht im eigenen Bett verbringen zu können, auch war, ich wachte jedes Mal unweigerlich nach drei Stunden wieder auf. Dann lag ich hellwach da und langweilte mich. Das ging Nacht für Nacht so und machte Harry fast wahnsinnig. Endlich, nach einigen Monaten, konnte ich wenigstens schon vier Stunden durchschlafen, später sogar fünf. Eines aber hat sich nicht geändert: Sobald der Wecker klingelt, bin ich auf und einsatzbereit.

Je besser ich mich wieder im Leben an Land einrichtete, desto intensiver regte sich mein Wunsch, noch einmal um die Welt zu segeln, denn im Rückblick schien mir meine Unternehmung mit der Aviva mehr als ein Anfang und nicht wie ein Ende. Den ganzen Som-

mer 2006 über arbeitete ich an diesem Plan und tat mein Möglichs-
tes, den Aviva-Konzern, der ein so angenehmer Sponsor war, davon
zu überzeugen, dass er mich auch bei diesem noch größeren Abenteuer unterstützen solle, und es gelang. Voraussichtlich werde ich im
Jahre 2008 zur Vendée Globe aufbrechen und damit hoffentlich die
Träume erfüllen, die ich im Südpolarmeer hatte.

Dieses Rennen wird mit den schnittigen Open-60-Monohull-
Yachten gesegelt. Das sind Boote aus hochtechnologischer Kohlefa-
ser, die zu den schnellsten der Welt zählen. Die Vendée Globe ist die
Formel Eins der Soloregatten, und ich muss in der kurzen Zeitspan-
ne bis zum Start im November 2008 noch eine Menge lernen. Ich bin
ganz aus dem Häuschen, dass Aviva wieder mein Sponsor ist und
dass sie mich dabei unterstützen wollen, die erste Frau zu sein, die
die Erde in beiden Richtungen einhand und nonstop umrundet hat.
Die AVIVA Ocean Racing Campaign wird ein wirklich aufregendes
Projekt werden.

Oft fragt man mich, warum ich so etwas tue, warum ich wieder in
das Südpolarmeer will. Meine Antwort darauf lautet: Weil es eine
Herausforderung ist, die mir einleuchtet. Schmerz vergeht. Davon
erholt man sich wieder. Der Erfolg aber ist unvergänglich.

Ich hatte mich vor dem AVIVA-Challenge-Abenteuer nie als Ein-
handseglerin gesehen. Wenn man aber einmal allein gesegelt ist,
fühlt man sich immer davon angezogen. Es ist nur schwer zu erklären. Wenn die Umstände hart sind, leidet man unter den allein zu
bewältigenden Problemen doppelt so stark. Hat man es aber
geschafft, dann ist das Gefühl des Erfolgs einfach unbeschreiblich.
Am besten lässt sich das mit einer meiner Tagebucheintragungen an
Bord der AVIVA erklären:

> Ich ging an Deck zurück. Der Himmel war gerade rechtzei-
> tig aufgerissen, vor uns zeigte sich ein herrlicher Sonnenun-
> tergang. Endlich kam auch eine leichte Brise auf, und wir
> begannen in die richtige Richtung zu segeln. Die AVIVA glitt
> mühelos mit 8 Knoten durch das Wasser. Sie schwebte durch
> warmes rosafarbenes Licht. Ich setzte mich hin und dachte
> über die vergangene Woche nach. Zwar war ich erschöpft,
> aber ich hatte alles überstanden. Bei diesen Gedanken lief
> mir eine Träne über das Gesicht. Es war all die Anstrengung
> und Mühe wert gewesen.

Diese 20 Minuten sind die Quintessenz dessen, weswegen ich das Projekt angepackt habe. Sie enthalten alles, was für mich wichtig war: Momente des Träumens und entspanntes Segeln in einem unglaublich schönen Bereich der Erde. Man muss eine Menge auf sich nehmen, aber gerade dadurch werden die schönen Dinge dabei zu etwas Besonderem.

Zugegeben, mein Charakter ist eigentlich recht ungewöhnlich für einen Einhandsegler. Ich bin von Natur aus weder Einzelgänger noch suche ich die Einsamkeit. Doch inzwischen genieße ich das Alleinsein und kann der Genügsamkeit durchaus etwas abgewinnen. Ich bin stolz auf Dinge, die mir gelingen, und ärgere mich über meine Fehlschläge. Doch weil die Wetterbedingungen nie dieselben sind, lernt man auf dem Wasser jeden Tag etwas Neues dazu. Die See ist unaufhörlich fordernd, aber sie gibt auch sehr viel.

Die Ozeane dieser Welt sind der schrecklichste und furchterregendste Lebensraum dieser Erde. So unglaublich schön die See auch ist, sie ist auch tückisch. Wir Segler nähern uns ihr immer mit Vorsicht. Das Südpolarmeer ist von allen Ozeanen zwar der einsamste auf der Welt, dennoch ist es weitaus mehr als nur Wind und Wellen. Ich habe zwei Gesichter dieses Ozeans gesehen. Eines war gnädig und reich an Leben. Das andere zeigte Gleichgültigkeit und trieb mich an die Grenzen meiner Leistungs- und Leidensfähigkeit. Beide Gesichter faszinierten mich.

Alle Situationen des Lebens enthalten eine Lehre. Aus der Tatsache, dass ich mich den Elementen allein ausgesetzt hatte, lernte ich zum Beispiel, dass ich eine innere Stärke habe, von der ich glaube, dass wir sie alle versteckt in uns tragen. Es braucht Mut und Ausdauer, harte Zeiten durchzustehen und ein Ziel zu erkämpfen. Das Leben außerhalb des Bequemen besteht aus kleinen Schritten, aber jeder von uns kann mehr erreichen, als er glaubt. Man muss nur zu träumen wagen.

**Aviva-Challenge-Yacht
der 72er-Klasse**

Scheinbarer Wind	Großsegel	Vorsegel	
0 – 22 Knoten	Volles Groß	Yankee Nr. 1	Stagsegel
23 – 25 Knoten	Volles Groß	Yankee Nr. 2	Stagsegel

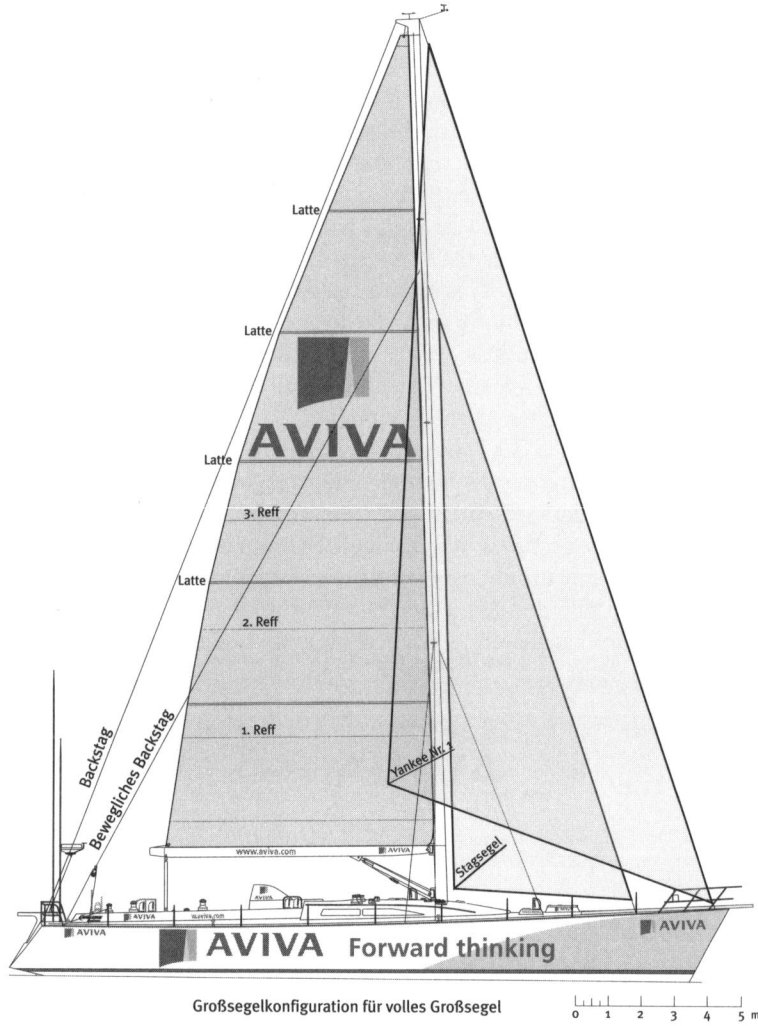

Großsegelkonfiguration für volles Großsegel

AVIVA-Challenge-Yacht
der 72er-Klasse

Scheinbarer Wind	Großsegel	Vorsegel	
32 – 45 Knoten	Drei Reffs im Groß	Yankee Nr. 3	Sturm-Stagsegel

Vorsegelkonfiguration für dreifaches Reff im Großsegel

Layout unter Deck

Deckslayout

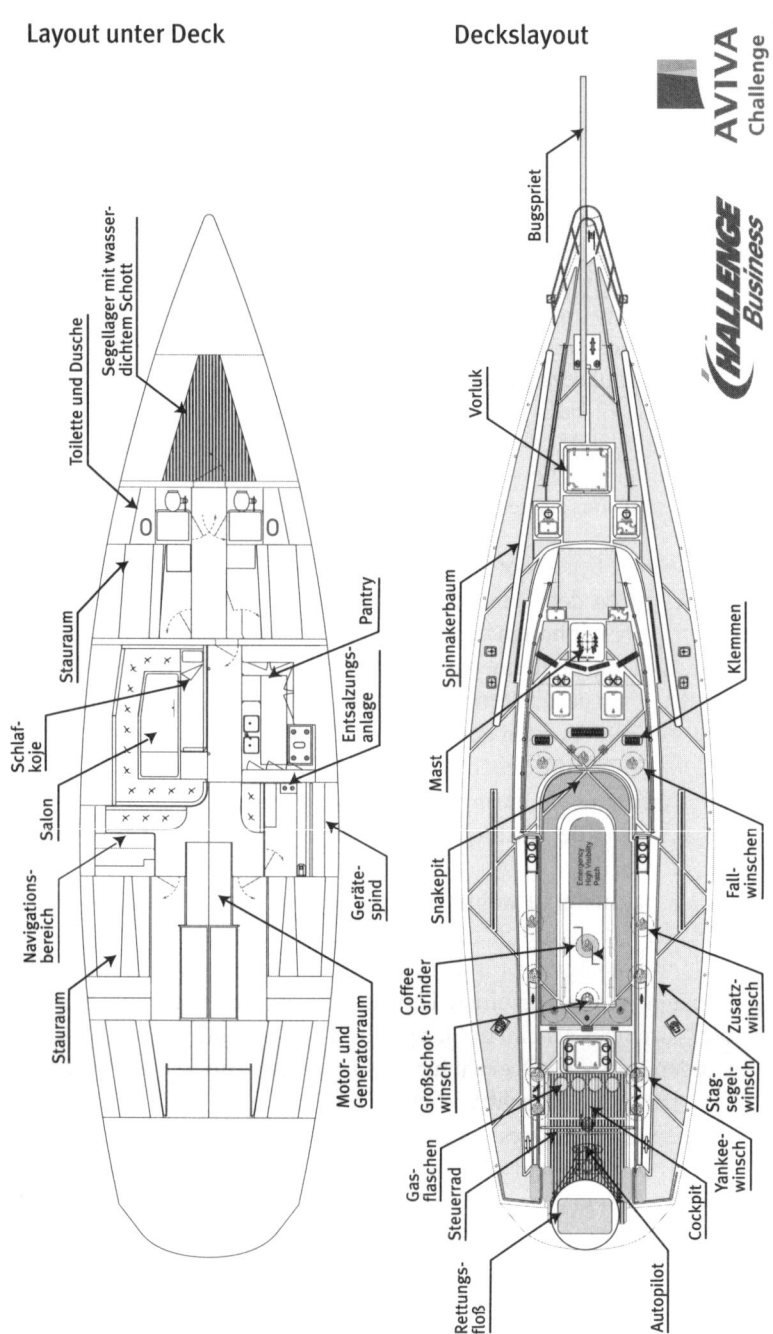

AVIVA Challenge

CHALLENGE Business

Bugspriet

Vorluk

Spinnakerbaum

Klemmen

Mast

Snakepit

Fall-winschen

Coffee Grinder

Zusatz-winsch

Großschot-winsch

Stag-segel-winsch

Gas-flaschen

Yankee-winsch

Steuerrad

Cockpit

Rettungs-floß

Autopilot

Toilette und Dusche

Segellager mit wasser-dichtem Schott

Stauraum

Pantry

Schlaf-koje

Entsalzungs-anlage

Salon

Navigations-bereich

Geräte-spind

Stauraum

Motor- und Generatorraum

2
AVIVA – Design und Änderungen

Andrew Roberts
Projektmanager

D ie AVIVA ist eine von zwölf baugleichen 72-Fuß-Challenge-Yachten aus Stahl. Sie wurde in gemeinsamer Arbeit von Rob Humphreys und einem Team von Challenge Business entworfen. Diese 72-Fuß-Yachten wurden speziell für die BT Global Challenge 2001/2002 gebaut. Die Global Challenge ist eine Wettfahrt um die Welt gegen die vorherrschenden Winde und Strömungen und wird auch »das härteste Rennen der Welt« genannt.

Nur wenige Segelboote halten 10 000 Seemeilen lang der Beanspruchung gegen den Wind durch die feindseligen Südlichen Ozeane stand. Aber wir hatten bereits eine Serie Challenge-67er-Yachten für vorangegangene Rennen gebaut, die sich insgesamt 26-mal um die großen Kaps der Erde herumgekämpft haben. Aus dieser Erfahrung sind die 72er-Yachten entstanden.

Die AVIVA wurde ebenso wie neun weitere identische Challenge-72er-Yachten bei Devonport Yachts in Plymouth, Großbritannien, gebaut. Zwei der Yachten wurden bei der Kim Yacht Company in China gebaut.

Als Baumaterial wählten wir Schiffbaustahl, denn den größten Wert legten wir auf Sicherheit, Festigkeit und Zuverlässigkeit. Das galt für den Entwurf, für den Bau und die Ausrüstung. Als Entwurfskonzept hatten wir einen Langkieler vor Augen gehabt, der von nicht weniger als einem Skipper und 17 Crewmitgliedern gesegelt werden sollte. Als Dee sich für die Einhandweltumseglung vorbereitete, hatte dieser Yachttyp bereits mehr als eine Million Seemeilen auf dem Buckel. Dees hoher Grad an Erfahrung in Verbindung mit der erprobten Yacht machte uns zuversichtlich, dass sie die AVIVA allein segeln konnte – allerdings nur mit der richtigen Ausrüstung.

AVIVAs Stärken liegen in ihrer ausnehmenden Seetüchtigkeit und der Fähigkeit, unter allen Umständen weitersegeln zu können. Aber der Erfolg der Unternehmung hing letztlich davon ab, dass Dee auch in extremen Situationen unverletzt blieb. Deswegen waren sowohl das Design als auch jedes einzelne Detail auf und unter Deck von so großer Bedeutung. Zum Beispiel erzielt ein größerer Tiefgang bei guten Wetterbedingungen keine Leistungssteigerung der Yacht, doch bei heftigem Seegang und hartem Gegenwindkurs liegt sie ruhiger im Wasser. Die Belastungen des Schiffskörpers und des Riggs in den schlimmsten Orkanen der Südlichen Ozeane kann man aber nicht im Voraus berechnen, die meisten Boote halten ihnen jedenfalls nicht stand.

Zwar wäre ein kleineres oder leichteres Boot potenziell schneller, aber wir hatten nicht genug Zeit, um ein Boot speziell für Dee zu entwerfen, zu bauen und zu erproben. Es war auf jeden Fall schwierig, die erforderliche Festigkeit (was mehr Gewicht bedeutete) zu erreichen und gleichzeitig den notwendigen Stauraum für die Vorräte zu haben. Während der Planungsphase gingen wir davon aus, dass die AVIVA zwischen 160 und 180 Tage auf See wäre. Dee brauchte also Vorräte für ungefähr 200 Tage. Die 5,5 t Treibstoff, Nahrungsmittel und Ausrüstung hätten auf die Leistungsfähigkeit eines leichteren Bootes beträchtliche Auswirkungen gehabt. Unter Berücksichtigung aller Umstände hatten wir schließlich das Gefühl, dass die AVIVA genau das richtige Boot für diese Aufgabe war.

Als größtes Problem aber sahen wir Gewicht und Größe der Segel und die ungeheure Belastung auf jeder Schot und jedem Fall. Das Layout des Decks machte uns eine Menge Arbeit, denn es war als sicherer Arbeitsplatz für eine große Crew entworfen worden, und in der uns zur Verfügung stehenden Zeit konnten wir es unmöglich umgestalten. Also kümmerten wir uns besonders darum, die Handhabung der Segel zu erleichtern. Für Fock und Stagsegel (Vorsegel) wurden Rollreffanlagen eingebaut, damit sie von der sicheren Mitte des Cockpits aus gesetzt und gerefft werden konnten, aber es sind nun einmal sehr große und schwere Segel. Also brauchten wir einen starken Coffee Grinder mit drei Geschwindigkeiten, und wir bauten eine Harken-Pedestal-Drive-Winsch ins Zentrum des Cockpits, die Dee sowohl für die Vor- als auch für die Großschot einsetzen konnte, sodass sie die Segel schnell heranholen oder fieren konnte, ohne sie zu beschädigen und ohne dass sie killten. Außerdem konnte sie von der Cockpitmitte aus trimmen und eine Wende fahren – ein großer Vorteil, denn dort ist der sicherste Platz an Deck. Mit dieser neuen Ausrüstung müsste Dee sich nicht so oft über das Deck bewegen.

Um die Leistung der AVIVA vor dem Wind zu verbessern, bauten wir zusätzlich einen Bugspriet aus Glasfaser ein, an dem zwei unglaublich leistungsstarke, 350 m² große asymmetrische Spinnaker eingesetzt werden konnten.

Der Dreh- und Angelpunkt für den Erfolg der Reise war jedoch der Einbau eines effektiven Autopilotsystems. Wir installierten die beiden elektronisch gesteuerten Hydraulikantriebe hinter dem Steuerrad, wo sie leicht zugänglich waren. Aus Gründen der Zuverlässigkeit wählten wir zwei eigenständige Geräte, gesteuert wurden sie via Touchpads vom Vordeck, von der Cockpitmitte, vom hinteren Bereich des Cockpits oder von unter Deck, also konnte Dee Kursänderungen oder Wendemanöver von jeder Stelle aus vornehmen. Zusätzlich verfügte sie über eine drahtlose Fernsteuerung, mit der sie auch vom Mast aus den Autopiloten bedienen konnte. Die Probleme, die dann leider mit den Autopiloten auftraten, rührten hauptsächlich daher, dass wir keine Zeit mehr gehabt hatten, sie unter schweren Wetterbedingungen zu testen.

Da Autopiloten und Kommunikationssysteme viel Energie verbrauchen, würde der Generator länger als die ursprünglich vorausberechneten acht Stunden pro Tag laufen müssen. Deshalb integrierten wir in den vorderen Kabinen zwei Zusatztanks. Jeder enthielt 500 l Dieselöl, was die gebunkerte Treibstoffmenge auf 3150 l erhöhte. Davon wurden dann tatsächlich nur 2316 l verbraucht, der Generator lief insgesamt 1481 Stunden und wurde auf See dreimal vollständig gewartet. Die Entsalzungsanlage lief nur 44 Stunden oder weniger als zwei Stunden pro Woche und produzierte insgesamt 2700 l Wasser. Wahrscheinlich lag einer der Gründe für die Probleme mit der Entsalzungsanlage genau darin, dass sie so wenig benutzt wurde.

Insgesamt war die AVIVA bei ihrer Rückkehr in so gutem Zustand, dass sie glatt noch einmal starten kann. Segel und Rigg zeigten nur wenige Spuren der beschwerlichen und sehr langen Beanspruchung, was ein Beweis für Dees herausragende Seemannschaft ist.

3
AVIVA Challenge –
Technische Unterstützung

Alistair Hackett
Logistik-Direktor des AVIVA-Challenge-Projekts

Bevor Dee zu ihrer Einhandweltumseglung aufbrach, musste die AVIVA in nur zehn Wochen von Grund auf neu ausgerüstet werden. Unser Team und Dee standen also vor der Frage, welche spezielle Ausrüstung es ihr ermöglichen könnte, die Yacht allein zu segeln. Zunächst entschlossen wir uns zu einem hydraulisch angetriebenen Autopilotsystem und bauten zwei identische Geräte ein, zwischen denen man hin und her schalten könnte, wodurch der zweite Autopilot übernehmen konnte, falls der erste ausfiel. Das System mussten wir selbst zusammenstellen, denn das, was wir brauchten, gab es noch nicht.

Die Elektronik der Pumpen stammte von Brookes & Gatehouse und steuerte die hydraulischen Pumpen und den Ruderlagegeber mit der Schubstange, die wiederum das Ruder bewegte und AVIVA auf Kurs hielt. Noch nie musste ein Autopilotsystem auf einem Langkieler unter solchen Bedingungen so lange Zeit Dienst tun. (Dee stand insgesamt nur fünf Prozent der Zeit am Steuerrad.) Von der gesamten Ausrüstung war der Autopilot das wichtigste Gerät an Bord und, wie wir zu unserem Leidwesen erfahren mussten, das, was uns am meisten zu schaffen machte.

Von ebenso großer Wichtigkeit, war die Handhabung der Segel. Um sie besser reffen oder auch ganz abnehmen und verstauen zu können, installierten wir zwei Harken-Rollreffanlagen für das Yankee und das Stagsegel. Das Bergen des Großsegels wurde durch ein Auffangsystem am Baum erleichtert und durch Auffangleinen, die das Segel hielten, wenn Dee reffte. Hood Sailmakers nähte uns leicht modifizierte Segel, die die Fahrt ohne größere Probleme überstanden und auch nach Rückkehr der Yacht keine besonderen Reparaturen benötigten, was ebenso ein Zeichen für die Qualität der Segel wie für Dees große Könnerschaft war.

Darüber hinaus änderten wir noch die eine und die andere Kleinigkeit, um Dee das Leben zu erleichtern. Zum Beispiel bauten wir eine Spezialkoje in den Salon ein, doch Dee benutzte sie nur ein einziges Mal, denn meistens schlief sie direkt hinter dem Kartentisch. Des Weiteren ersetzten zwei einzelne Gasbrenner den großen, für 18 Personen ausgelegten Kocher. Das alles musste natürlich den erwarteten harten Bedingungen standhalten.

Wir statteten die Yacht mit Panasonic-Toughbook-Computern aus, damit Dee alle Kommunikationssysteme nutzen konnte, die aus einem Inmarsat-C-Satellitensystem, einem SSB-Funkgerät und einer Iridium-/Telaurus-Satellitentelefonanlage bestand, über die Dee mit dem Shore Team fast 2000 E-Mails austauschte, plus alle ihre anderen E-Mails. Die Iridium-/Telaurusanlage ließ Dee auch wie mit einem Handy telefonieren, was dann sehr wesentlich zu ihrer Stimmungsaufhellung beitrug.

Außerdem sprachen wir mit Dee alle nur denkbaren lebensbedrohlichen Situationen durch und erstellten diverse Pläne, wie sie diese meistern sollte. Unter anderem spielten wir gedanklich durch, was im Fall einer Kollision zu unternehmen war. Es war dann genau dieser Aktionsplan, den Dee umsetzte, als sie im Südpolarmeer in das Eisfeld hineinsegelte. Des Weiteren konnten wir über die Kommunikationssysteme zusätzliche Positionsbestimmungen von der Aviva anfordern und ihre aktuelle Position alle fünf Minuten abrufen.

Die Regeln dieser Regatta um die Welt verbieten nicht, dass der Segler Hinweise über das Wetter und technische Unterstützung von außen anfordert, obwohl er nichts und niemand an Bord nehmen darf, also standen wir ihr auch nach dem Auslaufen weiter bei. So nutzten wir die Möglichkeit, regelmäßige Mails auszutauschen und Dees Fragen zu beantworten, ihr Ratschläge zu geben und immer unterschiedliche Optionen und Strategien zu entwerfen.

Unser Team kannte die Aviva bis in den letzten Winkel, und wir wussten genau, wie viele Ersatzteile an Bord waren und wie und wann bestimmte Dinge einzusetzen waren. Zum Beispiel brauchte Dee ausreichende Wartungssets für überlebensnotwendige Ausrüstungsteile wie den Generator. In diesem Set mussten ebenso alle Filter und Ersatzeinspritzdüsen enthalten sein wie auch ein Video, das genau zeigt, wie eine Generatorwartung durchzuführen ist und wie man die Einspritzdüsen austauscht.

Doch trotz all der Ratschläge und Hilfe, die wir Dee geben konnten – die Arbeit musste sie immer selbst ausführen. Als Dee die Ziellinie vor den Lizards passierte, sah die Aviva einwandfrei aus. Erst später konnte ich im Detail sehen, wie hart Dee tatsächlich gearbeitet hatte, und ich freute mich darüber, denn die Aviva Challenge war ein Beispiel für großartige Seemannschaft.

4
Aviva – Technische Spezifikation

Länge über alles:	72 ft	22 m
Länge in der Wasserlinie:	61 ft	18,82 m
Breite:	18 ft 2 ins	5,5 m
Masthöhe über der Wasserlinie:	95 ft	29 m
Tiefgang bei voller Beladung:	10 ft	3,05 m
Verdrängung bei halber Beladung:	38,5 t	
Gewicht des Ballastkiels:	12 t	
Verdrängung beim Start der Aviva:	43 t	
Gewicht des Ballastkiels:	12 t	
Maximale Segelfläche am Wind:	2825 sq ft	262,5 m²
Maximale Segelfläche vor dem Wind:	5247 sq ft	487,5 m²

Tankvolumen:

Wasser:	390 gals	1775 l
Gewicht des Wassers:	1,8 t	
Treibstoffmenge:	736 gals	3310 l
Zusätzliche Treibstoffmenge:	244 gals	1100 l
Gewicht des Treibstoffs:	2,7 t	

Design-Team:

Rob Humphreys	Rob Humphreys Yacht Design
Jim Moore	Jim Moore Designs
Roger Scammell	Key Designs
Andrew Roberts and Matthew Ratsey	Challenge Business
Devonport Yachts Ltd.	Devonport Royal Dockyard

Bauwerft:
Devonport Yachts Ltd., Devonport Royal Dockyard

Bau:
Schiffskörper aus 50A-Baustahl
Kiel: Stahlflosse und Bleiwulst
Deck und Sülle: 316 rostfreier Stahl
Kajütaufbau aus GRP-Balsa-Sandwichkonstruktion

Sicherheitsstandards:
Die Challenge-Yachten der 72er-Klasse wurden entsprechend den MCA-

Vorschriften für unbeschränkten Einsatz (weltweit in höheren Breitengraden) gebaut und ausgerüstet.

Design-Genehmigung: Bureau Veritas

Challenge-Business-Yacht-Building-Qualitiy-Assurance-Programme

Zertifikation: MECAL für MCA

Jährliche und Sonderinspektionen: John Fearnley

AVIVA-Challenge entspricht folgenden Sicherheitsstandards:
MCA Kat. 0, ISAF und Royal Ocean Racing Club, ORC Kat. 0, wo erforderlich, und den besonderen Anforderungen für die Fahrt.

Challenge-Business-Vorschriften für die Sicherheit auf See.

Ausrüstung:
Autopiloten:
Brooks & Gatehouse Electronics
Hamilton Jet Hydraulics

Kommunikation:
Funkausrüstung

Hochfrequenzfunk: 200 W Einseitenband	ICOM (UK) Ltd
UKW-Funk: 25 W	Shipmate
GMDSS	ICS Electronics Ltd
Tragbare UKW-Funkgeräte	ICOM (UK) Ltd

Satellitenkommunikation:

Inmarsat Standard C	Thrane & Thrane/TMI 2000
Iridium	Iridium/TMI 2000

Kameras:

Einzelaufnahmen	Panasonic Lumix 8.4 Megapixel
Videokameras	Panasonic 3 Chip Mini DV

Computer:

Computer X 2	Panasonic Toughbook CF29
Computer X 1	Panasonic Toughbook CF-W2
Computer-Bildschirme	Sony

Computer Software:

Betriebssystem	Windows NT/Windows XP
Allgemeine Software	Microsoft Office
Elektronische Navigation	MaxSea/ARCS Charts
Kommunikationssoftware	Telaurus/SeaCOM
Sat-C-Kommunikation	PC Sat C
Wetterfax	M Scan Meteo

| Datenaufzeichnung | Brooks & Gatehouse Deckman |
| Batteriesoftware | BMVLink |

Decksausrüstung:

Luks und Bullaugen	Lewmar Ltd und Nemo (Italien)
Steueranlagen	Edson USA
Winschen und Decksausrüstung	Harken USA
Bugkorb, Heckkorb, Decksstützen,	
Handläufe usw.	Hercules CSMD Dartmouth

Speziell angefertigte Decksausrüstung:

| Blocks, Klemmen usw. | Entwurf: Roger Scammell, |
| | Herstellung: Hercules CSMD |

Elektrik:

| Stromsysteme | Energy Solutions Ltd |
| Batterien (Gel) | Sonescheim |

Mechanik:

Hauptmotor	Sabre Engines Ltd
Propeller	Bruntons Propellers Ltd
Generator	Northern Lights/
	Energy Solutions
Motor- und Generatorabgassystem	Halyard Marine Ltd
Entsalzungsanlage	Aquafresh Ltd.
Heizung in der Unterbringung	Mikuni

Navigationsgeräte:

Winddaten, Logge, Echolot	Brookes & Gatehouse Ltd.
GPS	C A Clause Ltd.
Radar	Raymarine

| **Farbe, Schutzanstriche und** | International Paints Ltd. und |
| **Verkleidungsmaterial:** | Awlgrip |

Rigg:

Mast, Baum und Ausleger	Atlantic Spars Ltd.
Kohlefaser Bugspriet	Multimarine
Riggterminals	Norseman Gibb
Stehendes Gut Dyform	Norseman Gibb
Laufendes Gut	Liros, geliefert von
	Seago Yachting
Laufendes Gut Spektra	Southern Ropes
Großsegel-Lattensystem	Bainbridge Aquabatten Ltd.
Segelmacher	Hood Sailmakers Ltd.

Segelgarderobe:
Großsegel, Trysegel, Yankee Nr. 1 (einrollend), Yankee Nr. 2 (einrollend), Stagsegel (einrollend), Ersatz-Stagsegel, Code 0 (Rollreffanlage), asymmetrischer Spinnaker, Flanker (2,3 oz Spinnaker), 1,5 oz Spinnaker, 0,75 oz Spinnaker.

Ruder und Kiel:

Ruder, Skeg und Kielflossen	Hercules CSMD, Dartmouth
Wulstkiel aus Blei	Iron Brothers Ltd.

Sicherheitsausrüstung:

Rettungsflöße	Zodiac
Rettungswesten/Geschirre	Ocean Safety Ltd.
EPIRBS	Ocean Safety Ltd.
Wasserdichte Türen	Hercules CSMD, Dartmouth

Danksagung

Dieses Buch zu schreiben war wie eine weitere Reise für mich. Dabei musste ich Teile meines Lebens wiederentdecken, die ich schon längst vergessen hatte. Die Reise in die Vergangenheit machte Freude, aber manchmal war sie auch unglaublich frustrierend. Jo Uffendell, die mich dabei unterstützte und mir den Rücken frei hielt, half mir, diese Verpflichtung zu erfüllen. Ohne Elaine Bunting gäbe es dieses Buch nicht. Sie war überzeugt davon, dass ich es schreiben könne; ihr Rat und ihre Anleitung halfen mir dabei, die richtigen Worte zu finden.

Es gibt so viele Menschen, denen ich für ihren Beitrag zu meinem Abenteuer danken möchte. Da ist zuallererst Sir Chay Blyth, der mich zu diesem unmöglichen Unternehmen ermutigte und mir bis über die Ziellinie beistand. Sein Challenge Business Team unter der Leitung von Andrew Roberts war die eiserne Säule dieses Projekts. Für das Team standen meine Sicherheit und das Gelingen immer an erster Stelle.

Ein besonderer Dank geht auch an Mike Broughton, der mich auf der ganzen Strecke über die sichersten Routen lotste. Allie Smith ist es zu verdanken, dass ich mich bei der Rückkehr nicht nur gut fühlte, sondern auch gut aussah, denn sie war es, die meine Ernährung zusammenstellte. Und schließlich machte mir dieses Abenteuer deutlich, welch großes Glück es ist, einen so geduldigen und verständnisvollen Freund wie Harry Spedding zu haben.

Ich danke Aviva für die Unterstützung und dafür, dass ich in ihre Familie aufgenommen wurde. Sarah Loughran, Stephen Pain und Sue Winston, die tageweise mit mir an der Verwirklichung des Projekts gearbeitet haben. Dank auch an Patrick Snowball, Andrew Moss, Philip Scott und Richard Harvey für das Vertrauen, das sie in mich setzten, und für ihren Weitblick.

Das Karen Earl Sponsorship Team hielt alle Welt über mein Vorankommen auf dem Laufenden und schickte mir all die wunderbaren Zuschriften weiter, die mir die nötige Stärke zum Weitermachen gaben. Außerdem danke ich den kleinen Seglern der Swallows and Amazons mit ihrem furchtlosen Anführer Richard Baker-Jones, die mir den Bären Sizzles als Begleiter um die Welt mitgaben.

Es gab auch einige Freunde, die in das Aviva-Challenge-Projekt einbezogen wurden. Ihre Unterstützung war wunderbar. OnEdition und APP hielten das Projekt in Bild und Film fest. Dr. Spike Briggs stand mir als Arzt zur Seite. Die Jungs, die beim Start die Leinen loswarfen und sie am Ende wieder übernahmen, haben mich nicht nur dabei in meiner Seglerkarriere begleitet: Loz Marriott, Paul Kelly, Andy Forbes, James Allen und Tom Snowball.

Außerdem möchte ich Dave Greenberg und dem Helikopterteam für ihre Rettungsaktion vor Neuseeland danken ebenso wie der Crew in Südafrika. Nicht zu vergessen seien die Mannschaften der Royal Navy auf der HMS Chatham und der HMS Cumberland, sie haben mich wirklich enorm seelisch aufgemuntert. Auf unserem gemeinsamen Abenteuer wurden die Aviva und ich zu richtigen Partnern, deshalb möchte ich Amelia Hackett dafür danken, dass sie sie getauft und uns Glück gebracht hat.

Mein Weg, der mich in das Aviva-Challenge-Projekt führte, wurde von vielen Menschen beeinflusst. Da sind zum Beipiel Mike Golding und Graham Tourell, die mir eine Chance als professioneller Segler gaben, und Paul Bennett mit seinen hilfreichen, guten Ratschlägen und Kontakten, und auch Professor Carlton Cooke von der Universität Leeds, der mich Anfang der 1990er-Jahre zu meinem ersten Segeltörn vor der Westküste Schottlands mitnahm.

Ich danke meinen Freundinnen Rachel Ansell und Claire Edis, die in unserer Jugend immer da waren und die noch immer meine besten Freundinnen sind: Danke für Eure Geduld und Treue!

Überhaupt, was wäre mein Leben ohne meine liebevolle Familie. Jane, Nick und meine Neffen Alex und Matthew sind nicht nur Familie, sie sind auch Freunde. Es ist mir eine Freude, dass sie stolz auf mich sind. Der Kontakt zu Onkel Michael, Tante Anne, Sarah, Rae und Stephen mag in der Vergangenheit ein wenig lockerer gewesen sein, doch mein Abenteuer hat uns als Familie wieder enger zusammengebracht.

Mein größter Dank aber gilt meiner Mum, Barbara Caffari. Sie, deren natürliches Gefilde das Wasser gewiss nicht ist, hat mir immer zugehört, mich unterstützt und mich ohne zu wanken geliebt.

LEBE DEINEN TRAUM!

JOHANNES ERDMANN
Allein über den Atlantik
288 Seiten
ISBN 978-3-7688-1985-5

Johannes Erdmann hat gerade sein Abitur gemacht, kaum Geld, aber eine große Sehnsucht: den Ozean. Und dann kommt seine Chance, der Studienbeginn verzögert sich. Jetzt oder vielleicht nie! Schnell wird die kleine, 36 Jahre alte MAVERICK bei eBay ersteigert, fit gemacht und Erdmann startet seinen Transatlantik-Törn von Lissabon in die Karibik.

DELIUS KLASING

STÜRME, GEWITTER, FLAUTEN

KATRIN HENZI
Welt umrundet
288 Seiten
ISBN 978-3-7688-1983-1

Ein kurzer Törn sollte es werden, nur solange es Spaß macht. Doch als Katrin und Dieter Henzi in den Hafen im spanischen Ampuriabrava einlaufen, sind neun Jahre und ein Monat vergangen. Sie haben die Welt umrundet und die ganze Gefühlspalette von überschäumender Lebensfreude bis hin zu nackter Panik erlebt. Ein wundervoller Törnbericht.

DELIUS KLASING

FAMILIE SUCHT ABENTEUER

BERND UND DANIEL MANSHOLT
Wir hauen ab!
288 Seiten
ISBN 978-3-7688-1984-8

Die Helden dieses Familienabenteuers: Bernd und Susanne Mansholt mit ihren drei Kindern. Sie verkaufen alles, was sie besitzen, und stellen sich dem Abenteuer einer Weltumseglung. Ihr spannender Bericht über die 750 Tage lange Reise ist ein packendes Abenteuerbuch, und man erlebt mit, was dieser mutigen Familie auf den Weltmeeren widerfahren ist.

Erhältlich im Buch- und Fachhande
oder unter www.delius-klasing.de

DELIUS KLASING

N

GRÖNLAND

ALASKA

NORD-
AMERIKA

Furchtbare Wetterbedingungen zwingen Dee zu ständigen Kurswechseln und zum Ausweichen auf 56 °S, um einer Reihe äußerst schwerer Tiefdruckgebiete zu entgehen.

AVIVA strebt im Eiltempo auf den Äquator zu. Geschicktes Wetterrouting ermöglicht schnelles Passieren der Kalmen.

Wendekreis des Krebses

Äquator

PAZIFISCHER
OZEAN

SÜD-
AMERIKA

Wendekreis des Steinbocks

Dee wird vom schweren 50-Knoten-Sturm im Südpolarmeer ordentlich gefordert.

Kap Hoorn

Weihnachtskatastrophe: Weltumsegelung durch Versagen der Autopiloten gefährdet.

AVIVA erreicht den einsamsten Punkt des Planeten. Die nächsten menschlichen Wesen sind die Astronauten auf der internationalen Raumstation MIR.

AVIVA erfolgreich repariert. Sie kann weitersegeln. Dee rundet Kap Hoorn bei günstigen Bedingungen, bestaunt von den Passagieren eines Kreuzfahrers.

Schlechte Wetterbedingungen und Winde bis zu 72 Knoten zwingen Dee, das Großsegel im ersten schlimmen Sturm herunterzuholen.

ANTA